CDSV Chinesisch-Deutscher
Strafrechtslehrerverband
中德刑法学者联合会

中德刑法学者的对话（五）

梁根林　〔德〕埃里克·希尔根多夫（Eric Hilgendorf）　主编

犯罪参与：
模式、形态与挑战

BETEILIGUNGSLEHRE:

MODELLE, ERSCHEINUNGSFORMEN

UND HERAUSFORDERUNGEN

图书在版编目(CIP)数据

犯罪参与：模式、形态与挑战 / 梁根林，(德) 埃里克·希尔根多夫主编. —北京：北京大学出版社，2022.12
(中德刑法学者的对话；五)
ISBN 978-7-301-33423-2

Ⅰ. ①犯… Ⅱ. ①梁… ②埃… Ⅲ. ①刑法—研究—中国 ②刑法—研究—德国 Ⅳ. ①D924.04 ②D951.64

中国版本图书馆 CIP 数据核字(2022)第 185408 号

书　　　　名	犯罪参与：模式、形态与挑战 FANZUI CANYU：MOSHI、XINGTAI YU TIAOZHAN
著作责任者	梁根林　〔德〕埃里克·希尔根多夫　主编
责 任 编 辑	田　鹤
标 准 书 号	ISBN 978-7-301-33423-2
出 版 发 行	北京大学出版社
地　　　　址	北京市海淀区成府路 205 号　100871
网　　　　址	http://www.pup.cn　http://www.yandayuanzhao.com
电 子 信 箱	yandayuanzhao@163.com
新 浪 微 博	@北京大学出版社　@北大出版社燕大元照法律图书
电　　　　话	邮购部 010-62752015　发行部 010-62750672 编辑部 010-62117788
印 　刷 　者	三河市北燕印装有限公司
经 　销 　者	新华书店
	650 毫米×980 毫米　16 开本　17 印张　294 千字 2022 年 12 月第 1 版　2022 年 12 月第 1 次印刷
定　　　　价	59.00 元

未经许可，不得以任何方式复制或抄袭本书之部分或全部内容。
版权所有，侵权必究
举报电话：010-62752024　电子信箱：fd@pup.pku.edu.cn
图书如有印装质量问题，请与出版部联系，电话：010-62756370

前　言

摆在读者面前的这本《犯罪参与：模式、形态与挑战：中德刑法学者的对话（五）》，是由中德刑法学者联合会（CDSV）主办的第五届中德刑法学术研讨会的会议报告与评议文集。

2019年8月28日至29日，中德刑法学术研讨会再度回到了其发源地——德国维尔茨堡大学。在第一届至第四届研讨会体系性和秩序性地研讨了"罪刑法定与刑法解释""刑法体系与客观归责""违法性论：共识与分歧"与"信息时代的责任论"的基础上，第五届研讨会以"犯罪参与：模式、形态与挑战"为会议主题，下设"犯罪参与模式：区分制体系 vs. 单一制体系""间接正犯与犯罪参与""中立帮助行为与犯罪参与""帮助自杀/安乐死中的犯罪参与"以及"犯罪参与理论面临的新挑战——数字化与互联网"五个单元。会议吸引了来自中国、德国、希腊和芬兰的近三十位刑法学者以及留德学习的十多位中国刑法学子参加。

作为本次会议的主题，犯罪参与（共同犯罪）是德国刑法学最为黑暗的理论篇章，也是中国刑法学最富争议的理论课题，不仅在犯罪参与体系、概念、原理和逻辑等基础教义学问题上存在重大分歧，而且面临着数字化与互联网时代的新挑战。

就犯罪参与模式而言，区分制与单一制体系之争始终是横亘在犯罪参与教义学面前的首要问题。参会的各国学者就犯罪参与体系的选择标准、区分制体系与单一制体系的理论逻辑、孰优孰劣以及立场选择进行了精彩、激烈的讨论，尤其是八十多岁高龄的埃泽尔教授基于比较法的视角，从经验事实和规范评价的不同维度，对犯罪参与的形态与模式进行了高屋建瓴的分析，强调应当根据是否能够实现个案正义、判决的透明性并获得公众认同作为选择犯罪参与模式的具有决定性意义的标准，给中方学者留下了深刻印象。在茶歇期间的交流过程中，埃泽尔教授直言不讳地承认德国刑法理论与司法实践中存在根深蒂固的主观主义倾向，更是让中方学者真切地感受到德国同行的坦率和真诚。周光权教授在提交给大会的报告中则反驳了我国学界关于我国刑法采取了单一正犯体系的见解，以区分制体系为前提，探讨了正犯与共犯的区分标准、过失共同正犯、片面共同正犯、承继共同正犯、共谋共同正犯、教唆未遂等我国理论与实务中存在重大争议的具体问题,使德国同行对中国犯罪参与教义学理论与实践动态有了更为真切而具体的了解。

间接正犯是犯罪参与体系的下位概念。鉴于刑法理论与司法实务无论是就间接正犯概念的妥当性、肯定间接正犯的正犯性的根据以及间接正犯与教唆犯的区分等均存在重大分歧,会议特别邀请魏根特教授就间接正犯的法律构造、法律性质、基本类型以及间接正犯与教唆犯的区别进行了报告。魏根特教授结合德国刑法规定、判例见解与学说观点,运用大量的案例群组,对间接正犯进行了条理清晰、逻辑严谨的说明,间接回应了我本人在第二单元报告中否定中国刑法中的间接正犯概念的主张,加深了包括我本人在内的中国学者对间接正犯的教义学逻辑的理解。

随着刑法对网络治理的深度介入,网络服务提供者的网络服务提供行为是否得以中立帮助行为或技术中立为由而免除刑事责任,成为学界与实务界关注的重大问题。因此,本次会议邀请了对中立帮助行为和网络犯罪有专门研究的库德利希教授与王莹教授,分别从德国与中国的视角展开对中立帮助行为的学说观点、判例见解以及主要分歧的探讨。两位教授的主题报告以及三位评议人的评议足以显示,中立帮助行为理论的教义学建构,包括中立帮助行为的概念界定、帮助行为的可罚性与不可罚性的界分依据以及中立帮助行为理论的体系定位、适用范围等,无论是在中国还是德国,都有待进一步深化。

帮助自杀与安乐死行为的可罚性,既是一个十分基础性的犯罪参与教义学问题,又是一个极具争议性的现代刑法实践问题。在德国,立法者于2015年12月增设了业务性促进自杀罪,立法生效后,在希尔根多夫教授等学界同行的联名抗议推动之下,德国联邦宪法法院又宣布这一立法违宪,但是德国立法者仍然在试图重新确立帮助自杀行为的可罚性。在中国,帮助自杀与安乐死行为的可罚性争议在刑法理论与实践中始终未能获得消解。因此,本次会议将帮助自杀与安乐死行为的可罚性争议作为第四单元的议题。作为医事刑法权威学者的希尔根多夫教授评析、批判了德国联邦法院根据行为支配理论与限制从属性说确立帮助自杀行为的可罚性的立场,系统梳理了德国联邦法院审理的安乐死典型案件的判例见解,明确主张在确定帮助自杀与安乐死行为的可罚性时应当更多地尊重具有自主决定能力的患者本人的意志。希尔根多夫教授的观点得到了中方报告人王钢教授的积极回应。王钢教授从个人自决权这一宪法性的个人法益立场出发,旗帜鲜明地主张自杀行为具有合法性,帮助自杀与安乐死行为也不具有可罚性,既不构成故意杀人罪的正犯,也不构成故意杀人罪的共犯。作为极富伦理性和敏感性的争议话题,希尔根多夫教授与王钢教授的观点自然引发了与会者同样极富争议并且因价值分歧或许根本无法达成共识但仍然不失其交流意义的激烈讨论。

本次会议的最后一个单元议题是"犯罪参与理论面临的新挑战——数字化与互联网"。数字化与互联网不仅极大地改变了当今世界人们的生产、生活与交往方式,而且深刻地影响了网络共同犯罪中各个犯罪人参与犯罪的方式、结构与作用,网络共同犯罪的刑法治理面临许多新的挑战,传统的犯罪参与教义学理论在不断变迁甚至异化的网络共同犯罪面前显得捉襟见肘、力不从心。因此,不仅犯罪参与教义学理论需要因应这一变化进行理论创新,而且可能在教义学努力穷尽之处需要诉诸立法论的努力,改进完善刑事立法对网络共同犯罪的规制,并根据新的网络犯罪立法进行与时俱进的网络共同犯罪教义学理论建构。贝克教授以社交网络中点赞、转发侮辱性言论的行为能否以侮辱罪的正犯或共犯予以处罚,以及网络平台服务运营商的刑事责任的认定路径为视角,探讨了数字化时代网络共同犯罪的正犯与共犯的教义学认定困境以及网络空间社会相当行为与刑事可罚行为的界限的模糊性,呼吁对过于前置化刑法干预网络空间行为的做法保持格外警惕。于改之教授则以网络帮助行为的刑事责任为切入点,具体分析了互联网时代共犯理论面临的新挑战,以《刑法修正案(九)》设置拒不履行信息网络安全管理义务罪和帮助信息网络犯罪活动罪为分水岭,就与网络帮助行为的刑事责任认定相关的司法实践、学说争议和立法修改进行梳理评析与教义分析,剖析了我国刑法将网络犯罪帮助行为正犯化带来的新问题,立足于避免刑罚处罚漏洞、实现刑罚处罚均衡的双重考虑,探讨了网络帮助行为的刑事归责模式。

为期两天的第五届研讨会在各位主持人、报告人、评议人与其他与会者的全程参与下,以全状态、高效率甚至"强火力"的方式,圆满地完成了五个单元主题的报告、评议与互动交流,达到了既促进学术交流又增进学术情谊的目的。在会后,各位报告人与评议人又在会议发言稿的基础上对各自的书面报告与评议进行了补充、润色与引注处理。以留德学习的中国青年刑法学子为主体承担本次会议翻译重任的各位译者,又进一步校译了全部文稿。对所有参会的刑法学者和刑法学子,特别是为保障学术对话顺利进行而高质量地翻译、校译会议报告与评议的所有译者,当致以最高的敬意与谢意。当然,会议得以顺利进行、文集得以最终定稿,也要由衷地感谢希尔根多夫教授的悉心组织以及希尔根多夫教授工作团队的辛勤付出。作为中国刑法学界的老朋友,希尔根多夫教授对于推动中德刑法学术交流、培养和提携中国刑法学子,真正做到了有求必应、全力以赴、任劳任怨、鞠躬尽瘁,展现了一个具有学术情怀与国际视野的刑法学者极其可贵的专业精神与师道品质,赢得了众多中国刑法学者的尊敬与肯定。

最后,还要特别感谢北京大学出版社特别是蒋浩副总编辑一如既往地对中德刑法学术交流以及会议文集出版的大力支持。感谢本书编辑田鹤女士极其专业、负责、耐心和细致的编辑工作。感谢杨春洗教授法学教育基金对本书出版的支持。

梁根林

2022 年 8 月 18 日

目 录

第一单元
犯罪参与模式：区分制体系 vs. 单一制体系

[单元报告]

〔德〕阿尔宾·埃泽尔
正犯与犯罪参与：比较法视角下的基础与标准　邓卓行　唐志威
　　郑　童／译 ··· 003

周光权
中国刑法中共同犯罪的理解 ·· 014

[单元评议]

〔德〕亚历山大·伊格诺尔
正犯和犯罪参与的中德比较　邓卓行　郑　童　王芳凯／译 ············ 025

江溯
对于犯罪参与模式的评论 ·· 031

王华伟
犯罪参与理论的基础问题 ·· 036

第二单元
间接正犯与犯罪参与

[单元报告]

〔德〕托马斯·魏根特
论间接正犯　邓卓行／译 ··· 045

梁根林
间接正犯的中国命运 ·· 056

[单元评议]

[德]弗兰克·彼得·舒斯特
德国刑法与中国刑法中的间接正犯　徐万龙/译 ……………… 071

付立庆
间接正犯概念应该消解吗？ ……………………………………… 080

曹斐
间接正犯的意义和挑战 …………………………………………… 089

第三单元
中立帮助行为与犯罪参与

[单元报告]

[德]汉斯·库德利希
"中立"帮助行为的刑法规制　唐志威/译 …………………… 095

王莹
中立帮助犯的处罚根据：主观说之提倡 ………………………… 107

[单元评议]

[德]约翰内斯·卡斯帕
对"中立帮助犯的可罚性"的评论　唐志威/译 ……………… 123

林维
职业帮助行为概念的提倡及其处罚立场 ………………………… 132

王钰
中立帮助行为的可罚性与快播案 ………………………………… 138

第四单元
帮助自杀/安乐死中的犯罪参与

[单元报告]

[德]埃里克·希尔根多夫
德国联邦法院判决中的参与理论和安乐死　徐万龙/译 ……… 145

王 钢
帮助自杀中的参与理论 ·············· 163

[单元评议]

〔德〕扬·C. 约尔登
安乐死问题中的参与理论　郑　童/译 ·············· 179

付玉明
体系构建与问题思考：帮助自杀行为的法理诠释 ·············· 187

第五单元
犯罪参与理论面临的新挑战——数字化与互联网

[单元报告]

〔德〕苏珊娜·贝克
数字化进程中的正犯和参与理论　刘　畅/译 ·············· 195

于改之
互联网时代共犯理论的新挑战——以网络帮助行为的刑事归责为例 ······ 212

[单元评议]

〔德〕布里安·瓦勒留斯
参与理论的新挑战：数字化与网络　邓卓行/译 ·············· 227

徐凌波
网络帮助行为的刑事责任 ·············· 233

阎二鹏
网络空间中的帮助犯：归责障碍厘清与法理重塑 ·············· 239

[附　录]

徐万龙
中德刑法学者的对话
　　——第五届中德刑法学术研讨会侧记 ·············· 245

第一单元

犯罪参与模式:区分制体系 vs. 单一制体系

[单元报告]

〔德〕阿尔宾·埃泽尔[*]

正犯与犯罪参与：比较法视角下的基础与标准

译者：邓卓行　唐志威　郑　童[**]

如果从法定构成要件的角度对刑法的禁止规范加以观察会留下这样的印象：犯罪行为原则上仅能由单个个人实施。例如，法条规定"杀人者""取走他人财物者"或者"诈骗他人者"。那么就存在一个问题，这里的"者"究竟所指向的是谁。它是指独自且直接实现不同犯罪要素的人？从构成要件的表述来看，法律似乎是假设了这样一个单独的行为人。这样的行为人当然是存在的。但是，它作为"通常情形"的图像实际上是否合乎真实？这是值得怀疑的。因为如果去观察犯罪行为巨大的多样性，它将会给人们呈现一幅完全不同的图像。从中可以看到，绝大多数的犯罪行为并不是由一个人完成的，而可能会有多个人以不同的方式参与到犯罪行为的实施中。

一、犯罪在经验上的表现形式

在根据刑法的类别来区分不同的参与形式并通过术语对其加以定义之前，不带法学眼光地从经验上概览实施犯罪行为的不同形式，看上去是

---

[*]　马克思普朗克外国与国际刑法学研究所荣休教授。
[**]　邓卓行系清华大学法学院博士后研究人员，北京大学法学院博士；唐志威系德国慕尼黑大学法学院博士研究生，北京大学法学院博士；郑童系慕尼黑大学法学院博士研究生。

一种恰当的做法。这种做法对于法律比较而言也是值得推荐的。因为，一如本次会议将会展示的那样（事实上这一问题随处可见），如果局限于概念的比较，而不表明与之相关的生活事实，就很容易偏离共同的讨论平台。举例而言，德国法规定了"共同正犯（Mittäterschaft）"，而这种参与形式在普通法系中似乎并不存在。但经过进一步的考察可以发现，这种形式的参与在英美刑法乃至国际刑法中是存在的：尽管它们不被称作"Mittäterschaft"或者直译为"co-perpetratorship"，而是以"共同犯罪集团（joint criminal enterprise）"的形式存在，其涵盖了超出德国刑法中"共同正犯"范畴的参与形式。因此，在对中国和德国的法律进行比较时应当格外警惕：不能因为存在相同的法律概念就认为存在相同的法律规则，也不能因为某个国家欠缺特定的法律术语就认为欠缺相应的法律规则。因为所涉事实完全可能被涵盖在不同术语范畴中。

为了避免纯粹法律比较可能导致的错误结论，应当首先从经验的视角综览犯罪行为的典型模式。这样在第二步，即对事实进行规范性的梳理和归纳时，可以清晰地看出应当对哪些参与形式加以考量。

从经验的视角来看，可以认为参与形式至少包含以下几类：

（a）首先，**单独个体独立实现全部犯罪构成要件**，如某人独自一人举枪射击他人。

（b）独立行为的**多人共同作用实现犯罪构成要件**。如前不久媒体所报道的案件：帮厨将有毒的洗涤剂装入空的果汁瓶中，而并未进行任何标注；另一位同事将该饮料瓶放入冰箱中；而服务员将这瓶所谓的"橙汁"倒给客人饮用，导致客人死亡。

（c）在前述的罕见案例中，各人均可能不是故意地对被害人的死亡作出了犯罪贡献。而在犯罪现实中，具有更重要地位的是**多人有意识地分工合作**，其中个体的贡献可能差异极大，参与者的组织程度以及结果为参与者带来的利益也可能有极大不同，譬如，在一起合伙的入户盗窃案中，两名窃贼可能协商同意平分窃得的珠宝（c1）；而出谋划策和望风的人可能得到一点报酬就满足了（c2）。

（d）此外，必须提到的情形是，**引发犯罪，但本人并不参与行为的实施**。其中，实施犯罪行为的人可能是自主行为，也可能是当作工具被利用。前者如，A教唆B杀死C，而B自主实施了犯罪（d1）。但如果B受到A的欺骗，认为他的目标并不是C，而是一只动物，那么参与特征会截然不同，将成为间接正犯的情形（d2）。

（e）在前述几种情形中，犯罪既可以由单个个人实施，也可以通过多人的协作实施。换言之，它们并不绝对要求多人的参与。但也存在一些犯罪，如果没有多人的参与，将会无法实现：第一种情形，如囚徒暴动罪（《德国刑法典》第 121 条），单个犯人暴力脱逃无法构成本罪，本罪要求多人的共同作用，即所谓的**聚合犯**（Konvergenzdelikte，e1）；或者另一种情形，如暴利罪，如果没有相应被害人的共同作用，该罪根本无法实现，即**对向犯**（Begegnungsdelikten，e2）。

（f）**国际刑法中的系统性犯罪**（völkerstrafrechtliche Systemverbrechen）也要求包括行为人或被害人在内的多人的共同作用，但形式略有不同。

（g）作为现代的一种现象，犯罪不只可以由自然人实施。很多犯罪，特别是越来越多的严重经济犯罪是由**法人**（juristischen Personen）或类似的**集体组织**（Kollektiveinheiten）实施的。

（h）从时间的角度来看，也要考虑犯罪实施之外的参与形式。一方面，通过刑罚的前置，**犯罪的预备阶段**也被犯罪化了，诸如犯罪约定（Verbrechensverabredung）和共谋（conspiracy）也会被处罚。至于所预谋的犯罪事实上是否发生，则在所不问。

（i）另一方面，**事后的犯罪参与**（nachträgliche Tatbeteiligung）也是可能的。例如，小偷只能通过他人的销赃行为才能将其所获赃物转换为金钱。

二、规范的评价模式

如果对犯罪参与模式进行观察，其种类繁多，前文仅仅列举了一些基本类型，可以很容易地对它们进行进一步的区分。问题在于，应当如何从规范的角度全面而充分地把握这种复杂性：一方面要将所有东西归纳到一起以实现全面；另一方面又要为不同权重的犯罪贡献分配不同的结果。如果这一目标能够实现，其过程也一定非常艰难，从一点就可以看出：纵观全球，几乎没有哪两个国家的刑法对犯罪参与的规定是相同的。但无论如何，存在两种对立的基本模式：一种模式统一评价所有的参与形态，另一种模式倾向于区分评价不同的参与形态。

（一）一元的单一正犯模式——扩张的正犯概念

如果想要尽可能统一地评价一个犯罪中的所有参与形式，那么一元的单一正犯模式无疑是最好的选择。这种模式的特点是，任何人以任何方式为实现犯罪作出贡献的，都会被认为是共同惹起者，亦即，在一个"扩张的正犯概念"框架下，不区分参与的不同程度，也不考虑对实现犯罪结果因果贡献的远近。如果暂时搁置上述第一部分(f)至(i)中所提到的参与形式，那么根据一元的单一正犯模式，凡是以(a)至(e)中任何一种形式为犯罪提供帮助的人都可以被视为正犯。因此，行为共同责任的基本依据是所有因果贡献在等价理论意义上的客观等同性，而主观因素，譬如不同的犯罪利益或者不同程度的影响，至少在不法层面不发挥任何作用。多数情况下，会在量刑层面考虑不同的参与形式和不同的参与程度问题。

在欧洲，单一正犯模式的突出代表是丹麦、奥地利、冰岛和意大利。其中最清晰最简明的大概是《奥地利刑法典》对这一模式的表述：

第 12 条　所有参与人均作为正犯对待

自己实施、使他人实施应受刑罚处罚的行为，或以其他方式为应受刑罚处罚的行为的实施作出贡献的，均是正犯。

第 13 条　参与人的独立的可罚性

在数人参与犯罪时，各人均依其罪责承担刑罚。

当被问起这种模式的优点时，首先，映入眼帘的是其简洁性，至少乍看之下如此。因为，与下文将要分析的区分制模式不同，单一制将所有参与人均作为正犯统一对待的模式似乎避免了区分各种不同类型的正犯和参与这一难题。其次，单一制可以避免一些可能存在的可罚性漏洞，例如不同参与类型的划分不明确就可能会导致这样的问题。最后，也是单一制很重要的一个优势在于，一个参与者的可罚性不依赖另一个参与者的可罚性，从而消除了区分制模式中可能要面对的从属性问题。

但是，当人们进一步检视单一正犯模式时会发现，它好像也不能脱离区分式的描述。例如，根据《丹麦刑法典》第 23 条，适用于刑事犯罪的刑法规范对"所有通过教唆、建言和行动参与犯罪的人"都适用。这不仅听起来像是区分制模式中对正犯、教唆犯和帮助犯的典型区分，而且为了证立犯罪也必须对上述各个要素加以证明。而在《奥地利刑法典》中也可以看到与直接正犯并列的"通过他人"——和教唆非常相似，以及对行为的实施作出贡献——近似于帮助。因此奥地利刑法教义学发展出了"教唆型正犯(Bestimmungstäterschaft)"和"帮助型正犯(Beitragstäterschaft)"的区分也就不足为奇了。

但在这种情况下，如果不能将犯罪参与简化为简单的共同惹起，而是仍需以某种方式表达不同参与形态的方式和影响，那么它为什么只在量刑的框架内加以考量，难道不应该在定罪时就有所体现吗？这也正是区分制模式想要解决的问题。

(二) 正犯与参与的二元区分——限制的共犯概念

1. 基本结构

区分制的特征在于对狭义的"正犯"与纯粹的"参与"进行了区分。此种"限制的"正犯理论源自这样一种观察,亦即,除了多人平等协作实施犯罪行为,不同参与者对构成要件结果的因果贡献在重要性和紧密性上也可能差异极大,以至于同等处理所有参与者是不公平的。因此,"正犯"概念——与盎格鲁-撒克逊的"perpetrator"和西班牙的"autorìa"相同——被限定在那些处于犯罪核心位置或者对犯罪有决定性影响的参与者身上,而所有其他的参与者则被理解为——"accomplices""accessories"或者"participants"意义上的——单纯的"参与"。此外,这两组概念还可以继续划分,正犯分为单独正犯、共同正犯和间接正犯;共犯分为教唆犯和帮助犯,在英美共犯教义学中甚至还能找到进一步的区分,比如教唆行为中的solicitor和instigator,以及帮助行为中的aider和abettor。

在欧洲,对正犯与共犯进行二元区分的典型代表有德国、法国、波兰和瑞士。这些国家中,正犯(包括可能的子类型)与教唆和帮助等参与的类型形成对比。位于不同大陆的一些其他国家,如科特迪瓦、日本、韩国以及土耳其等也同属其行列。同时,《罗马规约》中的国际刑法规范也接近这一基本模式。值得一提的是较为特别的西班牙,虽然这个国家也同样区分正犯和共犯,但是只有帮助行为才算共犯,教唆行为则被归为正犯(Art. 27-29 Nuevo Código Penal)。澳大利亚、英国、俄罗斯所采用的二元体系又进行了不同的区分,而正如本次会议所展现的,在中国也可以看到不同的区分方式。最后,挪威和瑞典采用了混合体系,这种混合体系是以区分的尝试为基础的。

尽管这些国际和国内法规范在某些方面有所不同,但是至少有两个要素看起来是区分制的特征:

一方面,该体系承认用不同的方式处罚正犯和参与的可能性。详言之,要么加重对正犯的处罚,要么减轻对犯罪参与的制裁;或者只在重罪中处罚参与,而在单纯犯轻罪时不予处罚;或者要求参与者必须有故意,单纯的过失则不成立犯罪。

另一个方面,涉及的是正犯的"主行为"与共犯的行为贡献之间的关系。后者的责任是"衍生的"或者"从属的"。单一制认为,每个对犯罪有因果贡献的人都为他自己的行为承担责任。与之不同,区分制认为,共犯的可罚性与共犯参与者都从属性地取决于主行为。因此，问题就在于这种从属性必须要多紧密、多严格？对此，基本上有两种可以考虑的路径：第一条路径，共犯的可罚性前提乃是正犯自身满足所有的可罚性要求，也就是包括他自己的责任能力在内，并且还要排除任何一种违法阻却事由或者责任阻却事由。例如在战争犯罪中，这种传统的"严格从属性"理论会得出这样的结论：倘若正犯因为是个无责任能力的儿童不具有可罚性，那么教唆者也因此而不具有可罚性。为了避免这种可罚性漏洞，另一条更加现代化的路径认为，主行为具有违法性，对共犯的可罚性而言，就已经足够了，正犯不必须在有责的情况下实施行为。根据这种所谓的"限制从属性"理论，在战争犯罪的场合，如果正犯因为可以排除罪责的认识错误而不承担责任，或者正犯本人是未成年士兵（童子兵）而因年龄因素无罪责能力时，教唆犯本人依然具有可罚性。

2. 正犯和参与的类型——区分标准

犯罪参与被归为正犯或者单纯的共犯，其法律后果可能会非常不同。有鉴于此，（对正犯与共犯的）区分具有重大意义。不过，进行区分就会导致边界不清的问题。在前文列举的犯罪在经验上的表现形式中，问题特别可能出现在多人分工共同作用的类型（本文第一部分 c）中对共同正犯与帮助犯的区分，以及犯罪诱发的案例类型（本文第一部分 d）中对教唆犯与间接正犯的区分。但是，在探讨个别的区分问题之前，似乎应当首先简述一下对正犯和参与进行基本界分所涉及的重要理论。这里将主要对德国的相关理论进行探讨，因为几乎没有任何一个国家像德国这样，对正犯和参与问题进行了如此激烈的讨论。

（a）"形式客观"说（"Formal-objektive" Abgrenzung）：犯罪构成要件要素之实现

按照教义学历史上最为古老的区分理论，正犯是指实施构成要件该当行为的人，而其他的犯罪贡献只要（仍然）不符合（或不再符合）构成要件对行为的描述，就只应以参与论。此处无法对这种区分展开讨论，应当承认，以亲自实现构成要件要素为基础可以最好地体现正犯的理念。但这种形式上的优势是由严重的实质上的扭曲换来的，因为它完全不受外部因素的影响。如果两个参与者在犯罪中的利益完全相同、对犯罪进程有同等强度的支配，而其中一个直接射击被害人，并因此符合构成要件地"杀人"，因而他就是正犯；而另外一个人通过暴力压制被害人，他就只能被认为是纯粹的帮助？抑或，帮派首领作为"谋划的大脑"在办公桌旁（远程）操控犯罪进程的行为,仅能作为教唆犯而非共同正犯或间接正犯论处,从犯罪心理的角度来看是否合理?

(b)主观"犯意理论"(Subjektive "Animus-Theorie"):正犯意思或帮助意思

当时的德意志帝国最高法院试图消除形式客观说的缺陷,主张将主要关注点置于参与者的"内心态度"。这种所谓的"犯意"理论认为,从客观角度来看,所有的犯罪贡献无论其形式均应一视同仁。故而,只有通过主观的标准,才能实现对正犯与参与的区分。按该理论的观点,正犯有意将犯罪视为自己的犯罪(即正犯意思,animus auctoris),而共犯则只希望作为工具或者帮助者参与他人的犯罪(即共犯意思,animus socii)。正犯意思的认定标志是自身的犯罪利益以及对犯罪进程的共同支配,而对于共犯,其通常具有从属的特征。德国联邦最高法院在引起轰动的 Staschinskij 案[1]中着重强调了犯罪参与者内在的意思指向,以至于亲手实施了杀人行为的俄罗斯特工仅被认定为帮助犯,因为他本身没有犯罪利益,只是在执行莫斯科总部发布的命令。

(c)主观/形式客观的"犯罪支配说(Tatherrschaftslehre)"

毫不意外,"犯意理论"的极端主观化遭到了猛烈的批判。但无论如何,德国联邦最高法院引入了犯罪支配作为认定标志,它被视为一种可以发展为决定性区分标准的要素。按照犯罪支配理论,正犯是指具有犯罪支配力之人,即其合乎犯罪计划地实施犯罪手段,进而将犯罪行为掌控在自己手中,且直至结果发生始终"支配"着犯罪进程。如果欠缺犯罪支配,犯罪参与者最多仅可能成立共犯。即便不同犯罪支配理论之间存在细微的差别,但它(正确地)体现出:无论是犯罪贡献客观上的重要性,还是自身的犯罪意思,均不足以单独证立正犯。反之,两点均具有决定性作用:一方面,要有意识地控制(或共同控制)犯罪进程(作为主观要素);另一方面,还要结合犯罪贡献的实质重要性(作为客观要素)。

(d)犯罪支配类型

克劳斯·罗克辛(Claus Roxin)进一步细化了如今基本上可以算是主流学说的犯罪支配说。以下将通过一些法律规定来举例说明这一理论可以区分的不同支配模式。

第一种类型是作为基本类型的"行为支配":该类型是指,自身完全负

---

[1] BGHSt 18, 87.

责地实现犯罪构成要件、将行为掌控在手中的人是正犯。这一类型最为重要的适用情形是行为犯中的直接正犯(见本文第一部分 a)。其在《德国刑法典》中被简明地表述为:"亲自实施"犯罪行为者为正犯(《德国刑法典》第 25 条第 1 款第 1 项)。《西班牙刑法典》也有相同的规定,"单独实施"犯罪行为者为正犯(《西班牙刑法典》第 28 条第 1 款)。瑞士立法者则认为这一形式的正犯理所当然,无需提及。此外,他们认为同时犯(见本文第一部分 b)也是不言而喻的,同样没有明文规定。这种情形例如:多个行为人在欠缺共同作用的意思的情况下洗劫了他人的房屋。在这种情形中,所有人都会被当作单独正犯来处理。

第二种类型是所谓的"功能性犯罪支配(Funktionelle Tatherrschaft)"。这是指行为人与他人根据共同的犯罪决意在相互依赖的分工中共同实施了犯罪行为。其主要表现为共同正犯。《德国刑法典》以及《西班牙刑法典》则将其描述为"共同实行"犯罪行为(《德国刑法典》第 25 条第 1 款第 2 项,以及《西班牙刑法典》第 28 条第 1 款第 2 项)。然而这种描述具有误导性,因为这样很难与纯粹的帮助犯(见本文第一部分 c)区分开来。下文的讨论中会再次涉及这一问题。

第三种类型被称为"意思支配(Willensherrschaft)",即行为人利用优势地位来控制和支配直接实施行为者,可以是通过强制、欺骗,或者也可以是将无罪责能力者当作工具使用。其典型例子是间接正犯(见本文第一部分 d2)。德国法规定,利用他人实行犯罪行为者,亦为正犯(《德国刑法典》第 25 条第 1 款第 2 项)。《西班牙刑法典》则更加形象地规定:将他人当作犯罪工具而实施犯罪行为者,亦为正犯(《西班牙刑法典》第 28 条第 1 款第 3 项)。作为一种现代的犯罪形式,利用有组织的权力机构进行的意思支配(Willensherrschaft kraft organisatorischer Machtapparate)也属于间接正犯的类型。

第四种类型是"基于义务地位的犯罪支配(Tatherrschaft aus Pflichtenstellung)",特别是在不作为犯的场合。前述情形中,可以从保证人地位中推导出正犯地位。

(e)欠缺支配的犯罪参与

如果可以通过犯罪支配来证立正犯,那么要寻找参与的本质就应当首先关注犯罪支配欠缺的情形。这特别适用于教唆与帮助。

在教唆犯的情形中,欠缺"意思支配"。对于教唆犯而言,典型的情形是:教唆者引起了刑事犯罪(见本文第一部分 d1),但刑事犯罪的实施并不取决于他自身,而是被教唆的行为人。就此而论,教唆犯缺乏间接正犯所必需的意志支配力(见本文第一部分d2)。从西班牙刑法严格从属性意义上的教唆规定(《西班牙刑法典》第28条第2款a项)中可以推断出,教唆犯的可罚性越多地取决于正犯的刑事责任,这种从属关系就越强。瑞士刑法亦是如此。而根据德国刑法和波兰刑法,主行为必须是违法且故意的,但在限制从属性的意义上并不要求必须具有有责性(《德国刑法典》第26条、《波兰刑法典》第19条第1款)。鉴于教唆犯欠缺意思支配,如果像《德国刑法典》(第26条)以及《瑞士刑法典》(第24条第1款)那样为其设置与正犯相同的刑罚,或者甚至如《西班牙刑法典》(第28条第2款a项)那样将其视"正犯",都是令人诧异的。

在帮助犯的情形中,欠缺"功能性犯罪支配"。如果尝试在法律中寻找线索,从而对帮助犯和共同正犯进行必要的界定,那么,人们通常会感到无所适从。波兰立法者将帮助犯描述为,通过其行为为犯罪提供便利,特别是通过提供工具或运输工具,或者通过提供建议和信息(《波兰刑法典》第18条第3款)。与之相对,瑞士刑法仅规定了"提供帮助"(《瑞士刑法典》第25条),而并未提及帮助可能包括哪些内容。德国刑法同样使用了"提供帮助"这一概念,但由于对共同正犯而言必不可少的"共同"实施犯罪对帮助犯而言也是很典型的情形,"提供帮助"的概念被进一步地模糊化了。因此,帮助犯与共同正犯只能通过以下方式进行区分,即帮助犯所提供的帮助是一种从属的协助。由此产生了一个有待解答的问题:帮助犯的犯罪贡献对犯罪行为的实施应当有何种程度的因果性。西班牙刑法通过进一步的区分来回答这个问题:如果共同作用对犯罪实施具有因果关系,则被归为正犯(《西班牙刑法典》第28条第2款b项);而如果以不具因果性的方式共同作用、行为先于犯罪行为发生或与犯罪行为同时发生,则为帮助犯(《西班牙刑法典》第29条)。在对刑罚进行比较时,也可以发现一定的差异:在波兰和瑞士,对教唆犯和帮助犯酌定减轻刑罚;而在德国,帮助犯应当减轻刑罚。

(三)犯罪参与的特殊形式

在常规的司法实践中,前文所探讨的几种参与形式占据了主导地位,然而也不应遗忘本文第一部分e至i中所简述的特殊参与类型。其中有些涉及法律上所必需的多人共同作用,如聚合犯和对向犯(本文第一部分e),也有些是国际法上的体系性犯罪(本文第一部分f);有些是将犯罪参与的前置阶段独立成为构成要件,如犯罪约定和共谋(本文第一部分h),有些则是独立的后续参与,如窝赃罪(本文第一部分i)。

法人的可罚性(本文第一部分g)涉及的是一种截然不同的刑事责任形式。目前,只有部分国家引入了法人犯罪,而在其他国家,集体的可罚性仍是极具争议的议题,要阐明这一问题需要单独撰文探讨。

三、评论——结语

在文章的最后,我希望回到最初提出的问题,即人们如何规范性地处理经验上各式各样的犯罪参与形式。如果本文提出的诸多模式都或多或少地存在无法令人完全信服之处,这并不令人惊讶。以单一正犯模式为例,如果将所有对犯罪行为的实施具有因果性的贡献均一视同仁,而立法者也保持缄默,那么就只能完全听凭审判机关——也许在一些学说的支持下——寻求个案正义。而如果立法者区分了正犯和参与,但却并未提供准确的定义及区分标准,要求司法判例和理论采取行动,其结果将会是无穷无尽的理论争议。这并不是一个诉诸所谓的"事实逻辑结构"就可以避免的问题,尽管其经常被用以支持区分制的理论。因为,一如我的博士生凯·哈姆多夫(Kai Hamdorf)在其比较法研究《刑法中的参与模型》(Beteiligungsmodellen im Strafrecht)一文中令人信服地指出的:"没有理所当然正确或唯一可能的参与模型,同样没有自始应被排除的模式。"[2]因此,不论是本文提及的还是受篇幅所限并未提及的规则建议,都很难期待其提供一个能令所有人满意的方案。

因此,如果没有决定性的理由来选择某一种模型,那么如何抉择就取决于,人们打算赋予何种价值标准以决定性的意义。对我而言,具有决定性意义的标准是尽可能实现个人正义、判决的透明性以及公民的认可。如果将所有的犯罪贡献都一视同仁地归为正犯,将很难实现上述目的。在定罪阶段通过相应的特征来区分不同的犯罪贡献的比重和强度——而不是在量刑阶段才加以考量,则更有助于实现前述目标。因此,即使在细节上有不同的建构方式,但原则上首选的应当是区分制模式。

参考文献:

Albin Eser, Strafrecht II: Schwerpunkt Tatbeteiligung, 3. Aufl., München

---

[2] Kai Hamdorf, Beteiligungsmodelle im Strafrecht, Freiburg 2002, S. 5.

1980, S. 143-217.

Albin Eser/Barbara Huber/Karin Cornils (Hrsg.), Einzelverantwortung und Mitverantwortung im Strafrecht. European Colloquium 1996 on Individual, Participatory and Collective Responsibility in Criminal Law, Freiburg 1998.

Albin Eser, Individual Criminal Responsibility, in: Cassese/Gaeta/Jones (eds.), The Rome Statute of the International Criminal Court, Vol. 1, Oxford 2002.

George P. Fletcher, Basic Concepts of Criminal Law-Perpetration versus Complicity, Oxford 1998, S. 188-205.

Kai Hamdorf, Beteiligungsmodelle im Strafrecht, Freiburg 2002.

Günter Heine/Bettina Weißer, Täterschaft und Teilnahme (§§ 25 bis 31), in: Schönke-Schröder, StGB-Kommentar, 30. Aufl., München 2019, S. 476-571.

Claus Roxin, Strafrecht Allgemeiner Teil, Band II, München 2003, S. 1-328.

Ulrich Sieber/Karin Cornils (Hrsg.), nationales Strafrecht in rechtsvergleichender Darstellung. Allgemeiner Teil. Teilband 4: Tatbeteiligung, Berlin 2010.

Ulrich Sieber/Konstanze Jarvers/Emily Silverman (eds.), National Criminal Law in a Comparative Legal Context, Vol. 4.1, Berlin 2015, S. 117-398.

Bettina Weißer, Täterschaft in Europa, Tübingen 2011.

Gerhard Werle/Boris Burghardt, Establishing Degrees of Responsibility: Modes of Participation in Article 25 of the Rome Statute, in: van Sliederegt/Vasiliev (eds.), Pluralism in International Criminal Law, Oxford 2014, S. 301-319.

周光权[*]

中国刑法中共同犯罪的理解

《中华人民共和国刑法》(以下简称《刑法》)第25条第1款规定,共同犯罪是指二人以上共同故意犯罪。紧接着,《刑法》第26条至第29条对主犯、从犯、胁从犯、教唆犯的概念和处罚标准作了规定。对此,学界一般认为,《刑法》是按照参与人在犯罪中所起的作用区分共同犯罪人,而未采用分工分类法,自然也就没有使用与帮助犯、教唆犯相对应的共同正犯(共同实行犯)概念。

和德国刑法学通说相同,中国学者也认为,在共同犯罪中,违法是连带的,责任是个别的。由此出发,对共同犯罪诸多问题的理解,中德两国学者的共识应该大于分歧。但是,与《德国刑法典》第25条第2款"数人共同实行犯罪者,均依正犯论处"的规定不同,中国《刑法》在共同犯罪的规定中并没有明确使用正犯(实行犯)概念,因此,对于如何理解共同犯罪的相关规定,即便在中国学者之间也有一些争论。

我认为,如果体系性地理解《刑法》第25条至第29条,可以认为,即便不考虑《刑法》第25条第1款的性质,我国刑法列举性地规定了主犯、从犯、胁从犯、教唆犯,也隐含着对正犯与狭义共犯(教唆犯、帮助犯)的承认,从而采用了区分制而非单一正犯体系。因此,以我国《刑法》存在正犯规定为前提,仍然可以讨论正犯与共犯的区分、正犯的认定、教唆犯的从属性等问题。此外,对于正犯和主犯的关系,也可以进行仔细梳理。

一、不能认为我国刑法对共同犯罪采用了单一正犯体系

由于我国刑法关于共同犯罪的规定在条文上没有直接使用正犯或"共

[*] 清华大学法学院教授。

同实行"这样的表述,因此,近年来,对于我国刑法是否采用了单一正犯体系(单一制)产生了争议。

有学者认为,我国刑法的规定与单一制相吻合。其理由是:一方面,我国刑法没有直接使用正犯概念,相关规定与《德国刑法典》第25条第2款、《日本刑法典》第60条的表述并不相同,在构成要件层面将所有参与者都视为等价值的行为人;另一方面,我国刑法重视主犯、从犯的区分,在量刑层面根据各参加者自己的不法与责任确定其在共同犯罪中的当罚性,这些都与单一制的立法特征相符合,因此,我国采用了单一正犯体系。[1] 对此,江溯博士明确指出,区分制下的正犯概念越来越脱离其基本内涵。由于我国刑法采取的是单一正犯体系,对实行犯、教唆犯和帮助犯并无严格加以区分的必要,根据我国的刑法理论,实行犯、教唆犯和帮助犯的行为都是互相联系、互相利用的,不能单独抽取出来进行独立评价。只要行为人基于共同故意,参与了共同犯罪行为,即构成共同犯罪,根据其在共同犯罪中所起作用大小的不同,给予轻重不同的处罚。[2]

但是,理论上的多数说认为,尚不能仅因我国刑法规定未使用正犯(实行犯)概念,就断言我国采取了单一正犯体系。我也赞成区分制的主张。赞成区分制的学者通常提出如下主要理由。

第一,体系地理解我国《刑法》总则关于犯罪参与人的规定,可以认为其采用了区分制。单一正犯概念的特点是对所有人,无论其贡献大小都是正犯;立法上对狭义共犯(教唆犯、帮助犯)不作规定;所有共犯人都共用一个法定刑,只是在法官最后裁量时根据参与人的责任调节刑罚。我国刑法的相关规定中虽然没有明确使用正犯的概念,但是在《刑法》第27条、第29条第1款中明确规定了帮助犯、教唆犯这两种狭义共犯,正犯的概念就可以从其与狭义共犯的区分、比较中清晰地界定出来。因此,只要是刑法典中明确规定了狭义共犯的,就可以认为其间接规定了正犯概念。此外,还可以认为,《刑法》第25条第1款就是关于共同正犯的明确规定。[3]

第二,《刑法》第23条关于未遂犯"已经着手实行犯罪"的规定中,使用了"实行"概念,这就是正犯概念,而且这一规定和《刑法》第29条第1款规定的"教唆他人犯罪"中,作为其前提均隐含了对正犯的确认。何庆仁博士

---

[1] 参见刘明祥:《论中国特色的犯罪参与体系》,载《中国法学》2013年第6期。
[2] 参见江溯:《犯罪参与体系研究——以单一正犯体系为视角》,中国人民公安大学出版社2010年版,第2页以下。
[3] 参见张明楷:《共同犯罪的认定方法》,载《法学研究》2014年第3期。

指出:构成要件是犯罪的核心部分。从规范的角度看,只有对构成要件的实现有实质贡献,是行为事件的核心角色的,才是正犯。加功于他人的构成要件行为的人只能是从犯。"通过对我国刑法规定的主犯和从犯予以规范化以及通过对学理上的共犯与正犯予以实质化,正犯、帮助犯就与主犯、从犯合二为一,从而在我国刑法中找到了容身之所,也为解决我国传统共同犯罪论和新共同犯罪论(共犯正犯的区分制——引者注)各自的合法性危机提供了理想的途径。"〔4〕由此也可以认为,我国刑法所规定的主犯,就是正犯。

第三,我国《刑法》第27条规定,在共同犯罪中起"次要"或者"辅助作用"的人,是从犯。其中,在共同犯罪中起"辅助作用"的人,特指帮助犯;而起"次要"作用的人,特指作用相对次要的正犯(实行犯)。这种正犯虽然直接实施了符合构成要件的行为,但可能并非犯意的发起者,或者没有实施寻找共犯的行为,或者参与实行的主动性不强,或者被动接受他人的指挥,或者所造成的危害后果较小等。因此,其相对于起主要作用的正犯而言,在共同犯罪中的作用较小,但不能否认其正犯性。对于这种在共同犯罪中起次要作用的正犯以从犯论处,考虑了罪刑均衡原则,具有其合理性。

第四,我国《刑法》分则的某些规定具有特殊性,表明我国采取共犯区分制立场,决定了将总则的共犯规定解释为单一正犯概念和分则的相关规定并不协调。对刑法是否采用区分制的判断,不能只考虑总则的文字表述,而应进行体系性解释。而体系性解释要求将个别的刑法规定和观念放到整个法律秩序的框架之中加以思考,去发现条文间、法律规范和法律制度间的内在关联。在我国《刑法》分则大量规定的只有特殊主体才能构成的身份犯中,不具有特殊主体资格的人,无论其行为样态如何,无论在犯罪中分工、对结果的危害如何,都不可能成为正犯。此时,正犯和共犯的界限十分清晰,不可能按照单一共犯概念的立场将狭义共犯视作正犯。《刑法》第382条第3款规定,伙同国家工作人员贪污的,"以共犯论处",是特别指明没有特定身份者,只能构成狭义共犯,不能以正犯论处。在这个意义上,正犯、共犯概念的对立就是存在的。

第五,"拟制的正犯"概念事实上在立法上被认可,这也表明正犯与共犯的区分在我国刑法中客观存在。由于采用共犯从属性说可能将处罚面限制

---

〔4〕 何庆仁:《我国共犯理论的合法性危机及其克服》,载陈泽宪主编:《刑事法前沿》(第6卷),中国人民公安大学出版社2012年版,第182页。

在一个较小的范围内,为此,立法上在分则中从刑事政策的角度出发,把个别共犯行为作为独立的正犯加以处罚,从而出现"拟制的正犯"规定,这实际上是共犯行为正犯化(例如,《刑法》第307条第2款帮助毁灭、伪造证据罪、《刑法》第358条第4款协助组织卖淫罪)。在类似规定中,如果不承认存在正犯/共犯的区分,将教唆、帮助行为拟制为正犯行为就是难以理解的。

二、我国刑法中正犯的相关争议问题

(一) 区分正犯与共犯的标准

对于如何区分正犯与共犯,我国越来越多的学者开始认同犯罪事实支配说,认为犯罪事实支配说坚持构成要件的观念,主张确定谁是正犯、谁是共犯时,需要考虑谁将犯罪进程掌控在自己手中。

有争议的是:有少数学者认为,犯罪事实支配说是纯客观的不法判断理论,重视行为人是否在客观上支配犯罪进程,而不需要考虑行为人的支配意思这些主观的侧面,因为故意只是责任要素。[5]

但是,多数说仍然认为,在判断犯罪支配时,需要考虑各个行为人客观行为贡献的方式和大小,主观上对于犯罪的期待和操纵、主导、驾驭程度。凡是以故意的心理操纵、控制整个犯罪流程,决定性地支配犯罪的角色,就是正犯。正犯具有行为支配性,包括客观上的行为与主观上的犯意均处于支配地位。换言之,正犯能够以自己的意思对其他犯罪人进行命令或者阻止,把犯罪进程、法益侵害范围掌握在自己手中,是犯罪实施过程中的"灵魂人物"。共犯虽然对于犯罪的实现有加功行为,对法益侵害结果的发生有原因力,但是其不能以自己的意志控制犯罪进程。教唆犯仅对他人实现犯罪的意思决定施加影响,客观上缺乏功能支配;帮助犯仅对他人的行为支配提供帮助,既无意思支配又无功能支配。

这样说来,在我国刑法学中,如果既坚持结果无价值论,肯定违法是纯客观的,又承认犯罪事实支配说,确实存在难以自圆其说的问题。在这方面,我认为,日本学者井田良教授的主张很有道理:"行为支配说注重利用因果经过来实现结果的意思,因此,行为支配也被称为'目的的行为支配'。故意的有无是正犯性的决定性基础,这在考虑以下事例时变得更明确。甲将一把小刀交给乙,让其伤害A,而刀刃上涂有剧毒。如果甲事先知道刀上

---

[5] 参见张明楷:《刑法学》(第5版),法律出版社2016年版,第392页。

有毒一事,对 A 具有杀意,甲成立故意杀人罪的(间接)正犯;如果甲不知此事,只有伤害的故意,就只是故意伤害罪的共犯。即使在因果性、危险性上完全相同,因为对结果发生存在故意而产生支配性。如果是这样,正犯性的有无是构成要件该当性,即类型的违法的问题,在并不将故意作为违法要素的体系中,不能采取行为支配说。在此可以明确的是,行为支配说是通过使行为者放弃故意,停止规范违反,来保护法益的刑法理论,也就是说,它只是行为无价值论在共犯论中的别称而已。"[6]

(二)正犯论的其他争议问题

共同正犯,是指以共同犯罪意思,各自分担犯罪的一部分,共同实现"自己的犯罪"的人。以区分制为前提,围绕共同正犯,我国学者对以下问题存在一定争议。

1. 是否存在过失的共同正犯

我国《刑法》第 25 条第 1 款将共同犯罪规定为二人以上共同故意犯罪,其第 2 款明确规定:"二人以上共同过失犯罪,不以共同犯罪论处;应当负刑事责任的,按照他们所犯的罪分别处罚。"这是对共同犯罪进行限定的思路。在最终处理上,对共同过失行为可以按照过失犯的同时犯定性,再结合行为人各自的过失责任处刑。

我国立法明显不承认过失的共同犯罪,如此一来在理论上进行发挥,以承认过失共同正犯的余地就非常小。冯军教授从区分"共同过失犯罪"和"过失共同犯罪"切入,认为《刑法》第 25 条第 2 款只是否定了"共同过失犯罪"成立共同犯罪,因而在理论上仍然可以得出承认"过失共同正犯"的结论。[7] 对于这种观点,张明楷教授进行了批评,认为冯军教授的区分意义有限,在汉语习惯中,"共同过失犯罪"和"过失共同犯罪"没有差别,这和人们常说的共同故意犯罪和故意共同犯罪相同;此外,冯军教授关于"过失共同犯罪"所举的例子(甲驾车不小心将丙撞倒,后车司机乙将丙压死),实际上是过失的竞合,而非通常所讨论的共同过失犯罪。因此,肯定过失的共同正犯者所表达的观点,更像是从立法论侧面讨论问题,并非从解释论上承认过失共同正犯的主张。[8]

---

[6] 〔日〕井田良:《変革の时代における理论刑法学》,庆应义塾大学出版会 2007 年版,第 124 页。
[7] 参见冯军:《论过失共同犯罪》,载高铭暄等:《西原春夫先生古稀祝贺论文集》,中国法律出版社、日本成文堂 1997 年版,第 169 页以下。
[8] 参见张明楷:《共同过失与共犯》,载马克昌、莫洪宪主编:《中日共同犯罪比较研究》,武汉大学出版社 2003 年版,第 45 页。

确实,《刑法》第 26 条第 2 款对过失共同正犯的解释设置了根本性障碍。按照这一立法主旨,共同犯罪是两人以上共同实施的特定犯罪,除了有共同的行为外,行为意思及其联络也至关重要,各行为人对构成要件结果的发生必须有共同的故意,这样一来,共同犯罪就只能在故意犯罪的范围内成立。过失犯罪由于行为人之间没有彼此的意思联络,所以不成立共同犯罪。应该说,站在部分犯罪共同说立场上的过失共同正犯否定说更符合我国现行《刑法》的规定。此外,如果承认犯罪支配说,也应该会得出否认共同过失犯罪的结论。

2. 是否承认片面共同正犯

共同正犯之间有意思联络,该意思联络是否一定要有意思的"互换"?没有共同实行的"交互"的意思联络,只有一方有与他人联络的意思的,是否成立共同正犯?例如,A 知道 B 要杀害 C,就将 C 捆绑起来,扔在不知情的 B 的必经之路上,B 将 C 砍死的,对 A 应当如何处理?

对此,有观点认为,共同犯罪只是个人犯罪的一种方法类型,参与人彼此之间是否有意思联络并不重要,只有行为人自己有犯罪的意思,他方并不知情,也可以认为正犯在实施自己的犯罪。因此,成立共同正犯之间不需要意思联络,片面共同正犯、片面教唆犯、片面帮助犯都能够得到承认。[9]

但是,目前的多数说认为,共同犯罪的成立,除了彼此之间必须有共同的实行行为外,行为人之间还必须有共同的意思联络,意思联络对违法性有影响。共同的意思联络,必须是"交互"的意思沟通。因此,片面正犯当然因其没有彼此之间的意思联络而不成立共同正犯,由此否定了片面正犯(以及片面教唆)概念。否认片面正犯概念,不等于放纵犯罪,对相关行为人可以按照间接正犯、同时正犯或帮助犯处理。但是,帮助犯是使得他人的犯罪更为容易,其与正犯没有意思的交互沟通,也可以提供帮助,因此,对于片面帮助犯可以予以承认。[10]

3. 对于承继的共同正犯的态度

在他人实行一部分犯罪行为之后,犯罪行为尚未完全结束之际,行为人基于共犯的意思,加入该犯罪的实行的,后行为人是否需要对加入之前的行为负责,这是承继的共同正犯需要讨论的问题。例如,丈夫 A 基于抢劫的意思深夜在某偏僻处将被害人 B 杀死之后,妻子 C 应 A 的要求持手电筒照

---

[9] 参见黎宏:《刑法学总论》(第二版),法律出版社 2016 年版,第 299 页。
[10] 参见高铭暄主编:《刑法专论》(第 2 版),高等教育出版社 2006 年版,第 331 页。

明，A顺利将B散落在地的财物取走的，C构成抢劫（致人死亡）罪还是盗窃罪？D将被害妇女E打成重伤，D的朋友F路过时将无力反抗的E强奸的，对F如何定罪？在G的抢劫暴力行为已经实施一段时间之后，H赶到并从已身受重伤的被害人L身上取走1万元，对H如何处理？

对于承继的共同正犯如何处理，我国实务及理论上大致有三种立场：

（1）全面肯定说。该说主张后参与者在前一行为人的行为尚未结束之际参与犯罪，且对先行事实存在认识并予以接受的，一律应当与前一行为人一起构成共同正犯，即便是前一行为人造成的后果，也需要由后一共同正犯负责。根据这种立场，前述案例中的C构成抢劫（致人死亡）罪，F构成强奸（致人重伤）罪，H构成抢劫罪（致人重伤）。全面肯定说背后的逻辑是：因为后一行为人认识到前一行为人所实施的行为并有利用的意思，其行为就至少与共谋具有相当性，值得重罚。[11] 但是，仅仅由于对前一行为人的行为有认识就在处罚上溯及他人之前的行为，与个人责任相悖，且有沦为心情刑法的嫌疑，因而不妥当。

（2）全面否定说。该说认为，按照责任主义和犯罪事实支配原理，后参与者只需要对其参与之后的事实成立共同正犯。在其参与之前，由他人所造成的后果，即便后行为人对此有认识，甚至有所利用，也不需要其负责。[12] 按照这一主张，前述案例中的C构成盗窃罪（如果肯定死者的占有）或侵占（遗忘物）罪，F构成强奸罪，H仅构成盗窃罪。全面否定说重视犯罪事实支配和因果共犯论，共犯人对与参与之前没有因果联系的结果，无须承担责任。但其面临的批评是，如果完全按照这一主张，在前一行为人所实施的犯罪较轻时，对后一参与人行为的处理可能与常识有一定冲突。例如，前一行为人甲欺骗丙之后，对此知情的乙从被害人丙处取得财物的，无论是按照全面肯定说（乙对甲诈骗的事实有认识和利用），还是根据中间说（乙利用了甲行为的效果），都可以得出乙成立诈骗罪共同正犯的结论。但是，按照全面否定说，如果不能认定乙实施了新的欺骗行为，其就难以成立诈骗罪的共同正犯。对于这一批评，全面否定说也进行了回应：一方面，就前述的诈骗案件而言，似乎可以认为，行为人乙的地位类似于无钱饮食者，其理所当然地可以以接受财物者自居，属于默示的或不作为的欺骗，可

---

[11] 目前我国通说的观点及司法实务大量承认"事中帮助"，等于接纳了承继共同正犯的全面肯定说。
[12] 林亚刚、何荣功：《论承继共同正犯的法律性质及刑事责任》，载《法学家》2002年第4期。

以成立诈骗罪的共同正犯;如果诈骗罪的共同正犯不能成立,还可以考虑乙与接受了对方因为错误而找付的零钱的情形相同,从而认定为侵占(遗忘物)罪。另一方面,在前一行为人所实施的行为危害性较小,中途参与者在参与之后未实施新的犯罪行为的,有时确实应当对后参与者得出无罪的结论。

（3）"中间说"（限定承继说）。主张在后行者部分参与,且对先行者的"行为效果"加以利用的限度内,可以肯定后行者对全部结果负责,成立承继的共同正犯。"中间说"有两个限制条件:先行者的行为效果延续至后行者行为时并被后行者所利用;后行者利用先行者行为的效果并扩大结果。[13] 按照这一观点,前述案例中的 C 利用了 B 的反抗被压制的状态,但没有利用 A 所造成的死亡结果,仅构成抢劫罪,无须对死亡结果负责;F 构成强奸罪,H 构成抢劫罪,其均无须对重伤结果负责。此外,在甲盗窃之后,为窝藏赃物而逃跑时,行为人乙帮助盗窃犯甲逃跑,对追赶的失主使用暴力的,乙存在对甲先前行为状态的利用,因而成立抢劫罪正犯。但是,"中间说"重视后行为人的利用意思,也难逃心情刑法的指责;且其利用的是与自己行为并没有因果关系的他人行为,可能和因果共犯论相冲突,"中间说"承认对犯罪没有事实支配关系,仅对他人的行为有利用的状态也可以成立正犯,这也和肯定正犯性的犯罪事实支配说并不一致。

我认为,如果考虑立足于犯罪事实支配原理以及责任主义,全面否定说是合理的,其与因果共犯论的实质相一致:后行者的参与和先行者已经造成的损害之间没有因果关系,其能够支配的只能是参与之后的犯罪事实。因此,在他人使用暴力导致被害人重伤的场合,后行者仅参与取得财物的,仅构成盗窃罪正犯。但我国的司法判决似乎接近于全面肯定说。

4. 对于共谋共同正犯的态度

共谋共同正犯,是指二人以上共同谋议实施一定犯罪,但实际上只有一部分人着手实行了该犯罪,其他没有实行具体实行行为的人,也应当与实行行为人成立共同正犯的情形。

共谋共同正犯概念在中国司法上得到认可:实务上处理的故意伤害、抢劫、诈骗以及部分有组织犯罪中,先后承认了共谋共同正犯。此外,对共谋后,因错过到现场实行犯罪的时机、找错地方、认错对象等,未实际参与抢劫、伤害、盗窃、贩卖毒品的行为人,法院判决均认为共谋者与实行行为者成

---

[13] 参见黎宏:《刑法学总论》(第二版),法律出版社 2016 年版,第 278 页。

立共同犯罪既遂,且大多按照共同主犯处刑。[14] 当然,由于我国刑法中没有规定正犯,因而在实务判决中,并不会使用实行犯、正犯或共谋共同正犯的概念,但从认定共谋者成立犯罪既遂、处刑较重等处理结果看,实务上大体承认共谋共同正犯的法理。也就是说,实务上出于惩罚犯罪的考虑,倾向于将那些与犯罪实行行为有支配关系、合作关系、能够左右事件结局的人都视为犯罪的核心人物,即使这些人并未直接参与构成犯罪事实上的行为。我国司法立场与日本的审判实践非常接近。

当然,理论上也有学者认为应当否定这一概念。此外,还有学者主张,不使用共谋共同正犯概念,用犯罪事实支配说同样可以为实务中的类似案件处理提供合理解释:一方面,根据犯罪事实支配理论,在幕后操纵利用他人,将他人作为自己犯罪行为的工具的人("幕后黑手"),由于其精神控制力等优势地位实现了与直接实施犯罪等价的行为的支配,少数情况下其可能成立间接正犯,但多数时候,在直接实施者有其行为意志且与操纵者有交流,有一定程度的谋议参与时,"幕后黑手"也可能成立共同正犯。另一方面,所有参与人均是共同平等的谋议主体、部分行为人形式上未实施构成要件行为的,也可能被实质上评价为共同正犯。在实务中,犯罪集团的首要分子或者聚众犯罪中起组织、策划、指挥作用的人,即使不在现场,没有亲自实施《刑法》分则所规定的构成要件行为,按照犯罪的功能性支配说,可以认定其为共同正犯。因为处于组织、指挥、策划地位的人,始终会把整个犯罪作为自己的事情而非他人的事情,因此,在共同犯罪中处于核心地位,是犯罪的决定性人物,他人在现场的具体实行随时受制于组织、指挥、策划者,后者的功能远非具有边缘性的教唆犯可比。认定这些人为共同正犯,就是理所当然的。

三、我国刑法中的教唆未遂

我国《刑法》第 29 条第 2 款规定,如果被教唆的人没有犯被教唆的罪,对于教唆犯,可以从轻或者减轻处罚。

对于"被教唆的人没有犯被教唆的罪"的解释,大致存在三种主张:

(1)共犯独立性说。认为《刑法》第 29 条第 1 款、第 2 款都体现了教唆

---

[14] 由于共谋共同正犯概念事实上得到承认但认定标准不明确,实务上,教唆犯、帮助犯的存在空间受到大幅度压缩,这也是我国司法上处理共同犯罪时值得关注的动向。

犯刑事责任的独立性,共犯不从属于实行犯。[15]"我国《刑法》第29条第2款明文规定处罚教唆犯的未遂犯,即没有正犯的共犯,因而不存在实行从属性。从我国《刑法》第29条第2款的规定中只能得出我国刑法采取共犯独立性说的结论。"[16]按照这一逻辑,教唆他人犯罪,但教唆信息完全没有传递给被教唆人的;被教唆人明确拒绝教唆的;被教唆人虽接受教唆但尚未开始实施预备行为的;被教唆人按照他人的教唆实施预备行为的;以及被教唆人已经着手实行犯罪,但没有得逞的这几种情形,都成立教唆未遂,应当适用《刑法》第29条第2款的规定。

（2）从属性说。其中,又包括两种具体解释思路:其一,将《刑法》第29条第2款解释为是关于共同犯罪的教唆但未达到既遂状态的处罚规定。[17] 其二,认为《刑法》第29条规定的是广义教唆犯,即第1款规定的是狭义或真正意义上的教唆犯,且采取的是教唆犯从属性说;第2款是对以教唆行为方式实施的间接正犯未遂所作的规定。[18]

（3）二重性说。《刑法》第29条第1款的规定体现了教唆犯的从属性;而根据第2款的规定,被教唆的人即便是没有犯被教唆的罪,教唆犯与被教唆人根本不成立共同犯罪关系,对教唆犯仍然要定罪处罚,这表明教唆犯具有独立性。[19]

对《刑法》第29条第2款,相对合理的解释思路是:被教唆的人"没有犯被教唆的罪",仅指教唆犯教唆他人犯罪,被教唆人已经着手实行犯罪,但"没有达到既遂状态"的情形;对于教唆犯教唆他人犯罪,被教唆人仅有预备行为但"没有着手犯被教唆的罪"的情形,即便要处罚教唆犯,也应该适用(他人)预备罪的法理,引用《刑法》第22条第2款的规定进行,与教唆未遂和共犯从属性理论无关,更不需要对教唆预备犯适用《刑法》第29条第2款的规定;对于教唆信息完全没有传递给被教唆人、被教唆人明确拒绝教唆、被教唆人虽接受教唆但尚未开始实施预备行为的三种情形,教唆行为对法益没有产生抽象危险,教唆者不但不能成立教唆未遂,而且连教唆预备犯都不成立,其不属于刑罚处罚对象。

---

[15] 参见高铭暄主编:《刑法学原理》(第2卷),中国人民大学出版社1993年版,第411页。
[16] 陈兴良:《教义刑法学》,中国人民大学出版社2010年版,第652页。
[17] 参见张明楷:《论教唆犯的性质》,载陈兴良主编:《刑事法评论》(第21卷),北京大学出版社2007年版,第85页以下。
[18] 参见何庆仁:《我国刑法中教唆犯的两种涵义》,载《法学研究》2004年第5期。
[19] 参见伍柳村:《试论教唆犯的二重性》,载《法学研究》1982年第1期。

如此理解《刑法》第 29 条第 2 款规定的合理性在于：一方面，坚持共犯从属性的法理。教唆未遂必须从属于正犯的未遂（实行从属性），必须以正犯着手实行为前提的有力观点没有被改变，从而承认被教唆的人"没有犯"被教唆的罪，是指被教唆的人已经实行，但"没有既遂"这一结论的正确性。另一方面，考虑了刑法的法益保护目的，杜绝错误理解《刑法》第 29 条第 2 款，防止解释论滑向刑法主观主义。对教唆信息未传递到被教唆人、被教唆人拒绝教唆、被教唆人实施其他与教唆无关的犯罪行为的情形，教唆犯的行为对于法益不会造成需要动用刑法来保护的抽象危险，更不能将表现教唆者犯罪人格的行为与正犯者的实行行为同等对待，对这种教唆者不应该进行刑罚处罚。

[单元评议]

〔德〕亚历山大·伊格诺尔*

正犯和犯罪参与的中德比较

译者:邓卓行 郑 童 王芳凯**

周光权教授的报告令人印象深刻,他向我们系统介绍了《中国刑法》有关犯罪参与的法条规定,并且梳理了中国刑法学界对共同犯罪的观点纷争。显而易见,中德刑法在相关内容上有所差异,但亦有相同之处,至少我们所要解决的实际法律问题是相同的。

第一,两国的不同之处首先存在于,《中国刑法》中没有直接使用"正犯"概念。《中国刑法》缺少与《德国刑法典》第25条第1款相类似的规定。相应的,《中国刑法》也没给出间接正犯的定义。

《中国刑法》第25条及其之后各条主要对两人及两人以上实施犯罪进行了规定。翻译成德语叫作"gemeinschaftlich begangene Straftaten(共同实施的犯罪行为)"。对没什么经验的德国读者来说,这似乎是指《德国刑法典》第25条第2款对"共同正犯"的规定。但实际上,"共同犯罪"这一概念指的是多人故意共同犯罪。《中国刑法》第25条第1款明确规定了"共同犯罪是指二人以上共同故意犯罪"。

接下来,《中国刑法》对"主犯"(《中国刑法》第26条)、"从犯"(《中国刑法》第27条)、"胁从犯"(《中国刑法》第28条)和"教唆犯"(《中国刑法》第29条)进行了区分。从《中国刑法》对"从犯(Nebentäter)"的规定可以看出,这并不是德国刑法教义学中所说的"Nebentäter(同时犯)",而是帮助

---

* 德国律师协会刑事委员会主席。
** 邓卓行系清华大学法学院博士后研究人员,法学博士;郑童系慕尼黑大学法学院博士研究生;王芳凯系中国社会科学院大学法学院博士后研究人员,法学博士。

犯。《中国刑法》第 27 条第一句明确指出:"在共同犯罪中起次要或者辅助作用的,是从犯。"

第二,基于前述法律情形,周教授在其报告的第一部分(《中国刑法》并未采用单一正犯体系)中,讨论了下述问题,即《中国刑法》的规定是如部分学者所主张的以单一正犯的观念为基础,还是采用了二元参与体系的理念。后者是通说见解,亦为周教授所采纳。

如前文中提到的,尽管《中国刑法》没有作出详细的定义,但是它区分了"共同犯罪"的不同形式,也区分了"共同犯罪"和单独实施的犯罪,这可以作为通说的佐证。按照单一正犯体系,任何(有因果性地)参与到犯罪中的人,都应作为正犯加以处罚。[1]

不过在我看来,从《中国刑法》的条文中并无法明确得知,在"共同犯罪"中,借由"主犯""从犯"的概念应当在多大程度上对各行为进行独立涵摄,以及主犯与从犯、教唆犯之间是否存在从属性。

第三,对此,周教授在报告的第三部分(《中国刑法》中的教唆未遂)以《中国刑法》第 29 条对教唆规定为例进行了探讨,该条规定如下:

(1)教唆他人犯罪的,应当按照他在共同犯罪中所起的作用处罚。教唆不满十八周岁的人犯罪的,应当从重处罚。

(2)如果被教唆的人没有犯被教唆的罪,对于教唆犯,可以从轻或者减轻处罚。

如周教授所言,中国刑法学界既有观点认为从《中国刑法》第 29 条第 2 款中可以得出教唆行为和被教唆行为之间不存在从属性的结论,又有观点认为该款暗示了存在从属性。对后者而言,第 2 款被理解为是一种特殊规定,主要关于对未遂行为进行教唆的可罚性;或者是"间接正犯的未遂(此种间接正犯采用了教唆的方式)"。换言之,该规定包括两种教唆的特殊类型,其特点是缺乏既遂的故意实施的主行为。而第 1 款的规定仅涉及"狭义的教唆"——周教授因而将其称作"对故意的主行为的成功教唆"。最后,周教授认为,《中国刑法》第 29 条具有一种"双重属性"。

根据周教授的观点,应该这样解释《中国刑法》第 29 条第 2 款的规定,即未遂的教唆和教唆的预备都不具有可罚性。在《中国刑法》中,预备行为原则上是可罚的,有鉴于此,该观点并非不言自明。周教授这样论证自

---

[1] 参见《奥地利刑法典》第 12 条:"自己实施、使他人实施应受刑罚处罚的行为,或以其他方式为应受刑罚处罚的行为的实施作出贡献的,均是正犯。"

己的观点:详言之,在主行为没有达到未遂的情况下,可能的教唆行为不会对他人的法益造成危险。对《中国刑法》第29条第2款的解释不应滑向"刑法主观主义",也就是说,单纯指向犯罪的意志不能受到处罚。

原则上应赞同这一观点。但是,从德国的视角看,尚未解决的问题在于,该观点是否也应该适用于针对重罪的、未遂的教唆(参见《德国刑法典》第30条),以及如何对待《中国刑法》第27条规定的帮助犯,即"从犯"。

如果从德国的视角对中国的法律规定进行整体性的观察,应当说尽管《中国刑法》为"从犯"(《中国刑法》第27条、第28条)和"教唆犯"(《中国刑法》第29条)分别设置了处罚的减轻规定,然而它们依然赋予中国法官相当大的裁量空间。这里的裁量空间不仅仅指量刑方面,而是在定罪环节法官就有很大的裁量空间——至少相比于德国刑法赋予德国法官的空间是更多的。《中国刑法》的出发点,乃参与者在"共同犯罪"中各自起到的"作用"。减轻处罚——直至免除处罚——取决于"次要或者辅助作用"(《中国刑法》第27条)、是否"胁迫"他人(《中国刑法》第28条)参与犯罪、教唆犯起的"作用"或者是否存在教唆失败(《中国刑法》第29条)的情形。"主犯"应当"按照其所参与的或者组织、指挥的全部犯罪"处罚(《中国刑法》第26条第4款),"犯罪集团"的"首要分子"甚至要"按照集团所犯的全部罪行处罚"(《中国刑法》第26条第3款),即不论其参与状况。《中国刑法》第26条第2款将"犯罪集团"定义为"三人以上为共同实施犯罪而组成的较为固定的犯罪组织"。

在我看来,确实无法从这些规范中明确推导出帮助行为是否从属于主行为、在多大程度上从属于主行为[2],这可能正是周教授所指出的观点分歧产生的原因。

在正犯与共犯的区分中,似乎存在明显类似的情况。如果我正确理解了周教授在他报告第二部分第(一)节(区分正犯与共犯的标准)中的论述,那么对中国刑法学者而言,一方面犯罪支配的客观标准有重要意义,另一方面行为人意志指向也被作为观察的要点。这与德国的判例是一致的,并且看上去更接近扩张的正犯概念。[3]

周教授还提到,对于个别犯罪类型,即周教授所称的"身份犯",存在关

---

[2] 德国刑法中对从属性的论述可见:Urs Kindhäuser, Strafrecht Allgemeiner Teil, 8. Aufl., §38 Rn. 17 ff.。

[3] Vgl. Bernd Heinrich, Strafrecht Allgemeiner Teil, 4. Aufl., Rn. 1209.

于帮助犯可罚性的特别规则,例如《中国刑法》第 307 条、第 358 条和第 382 条。它们之于一般性问题——单一正犯体系或者二元的参与体系——的意义,请允许我暂时搁置。

第四,在报告的第二部分第 2 节(正犯论的其他争议问题),周教授谈到了中国刑法中的"共同正犯(Mittäterschaft)"问题。他将"共同正犯"理解为"以共同故意来共同实施犯罪行为(die gemeinschaftliche Begehung einer Straftat mit gemeinschaftlichem Vorsatz)"。"共同实施犯罪行为(gemeinschaftlichen Begehung)"这一概念与德国法(参见《德国刑法典》第 25 条第 2 款)是一致的,而"共同故意(gemeinschaftlichen Vorsatzes)"对德国法而言却是个陌生的概念。故意是一种纯粹个人的犯罪构成要件。

在德国刑法中,共同正犯是指基于"共同的犯罪计划(gemeinsamer Tatplan)""有认识且有意思地共同作用(bewusste und gewollte Zusammenwirken)"。严格来讲,"共同的犯罪计划"和"共同故意"并不完全相同。如果存在"共同的犯罪计划",即使其中有参与者缺乏某方面的故意,依然可以将其他参与者的犯罪贡献算到他身上。[4]

在德国刑法中,共同正犯本身并不是一种特殊的正犯形式,而是一种将他人的行为归责于行为人的模式。多人以正犯的形式共同地实现犯罪构成要件,但并非每个人都(也可能没有任何一个人)实现了所有的犯罪构成要件要素时,就存在共同正犯的情形。[5] 共同正犯的法律概念是基于分工实现犯罪构成要件、平等承担责任的归责原则。[6]

周教授的论述表明,在共同正犯上,德国刑法与中国刑法有诸多相似之处。

例如和中国刑法一样,德国刑法同样不承认过失的共同正犯(fahrlässige Mittäterschaft)。《中国刑法》第 25 条第 2 款明确排除了共同的过失犯罪。在欠缺"知且欲的共同作用"的情形下,德国刑法也不会承认(过失的共同正犯)。[7]

当中国刑法学界的通说否定"片面共犯"的可能性(einseitigen Mittäterschaft)时,德国刑法学界的通说也采取相应的立场。[8] 诚如周教授

---

[4] Vgl. Bernd Heinrich, Strafrecht Allgemeiner Teil, 4. Aufl., Rn. 1234.
[5] Thomas Fischer, Strafgesetzbuch mit Nebengesetzen, 64. Aufl., §25 Rn. 24.
[6] Urs Kindhäuser, Strafrecht Allgemeiner Teil, 8. Aufl., §38 Rn. 2.
[7] Bernd Heinrich, Strafrecht Allgemeiner Teil, 4. Aufl., Rn. 997.
[8] Vgl. Urs Kindhäuser, Strafrecht Allgemeiner Teil, 8. Aufl., §40 Rn. 7 f.

所言,共同正犯的前提是参与人之间达成一致,想要共同实施犯罪,即一种"意思联络(interaktive Kommunikation)"。如果欠缺该前提,则必须分别评价各参与人的行为。

就所谓的"承继的共同正犯(sukzessiven Mittäterschaft)"问题,周教授的论述和德国刑法总论教科书(的观点)非常相似。在德国和中国,对于这个问题的讨论同步率很高。周教授所设计的三个案例中,按照德国法也会和周教授一样否定成立承继的共同正犯,因为当事后行为发生时,在之前的犯罪(杀人、身体伤害、抢劫)已经既遂了。[9] 被害人因前行为陷入某种情境中,而行为人单纯利用了此情境无法证立共同正犯,因为加入者对之前的犯罪并没有客观的犯罪贡献。除了共同的犯罪计划外,行为人自己的犯罪贡献对于证立共同正犯而言也是必要的。周教授认为单纯的主观认知并不足以证立共同正犯,这一观点与德国法相符。[10]

而根据德国刑法学界的一种观点,当后行为人介入之时,前行为已经既遂(vollenden)然而尚未终了(beenden),则可能会导致不同的结果。例如周教授所举的例子,窃贼在逃跑并试图藏匿盗窃所得的钱包时,行为人介入帮助其逃跑。为了阻止被害人的追捕,行为人对被害人施加了暴力。在这种情况下可以考虑成立共同正犯。而如同周教授的观点,也有观点反对所谓承继的共同正犯。[11] 周教授通过后介入者欠缺犯罪支配证明不能成立共同正犯,这实际上与基于盗窃罪已然既遂而否定共同正犯成立的论点在本质上并无差别。

最后,周教授探讨了中国刑法所认可的"共谋共同正犯(Mittäterschaft aufgrund gemeinsamer Verschwörung)"。这是指尽管行为人自己并没有实现犯罪构成要件,却参加了犯罪谋划。如前所述,在德国法中,如果欠缺犯罪贡献,原则上不会考虑成立共同正犯。不过,也存在例外情形,即行为人尽管没有亲自参与犯罪的实施,但他在幕后操纵犯罪实施者,而实际行为人相当于他的工具。这可能涉及国家权力行使的特定情形,如在德国边境由国

---

[9] Vgl. Bernd Heinrich, Strafrecht Allgemeiner Teil, 4. Aufl., Rn. 1236 ff.; Urs Kindhäuser, Strafrecht Allgemeiner Teil, 8. Aufl., §40 Rn. 11.
[10] Vgl. Bernd Heinrich, Strafrecht Allgemeiner Teil, 4. Aufl., Rn. 1239.
[11] 对观点分歧的梳理可见:Bernd Heinrich, Strafrecht Allgemeiner Teil, 4. Aufl., Rn. 1237; Urs Kindhäuser, Strafrecht Allgemeiner Teil, 8. Aufl., Rn. 10 ff.。

家发布的"开枪命令"(所谓的"围墙射杀案")[12],或者也可能是核心组织帮派,抑或有层级的企业组织的特定情形。在这些情形中,人们会提及所谓的"正犯后的正犯"或者借由"组织支配"进行的犯罪支配。在这些情形中,牵线操纵的幕后人不是被视作共同正犯[13],就是被视作间接正犯[14]。前者(共同正犯)符合周教授的见解。

---

[12] 参见 BGHSt 39, 1 及相关判例, Bernd Heinrich, Strafrecht Allgemeiner Teil, 4. Aufl., Rn. 1255 中有相关阐述。
[13] 例如 Hans-Heinrich Jescheck/Thomas Weigend, Lehrbuch des Strafrechts Allgemeiner Teil, 5. Aufl., §62 II 8。
[14] 例如 BGHSt 40, 218, 232 ff.; Bernd Heinrich, Strafrecht Allgemeiner Teil, 4. Aufl., Rn. 1257。

江　溯＊

对于犯罪参与模式的评论

我非常荣幸参加这次会议，特别感谢 Hilgendorf 教授和梁根林教授的邀请。关于犯罪参与的基础理论，Eser 教授和周光权教授分别作了非常精彩的报告。正如两位教授所言，世界上主要有两种犯罪参与立法模式，一种是以《德国刑法典》为代表的区分模式；另一种是以《奥地利刑法典》为代表的单一正犯模式。值得注意的是，两位教授都认为，《中国刑法》采取了与德国相同的区分模式。我的评论围绕以下三个问题展开：第一，作为犯罪参与体系的基础，哪一种正犯概念更为合理？第二，区分模式与单一正犯模式的区别何在？第三，《中国刑法》采取了哪一种犯罪参与立法模式？

一、作为犯罪参与体系之基础的正犯概念

正如 Eser 教授在报告中所指出的那样，区分模式的基础是限制的正犯概念，而单一正犯模式则立足于扩张的正犯概念。限制的正犯概念的含义是，正犯仅限于"亲自实现法定不法构成要件的人"，由于教唆行为与帮助行为并非刑法分则规定的构成要件行为，因此本来不是刑法所要处罚的对象，但因为刑法对之设立了处罚的规定，才得以对这些并未亲自实施不法构成要件行为的人施加刑罚。因此，刑法上关于共犯的规定在本质上就是"刑罚扩张事由（Strafausdehnungsgründe）"。与此相对，扩张的正犯概念则认为，凡是对构成要件的实现具有因果贡献的人（或者以可归责的方式参与犯罪的人），都是正犯。既然如此，教唆犯与帮助犯在本质上就是正犯。由此可见，这两种不同的正犯概念的区别在于对于构成要件范围的理解不同：限制的正犯概念认为，只有以刑法分则规定的方式实现构成要件的人才

＊ 北京大学法学院长聘副教授。

是正犯；而扩张的正犯概念则认为，凡是对于构成要件的实现有贡献者，无论是直接的参与者还是间接的参与者，皆为正犯。那么，作为犯罪参与体系的基础，哪一种正犯概念更为合理？我认为，扩张的正犯概念更为合理。

一方面，刑法的目的在于通过刑法规范实现预防性的法益保护。在区分模式之下，正犯是亲自实施构成要件行为的人，共犯则是实施构成要件以外行为的人，因此刑法分则的行为规范仅针对正犯，而不针对共犯。根据区分模式，在杀人罪的情况下，正犯违反的是"不得杀人"的行为规范，而共犯并未违反这一行为规范。在单一正犯模式之下，无论参与者的形态如何，都违反了刑法分则的"不得杀人"的行为规范。所谓正犯，是"实现法定犯罪构成要件的人"，而不是仅限于"亲自"实施法定构成要件行为的人。换言之，"不得杀人"的行为规范不能只包含不得"亲自"杀人的内容，还应当包含不得"以任何可归责的方式"杀人，否则"不得杀人"的行为规范以及其背后的法益就无法得到周延的保护。既然刑法对于所确立的行为规范，都是在于保护刑法分则各本条的法益，无论是所谓正犯还是共犯，都违反了"不得杀人"的行为规范，在规范评价上就不应有区别。

另一方面，从区分正犯与共犯的学说角度上看，今天在德国占主流地位的犯罪支配理论对正犯的界定，早已不再是"自己亲自实现构成要件的人"（形式－客观说），而是"犯罪事件的核心人物"，正犯的含义越来越脱离限制的正犯概念。特别是通过组织支配的法律形象，将那些完全没有实现构成要件的"书桌行为人"作为正犯（"正犯背后正犯"）来对待，实际上等于彻底抛弃了限制的正犯概念。

二、区分模式与单一正犯模式的区分标准

Eser 教授在报告中指出，区分模式与单一正犯模式的区别主要在于：第一，根据区分模式，犯罪参与者区分为正犯与共犯。所谓正犯，按照德国占主流地位的犯罪支配理论，是指支配整个犯罪事件的核心人物；而共犯则是指不具有犯罪支配地位的边缘人物。相反，根据单一正犯模式，凡是对构成要件的实现具有因果贡献的人（或者以可归责的方式参与犯罪的人）都是正犯，不存在正犯与共犯的区分。第二，根据区分模式，共犯从属于正犯，即共犯的可罚性从属于正犯。相反，单一正犯模式不承认共犯从属性原则，各正犯根据自身的不法和罪责负担责任。由此可见，区分模式与单一正犯模式的区分标准在于：第一，在构成要件层面是否区分犯罪参与者的类

型;第二,是否承认共犯从属性。在我看来,这两个标准可能并非区分模式与单一正犯模式的根本标准。

(一)是否区分参与形态作为区分两种犯罪参与体系的标准?

在形式单一正犯体系之下,的确不存在参与形态的区分,所有参与者均为正犯。这主要是因为早期的单一正犯体系受到因果关系中的等价理论的影响,认为所有对结果有因果贡献的参与者皆为正犯,具有不法的等价性。但是,从现代刑法的眼光来看,这种完全不区分参与形态的做法存在以下疑问:第一,违反罪刑法定原则的明确性原则;第二,从刑事政策的角度上看,完全不限定参与形态会导致处罚范围过大;第三,从构成要件层面看,完全不区分参与形态,无法为量刑阶段的刑罚个别化提供根据。

基于对形式单一正犯体系的反思,Kienapfel 提出了功能性单一正犯体系。他认为,虽然《奥地利刑法典》采取的是单一正犯体系,但这一体系区分直接正犯(unmittlebare Taeterschaft)、诱发正犯(Bestimmungstaeterschaft)与援助正犯(Beitragerstaeterschaft)。那么,我们是否可以说:因为《奥地利刑法典》对正犯类型进行了区分,因此就放弃了单一正犯模式,而改为采取区分模式呢?答案显然是否定的。因为《奥地利刑法典》区分正犯类型的意义,与区分模式的正犯与共犯之区分的意义完全不同:第一,《奥地利刑法典》区分正犯类型的目的在于确保法治国家的明确性原则、限定可罚的犯罪参与者的范围并为量刑个别化提供依据。第二,《奥地利刑法典》规定的三种正犯类型具有不法的等价性,正犯类型与刑罚轻重没有直接的关联。各正犯的刑罚轻重,由法官在量刑阶段个别解决。而区分模式之下的正犯与共犯则具有不法价值的差异,这种差异直接体现为正犯与共犯的刑罚轻重不同:正犯比共犯处罚更重(至少对于帮助犯是如此)。因此,是否区分参与类型,不能作为区分模式与单一正犯模式的区分标准。在单一正犯模式之下,形式上也完全可能区分正犯类型(功能性单一正犯体系),只不过这种类型化与区分模式之下的正犯与共犯之区分的意义大相径庭。

(二)从属性作为区分两种犯罪参与体系的标准?

传统理论认为,区分模式与单一正犯模式的一个重要区别在于:在区分模式之下,共犯的可罚性从属于正犯;在单一正犯模式之下,各正犯依自身的不法和罪责承担责任,彼此之间不具有从属性,而仅仅具有事实上的依存性(faktische Bezogenheit)。但是,单一正犯模式不能否认的是,在一个犯罪参与之中,必然存在两种参与类型:一种是直接的正犯,即以自己的行为或者与他人共同直接实现构成要件的行为人;另一种是间接的正犯,即通过他人的行为间接实现构成要件的行为人。从存在论的角度上看,间接的正犯是无法直接实现构成要件的,他们必须通过直接的正犯才能实现对法益的侵害或者威胁。换言之,间接的正犯无法在完全独立于直接的正犯的情况下实现构成要件。的确,形式的单一正犯体系与功能性单一正犯体系在这个问题上是含混不清的,但是,如果采取一种规范性—功能性单一正犯体系(Thomas Rotsch),那么单一正犯体系完全可以接纳与共犯从属性理论具有异曲同工之妙的直接管辖—间接管辖理论:从规范论的角度上看,间接的正犯与直接的正犯的区别仅仅在于对于法益侵害的间接管辖与直接管辖,而间接管辖需要通过直接管辖来实现。至于立法上是否规定对犯罪参与的未遂(Versuch der Beteiligung)加以处罚,则属于法律政策的问题,对教义学上理解犯罪参与的结构没有影响。

(三)犯罪参与二重性作为两种犯罪参与体系的标准

既然是否区分参与形态与从属性都不是区分模式与单一正犯模式的区分标准,那么什么才是区分这两种犯罪参与体系的标准呢?我认为,Kienapfel 所提出的"合作的二重性"可以作为两种犯罪参与体系的区分标准。Kienapfel 指出,犯罪参与者的法律规制有两个基本问题:首先是构成要件的范围问题,即确定在多个参与者中谁是可罚的问题,这是所谓的可罚性的外部界限问题;其次是量刑的问题,即根据各参与者的不法和罪责对之进行适当的量刑、实现刑罚个别化的问题,这是所谓的可罚性的内部界限问题。Kienapfel 将这个两个基本问题称为"合作的二重性(Doppelnatur der Mitwirkung)"。上述两种犯罪参与模式的区别在于:区分模式试图将这两个层面的问题均在构成要件层面加以解决,即凡是在构成要件层面被认定为正犯的参与者,其不法程度就高于共犯,因而在刑罚上就要比共犯重;而单一正犯模式则明确地区分这两个层面:首先确定哪些参与者是可罚的参与者,然后再根据各人的贡献进行量刑。区分模式试图在构成要件层面同时解决两个层面的问题的方案,会出现如下问题:在实践中会出现有些本来是共犯的参与者,可罚性反而比正犯高,在这种情况下,区分模式需要不断地修改正犯概念,以便能给予这样的参与者更重的处罚,例如,将前述的"书桌行为人"认定为正犯,就是将本来属于共犯的行为人作为正犯来处理。但是,那些为网络空间成千上万的犯罪提供软件或者工具的帮助犯,其可罚性显然高于正犯,但无论如何,区分模式也无法将这样的帮助犯解释为正犯,而只能按照共犯来处理。这说明,区分模式本身存在一个难以克服的极限,无法适应现代社会犯罪参与的复杂现象。

三、中国刑法中犯罪参与的体系性归属

关于中国刑法中犯罪参与的体系性归属,在中国刑法学界存在争议:一种观点与 Eser 教授和周光权教授的观点一致,认为中国刑法采取的是区分模式;另一种观点则认为中国刑法采取的是单一正犯模式。从周光权教授的报告来看,他之所以认为中国刑法采取的是区分模式,最核心的理由是中国刑法是区分犯罪参与形态的。我同意中国刑法(包括立法和司法实践)事实上对犯罪参与形态作出了区分,但如前所述,我认为这并不能成为主张中国刑法采取区分模式的理由。我在十年前出版的博士论文中指出,中国刑法采取了一种规范性—功能性的单一正犯体系:在构成要件层面,中国刑法区分实行犯、教唆犯、帮助犯和组织犯;在量刑层面则区分主犯与从犯。换言之,中国刑法采纳了"合作的二重性"结构,这与区分模式存在根本区别。

四、总结

虽然犯罪参与现象在每个法秩序中都存在,但立法者完全可以基于不同的法律政策和价值观,选择不同的犯罪参与立法体系。在我看来,我们今天在这里讨论的区分体系和单一正犯体系,都不过是韦伯意义上的"理想类型"。事实上,我们可以看到,从这两种体系出发,已经产生了许多混合体系。我完全同意 Eser 教授的观点,只要是能实现个体正义、确保判决的透明性以及民众接受的犯罪参与体系,就是值得采纳的体系。我十年前在博士论文中提出的观点,今天仍然没有改变:从教义学上看,中国刑法采取的是单一正犯体系而非区分体系,而且,单一正犯体系更为可取。

王华伟[*]

犯罪参与理论的基础问题

一、对埃泽尔教授报告的简要总结

埃泽尔教授的报告《正犯与犯罪参与：比较法视角下的基础与标准》主要包括以下内容：

1. 对犯罪实施的事实表现形式进行了总结

埃泽尔教授首先对现实世界中实施犯罪的各种事实形态进行了全面总结，并以此作为规范评价的基础。

2. 对规范的规定模式进行了全面介绍

在评价规范模式的部分，埃泽尔教授首先介绍了单一正犯模式的基本内容，并展示了代表性国家的相关立法。在此基础上，他分析了单一正犯模式的优势与不足。其次，埃泽尔教授重点介绍了二元区分模式的基本逻辑，并对国际范围内采取该种立法模式的国家的情况进行了介绍。他总结了二元区分模式的两个基本特征：其一，对正犯与共犯进行区分处罚；其二，共犯对正犯的从属性。由此出发，埃泽尔教授进一步介绍了区分正犯和共犯的不同标准，并对正犯和共犯的具体下属类型进行了详细介绍。

二、对埃泽尔教授报告的评论

1. 共犯立法与理论的法律比较

首先，在比较法研究的方法论问题上，埃泽尔教授提醒我们，不能仅仅局限于法律概念的浅层比较而忽略所指涉的生活事实，因为同样的问题在

---

[*] 北京大学法学院助理教授，法学博士。

不同国家可能会使用不同的概念来处理。这种现象不仅存在于大陆法系和普通法系之间，如团伙共同犯罪（joint criminal enterprise），而且也存在于看似具有类似立法结构处在同一法系的国家之间。此外，如埃泽尔教授所介绍的那样，在一些具体的犯罪参与问题上，德国、瑞士、西班牙、波兰等大体处于同一阵营的国家也存在不少差异。因此，在理解犯罪参与问题时，应当具备国际眼光，但是同时也应充分关注本国法律的特殊性，立足国内的法律规定，提出本土的解决方案。中国的犯罪参与理论的建构，近年来越来越多地受到了德国理论的影响。但是，目前我们仍然没有较好地处理比较法经验借鉴与本土理论建构之间的不协调之处。

例如，埃泽尔教授在报告中介绍了在德国占据主流地位的行为支配理论，该学说在中国学界也越来越具有影响力。按照这种观点，在犯罪事实中，具有主观的操控意志和客观的支配性行为贡献的参与者属于正犯。显然，这一标准已经突破了对构成要件行为的形式化理解，不仅作了类型化的判断，而且也纳入了实际影响力的考察。在德国的法律语境下，这种做法或许是可行且必要的，但是在中国的法律框架中就面临难题。因为，中国刑法学的理论通说认为，我国的共犯模式同时采取了分工分类法和作用分类法[1]，还有学者则称之为一种双层的共犯体系[2]。在分工分类法中，按照分工和行为类型，犯罪参与人被划分为正犯、帮助犯或者教唆犯；在作用分类法中，按照行为人所起的作用，犯罪参与人被划分为主犯、从犯和胁从犯。[3] 而行为支配理论所主张的正犯标准，既强调以刑法构成要件为基础，又强调参与人所具有的支配性影响和作用。在我看来，它实际上是中国上述两种标准的结合。因此，当我们在中国刑法的语境中来探讨正犯与共犯区分问题时，是否应当采纳行为支配这一非常实质化、兼顾一定量刑因素的学说，就不无疑问。

再如，埃泽尔教授也提及了意志支配概念下新发展出来的"组织支配"概念，它与"正犯背后正犯"的理念紧密联系在一起，近年来也被中国学者

---

[1] 参见高铭暄、马克昌主编：《刑法学》（第八版），北京大学出版社、高等教育出版社2017年版，第173页。
[2] 参见钱叶六：《双层区分制下正犯与共犯的区分》，载《法学研究》2012年第1期。
[3] 这里的主犯 Haupttäter 不是德国法意义上的正犯，而是指起主要作用的犯罪参与人，它既可能是德国法意义上的正犯，也可能是共犯。这里的从犯 Nebentäter 也不是德国法意义上的同时犯，而是指起次要作用的犯罪参与人，它同样既可能是德国法意义上的正犯，也可能是共犯。

所引介。罗克辛教授最初提出了这一构想,借助于直接实施行为人的可替换性(Fungibilität oder Ersetzbarkeit),将间接正犯的范围进一步拓展,用于处理那些所谓"书桌行为人(Schreibtischtäter)"。[4] 在对正犯一般处罚更重的德国,这种理解或许能妥当地处理那些在幕后给出指令的机构领导者。然而,在中国的双层共犯体系中,这种进一步扩张间接正犯范围的做法没有太大实际意义。因为,按照中国的共犯模式,教唆犯完全可以作为主犯,被处罚得更重。而且,在《中国刑法》第26条规定的主犯概念之下,还存在组织犯的概念,它更是为上述情形量身打造的。在此基础上,在中国引入一种相当有争议的学说,进一步使正犯概念实质化、宽泛化,并没有理论上的必要性。

2. 犯罪参与模式的立法选择

关于犯罪参与的立法模式问题,埃泽尔教授在经过一番比较考察后敏锐地指出,在采纳单一正犯体系的刑法中,实际也存在参与模式的划分,如丹麦和奥地利即是如此。较之于完全不区分犯罪参与类型的国家(如意大利),上述模式在理论上被称为功能的单一正犯体系。[5] 然而,实际上,为了限制对诸如帮助未遂的处罚,这些采取功能单一正犯体系的国家也在一定程度上间接地承认了从属性,即所谓量的从属性。[6] 而反过来,即使在特别强调共犯从属性原则的《德国刑法典》中,第30条关于未遂的教唆的规定,也在一定程度上突破了这一基本原则。因此,两种参与模式的差异远没有想象的那么大。

与犯罪参与模式密切相关,但是并没有得到充分探讨的是犯罪论与量刑问题的关系。如埃泽尔教授所质疑的那样,既然单一正犯体系中也存在参与类型及其行为贡献大小的表达,那么为何只是将其置于量刑领域而不放在定罪阶段来考察呢?按照我的理解,放在量刑阶段最大的优势在于赋予法官更大的自由裁量权,那里没有犯罪论领域那样严格的理论审查与控制,因此无疑带来了处理上的灵活性和便捷性。然而,这种模式也存在过度简化和粗糙化的风险,如何在单一正犯体系与二元区分模式中抉择,这里取决于论者在制度选择背后追求何种价值。对此,埃泽尔教授认为,不论是单

---

[4] Vgl. Roxin, AT II, §25, Rn. 107.
[5] 参见江溯:《犯罪参与体系研究——以单一正犯体系为视角》,中国人民公安大学出版社2010年版,第143页以下。
[6] 参见王华伟:《犯罪参与模式之比较研究——从分立走向融合》,载《法学论坛》2017年第6期。

一正犯体系还是二元区分体系,都有各自的难题,参与体系的选择应当追求尽可能好的个人公正性、有说服力的判决透明度以及民众的认可度。按照他的理解,对参与人的行为贡献在责任领域进行区分的做法能够更好地实现这一目标。我完全认同这样的立场。一方面,将类型的划分及其行为贡献的影响置于犯罪论体系考察,而不是完全交由法官自由裁量,能够得到更多正当性上的审视。另一方面,这样的架构,将参与人的可罚性牢牢地捆绑在构成要件之上,可以较好地避免处罚范围过度扩张的风险。

值得一提的是,中国的犯罪参与模式在这一点上体现出了自己的特色。与上述体系不同,中国的共同犯罪规定反其道而行之,将量刑中所考察的因素前移至了犯罪论阶段,在以构成要件为依据的正犯共犯区分体系之外,又引入了以参与人所发挥作用大小为依据的主犯、从犯、胁从犯体系,形成了两套并行的参与类型标准。在较早期的学术研究中,这种模式因其混合性受到批评。但是今天来看,这种模式的合理性应当被重新重视,并通过教义学的理论建构被表达出来。作用分类法其实弥补了分工分类法中的部分缺陷,调节着罪刑的均衡性问题,也可以防止分工分类法(即正犯与共犯的区分体系)过度实质化,进而走向崩溃。

三、对周光权教授报告的简要总结

周光权教授的报告《中国刑法中共同犯罪的理解》主要包括以下内容:

1. 否定了我国刑法属于单一正犯体系的判断

周光权教授首先简要梳理了我国刑法学者关于单一正犯体系的主张,在此基础上全面阐述了二元区分体系的证成理由。周教授认为,虽然我国刑法没有明确使用"正犯"概念,但是结合帮助犯、教唆犯的规定,未遂犯中实行犯的概念,以及刑法分则中身份犯与拟制正犯的规定,通过体系性的解释,仍然可以得出我国属于二元区分犯罪参与体系的结论。

2. 认为行为支配说与结果无价值论存在抵牾

周光权教授认为,行为支配既包括客观上的支配与控制,也包括主观上的主导性地位。他赞同井田良教授的观点,认为"故意的有无是正犯性的决定性基础",从而重申了(二元)行为无价值论的基本立场。

3. 否定了共同正犯的几种变异形式

周光权教授结合《中国刑法》的共同犯罪规定,以及对行为支配说的理解等,依次否定了过失共同正犯、片面共同正犯、承继共同正犯、共谋共同正犯。

4. 在教唆未遂问题上坚持共犯从属性

周光权教授对《中国刑法》第 29 条第 2 款进行了限缩性解释,将"被教唆的人没有犯被教唆的罪"理解为"被教唆的人已经着手实行犯罪但没有既遂"。由此,他维持了共犯从属性的法理和刑法客观主义的立场。

四、对周光权教授报告的评论

周光权教授的报告囊括了中国刑法共同犯罪的几个重要争议性问题。对此,周光权教授给出了具有个人特色的见解。由于篇幅所限,本人仅就犯罪参与体系和教唆未遂问题发表学习感言。

1. 应然与实然之间犯罪参与模式

在大陆法系国家的阵营内,以德国为代表的许多国家采取了二元区分参与体系,而与此不同,《中国刑法》对犯罪参与的规定具有非典型性。《中国刑法》第 25 条首先对共同犯罪作出整体性的定义,其后在第 26—29 条分别规定了主犯、从犯、胁从犯与教唆犯。据此,有部分中国学者主张单一正犯的犯罪参与体系。例如,刘明祥教授认为,(1)区分制最大的特点是把正犯摆在定罪与处罚的核心位置,共犯则处于从属或依附的位置。作为共犯的教唆犯不可能处于比正犯更重要的位置,也不可能处以比正犯更重的刑罚。而《中国刑法》第 29 条第 1 款规定,教唆他人犯罪的,应当按照他在共同犯罪中所起的作用处罚。在中国司法实践中,教唆犯一般作为主犯处理,处罚更重,这与德国和日本的做法不同,因此可以肯定我国刑法采取的并非区分制。(2)我国刑法有关共犯的规定中,并没有出现"正犯""帮助犯"的概念。而如果是采取区分制,不可能对正犯特别是帮助犯的定罪和处罚不作明确规定。[7]

然而,这种观点是否妥当值得探讨。第一,上述观点实际上混淆了定罪和量刑的关系。在采取区分制的国家,一般认为共犯的类型性不法程度低于正犯,因此对帮助犯可以减轻处罚,对教唆犯与正犯同等处罚。但是,这并不意味着,教唆犯的最终处刑就一定比正犯更重或更轻。因为,即使是在德国,同等处罚也并不排除在个案中通过一般量刑的适用,对正犯处以重于

---

[7] 参见刘明祥:《论中国特色的犯罪参与体系》,载《中国法学》2013 年第 6 期。

教唆人的刑罚，或者对教唆人处以重于正犯的刑罚。[8] 在正犯与共犯是否应当区分的问题上，对教唆犯的刑罚强度并不能说明问题。

第二，基于《中国刑法》没有规定正犯的理由而否定二元区分体系的观点，周光权教授给予了非常全面而具有说服力的反驳。实际上，中国的共同犯罪条文，一方面虽然没有明确采纳正犯与共犯相区分的立法表述，没有明确对正犯及其不同类型作出规定；但是另一方面，人们又可以从中窥到些许二元区分体系的影子。例如，《中国刑法》第 29 条对教唆行为的处罚作出了规定，而教唆无疑是二元区分体系中的重要概念。此外，在《中国刑法》第 27 条关于从犯的规定中，"辅助作用"的表述在含义上也与"帮助"非常接近。而且，《中国刑法》关于共同犯罪的规定也明显地不同于单一正犯体系的立法，因为其他国家刑法所少有的主犯、从犯、胁从犯，乃至组织犯的概念，并不是单一正犯体系的核心概念。可见，《中国刑法》中的共犯参与模式混合了诸多元素，它具有相当大的丰富性和可塑性。在这样一组非典型的犯罪参与条文之下，不论是支持单一正犯体系还是支持二元区分体系的学者，都可以在一定程度上找到各自的法律立足点。正是这种立法的丰富性和可塑性决定了，关于中国犯罪参与模式的定位问题，除了对实然状况的描述之外，更重要的是在对比考察不同犯罪参与模式各自的优势与不足的基础上，从应然的层面进行立场选择，并结合中国的刑法条文加以妥当解释。周光权教授正是敏锐地意识到了这一点，对《中国刑法》包括总则和分则在内的诸多条文进行了体系化的解读。这种观点是极有见地的，可以说，如果眼光仅仅局限于《中国刑法》关于共同犯罪的实然规定，那么关于犯罪参与模式的争论很难取得共识。

2. 教唆未遂[9]与共犯从属性

如周光权教授所述，围绕《中国刑法》第 29 条第 2 款的规定，在中国刑法学界形成了共犯独立性说、共犯从属性说，以及二重性说，这里的立场选择与上述犯罪参与模式问题紧密联系在一起。我认为，中国刑法中共同犯罪问题的基本取向，不能简单从实定立法结构中得出，而是在实然立法框架中作出应然的理论抉择。从法条文意的表述来看，"被教唆的人没有犯被

---

[8] Vgl. Roxin, AT II, 2003, §26, Rn. 179; Jescheck/ Weigend, AT5, §64 II, Rn. 5.
[9] 《中国刑法》第 29 条第 2 款，规定的是未遂的教唆（versuchte Anstiftung），还是教唆的未遂（Anstiftung zum Versuch），尚无定论。前者是指教唆行为本身即没有实施完毕，后者是指被教唆的行为着手实施以后没有达到既遂。

教唆的罪"可以存在一定的解释空间。如果凭感性直觉将其理解为被教唆的人完全没有犯罪行为,那么无异于否定了教唆犯从属性。而如果按照教唆犯独立性的立场,即使在完全没有犯罪参与人实施构成要件行为、直接侵害法益的场合,仍然处罚共犯,这无疑过度扩张了处罚范围。因此,周光权教授对这一法条表述采取限缩性的解释立场,是非常正确的。

然而,将"没有犯被教唆的罪"解释为"已经着手实施被教唆的罪但没有既遂",难免给人带来解释幅度过大、超出一般语义范围的观感。换言之,解释的目标是妥当的,但是解释的幅度是否合理仍然存疑。而且,《中国刑法》第22条规定了预备犯的一般处罚原则,虽然理论上不乏司法救济与限缩方案[10],但是这仍然是中国刑事法律框架的既定事实。对于被教唆者已有预备行为但尚未着手实行犯罪的场合,周光权教授在报告中并没有完全否定教唆者的刑事责任,并认为即使要处罚教唆犯,也应当援引《中国刑法》第22条关于预备犯的规定,而这和共犯从属性理论无关。但是,在这种情形中,被教唆者并未着手实行犯罪,此时如果要肯定对教唆者的处罚,那么实际意味着共犯从属性原则的要求被放低了,而非与共犯从属性原则无关。结合《中国刑法》第29条第2款的文意,统筹考虑预备犯的处罚范围,我倾向于认为可以将"被教唆者没有犯被教唆的罪"解释为"被教唆者没有着手实施被教唆的罪(但已经实施了预备行为)"[11]。这样,在语义解释上更易让人接受,也不会与预备犯的处罚产生冲突。而且,即使在许多坚持共犯从属性原则的国家如德国,在规定教唆犯的处罚范围时也对该原则有所突破,《德国刑法典》第30条第1款对未遂教唆的例外处罚即是鲜明体现。换言之,即使教唆犯的处罚范围被适度放宽,也并不必然导致对共犯从属原则的全盘否定。

---

[10] 参见梁根林:《预备犯普遍处罚原则的困境与突围——〈刑法〉第22条的解读与重构》,载《中国法学》2011年第2期。

[11] 参见王华伟:《中国犯罪参与模式之定位:应然与实然之间的二元区分体系》,载《中国刑事法杂志》2015年第2期。

第二单元

间接正犯与犯罪参与

[单元报告]

〔德〕托马斯·魏根特[*]

论间接正犯

译者:邓卓行[**]

一、为什么是"间接正犯"?

根据《德国刑法典》第25条第1句,"通过他人"实施犯罪者,会作为犯罪的正犯而受到处罚。这个表述涉及一种法律构造,自19世纪起,德国刑法教义学就已经在对它进行讨论了。这一法律构造被称为"间接正犯"。为什么规定这种正犯形式?让我们来看一个经典案例:T出于嫉妒想杀死他的女友O,因为O与他的老板M开始了一段恋情。T知道M买了一盒夹心巧克力想送给O,所以就秘密地向其中下毒。数日之后,M将夹心巧克力交给O,O食用后毒发身亡。

人们可以说是T杀了O吗?他通过向夹心巧克力下毒的方式,确定无疑地为O的死亡设定了一种原因。不过,至于M是否真的会将夹心巧克力交给O,以及O会不会吃,T则对此毫无影响。从外部来看,人们不得不说,在M和O这里存在对引起O之死亡的事实支配[1]:M本可以随时放弃将夹心巧克力送给O;同时,O也本可以不吃这盒夹心巧克力。因此,T

---

[*] 时任波恩大学法学院刑法学、刑事诉讼法学教授。
[**] 清华大学法学院博士后研究人员,法学博士。
[1] 行为支配对于确定正犯的意义,参见 Heine/Weißer in: Schönke/Schröder, StGB, 30 Aufl. 2019, vor § 25 Rdn. 57 ff.; Roxin, Strafrecht Allgemeiner Teil, Bd. II, 2003, § 25 Rn. 27 ff.; Schünemann in: LK, 12. Aufl. 2007, § 25 Rn. 36 ff.。

并没有直接杀死 O。[2]

可以按照教唆杀人处罚 T 吗？最终，T 通过自己的行为促使 M 将有毒的夹心巧克力而非健康的夹心巧克力送给了 O。根据《德国刑法典》第 26 条，教唆的刑事可罚性前提乃是正犯故意实施犯罪行为——对 M 而言却不是如此，因为他根本不知道夹心巧克力的致死效果。

为了不让 T 以及同类案件中的其他相似狡诈之人无罪开释，刑法理论发展出了间接正犯这一法律构造。[3] 它针对的是这样一类人，他们利用一个善意的犯罪中介人，比如 T，这个善意的犯罪中介人会按照幕后者的计划去实现客观构成要件。间接正犯便是通过该中介人来实施犯罪的——在德国的讨论中，犯罪中介人也被称为"工具"或者"幕前者"。

幕后者作为正犯的刑事可罚性——在开篇的案例中：故意杀人罪——会以这种方式来进行论证，即犯罪中介人的行为将归责于幕后者。[4] T 在法律上会被如此对待，就好像是他亲自将有毒的夹心巧克力送给 O 一样。倘若应当判处 T 故意杀人罪，主观构成要件当然也必须得到满足，也就是说，T 的故意必须涉及 O 的死亡。在开篇的案例中，这点没什么疑问。一般情况下，需要格外注意的是，并不存在过失的间接正犯。比如，倘若 T 没有料到他向夹心巧克力中添加的物质会引起 O 的死亡，那么就不能根据故意杀人的间接正犯来处罚他，不过却可以考虑成立过失致 O 死亡。在过失犯罪中，人们并不运用间接正犯的思维模式，而是将每个不谨慎的、为构成要件结果发生设定原因的人作为"直接的"过失正犯处罚。[5]

开篇的例子表明，正犯也可以将被害人自身作为"工具"加以利用。O 最终的死亡只是因此而发生，详言之，是她自己决定去吃这份有毒的夹心巧克力的——当然，她如 M 一样"轻信"，并不知道毒药的存在。倘若 T 亲自将有毒的夹心巧克力送给 O，那么人们同样可以称之为间接正犯。[6] 由于无须考虑 O 自己的刑事可罚性，因此这个间接正犯的特殊情况更容易得到

---

[2] 与此相对，Frister, Strafrecht Allgemeiner Teil, 8. Aufl. 2018, § 25 Rn. 8. 中强调，间接正犯也是亲自引起了结果，因此不必为了能够处罚间接正犯，而将其他人的行为归责于他。

[3] 教义学历史，参见 Hruschka ZStW 110（1998），581，595 ff. 比较法上的全面介绍，参见 Weißer, Täterschaft in Europa, 2011, S. 150 ff.。

[4] Heine/Weißer in: Schönke/Schröder, § 25 Rn. 8; Joecks in: MK StGB, 3. Aufl. 2017, § 25 Rn. 54 f.

[5] Heinrich, Strafrecht Allgemeiner Teil, 4. Aufl. 2014, Rn. 1245.

[6] Vgl. Heinrich, AT, Rn. 1248a; Roxin, AT II, § 25 Rn. 74.

解决。

二、间接正犯的法律性质——漏洞填充物还是独立的正犯形式?

发展间接正犯这一法律构造的初衷是为了填补漏洞,该漏洞产生于两种明确可罚的案件类型之间:一方面是直接正犯对犯罪事实的支配,另一方面是教唆他人故意实施的违法犯罪行为。此外,在德国的文献中,间接正犯的适用范围被部分地限定在这些案件中,亦即,在犯罪中介人那里——实施了客观构成要件的行为——存在一个可以排除他们自己的刑事可罚性的"缺陷"。[7] 能够想到这样一些案件,其中实行犯不具有故意(就像在我们开篇案例中的 M 一样)或者已被正当化(比如,由于间接正犯的虚假陈述,法官判处了一名无辜者自由刑)。然而,《德国刑法典》第 25 条第 1 款的法律规定的却是间接正犯"通过他人"实施犯罪;它并不表示这个"他人"在刑法上不负责任。

判例对此予以接受,当"工具"自己的故意行为构成犯罪时,某人依然可以成立间接正犯。联邦法院在 1988 年的"猫王案"(Katzenkönig-Fall)[8]中首次表明了这一点,由于事实的不同寻常,该判决很容易被人记住:两个行为人欺骗容易上当的犯罪中介人 M,谎称地球上的人类正在遭受一个险恶鬼怪即猫王的威胁。M 可以通过杀死卖花女 O 并将她作为祭品献给猫王,来避免猫王杀死很多人。M 实施了这一犯罪;幸运的是,O 从尖刀的攻击中活了下来。联邦法院认定故意杀人未遂的 M 有罪;由于其他人受到猫王的威胁,因此就允许杀人,此乃 M 可避免的认识错误,不能阻却他的责任。尽管如此,处在幕后的两个行为人却不是按照教唆,而是作为故意杀人未遂的间接正犯判处的,因为他们通过自己的操纵行为支配了 M 的精神,并将其作为自己的工具加以利用。这一判决在学术上获得了广泛的认可。[9]

---

[7] Siehe etwa Jakobs, Strafrecht Allgemeiner Teil, 2. Aufl. 1991, 21/63; Krey/Esser, Deutsches Strafrecht Allgemeiner Teil, 4. Aufl. 2011, Rn. 876 ff.; Rotsch, ZStW 112 (2000), 525.

[8] BGHSt 35, 347.

[9] S. etwa Frister AT, § 27 Rn. 11 f.; Heine/Weißer in: Schönke/Schröder, § 25 Rn. 6, 43; Heinrich, AT, Rn. 1260; Küper JZ 1989, 617; Roxin, AT II, § 25 Rn. 82; Schaffstein NStZ 1989, 153; Schünemann in: LK, § 25 Rn. 91. 但是,反对意见参见:Jakobs, AT, 21/94; Stratenwerth/Kuhlen, Strafrecht Allgemeiner Teil, 6. Aufl. 2011, 12 Rn. 53 ff.。

根据当今的优势观点,间接正犯不只是一种用来避免特别狡猾的犯罪人无罪开释的、纯粹的辅助结构,而是一种独立的正犯类型。其特征在于,间接正犯会对他人进行精神操纵,从而让被操纵者去实现客观构成要件。通过犯罪中介人的工具化,间接正犯实现了对犯罪事实的支配。[10] 换言之,间接正犯拥有了"行为支配"——这通常也是区分正犯与狭义共犯(教唆犯或者帮助犯)的要素。

三、间接正犯支配犯罪中介人的不同类型

上文阐述了间接正犯的基本原则。然而关键的问题,却是人们在哪些案件中可以认为幕后者对其他人有着法律上重要的"支配"或者"操纵"。这一问题之所以很难回答,是因为教唆犯也会通过给他人输入实施犯罪的意念,来用一定的方式"操纵"正犯。换言之,在更仔细的观察之下,我们已触及困难的区分问题,特别是间接正犯与教唆行为的区分。

人们基本会将"支配"他人的形式分为三种,被支配者会由此成为间接正犯的工具:幕后者的优势认识("认识支配")、对犯罪中介人意志的强力影响("意志支配"),以及将犯罪中介人纳入一个按等级建立起来并由间接正犯参与领导的固定组织中("组织支配")。在本文的框架下,我只能简要地描述一下这些案例群的特征,并且也只能处理众多有争议问题中的一部分。[11]

(一)认识支配

倘若犯罪中介人因受骗而完全不知道自己的行为实现了刑法的构成要件,那么这就是一种最为清晰的支配他人的情况。开篇中的案例是这样,接下来的案例也同样如此:T 对犯罪中介人 M 说:"请将我的手机给我,它就在桌子上",对此,T(但不是 M)知道这个手机不是他的,而是 O 的。如果 M 将手机拿给 T,T 把手机放进衣袋,那么 T 就以间接正犯的方式实施了盗窃罪,因为 M 并不知道此处涉及的是"他人"之物。[12] M 是否可以避

---

[10] Frister, AT, § 27 Rn. 1, 4.
[11] 关于现状的广泛介绍:Frister, AT, § 27 Rn. 6 ff.; Heine/Weißer in: Schönke/Schröder, § 25 Rn. 7 ff.; Joecks in: MK StGB, § 25 Rn. 54 ff.。
[12] 要是 M 知道手机不属于 T,而是属于 O,情况就更为棘手。通常而言,根据《德国刑法典》第 242 条,M 是盗窃的正犯,他有着占有他人(也就是 O)财物的目的。倘若 M 缺乏这一目的(比如他只是出于服从 T 的指示而去行动的),就会产生一个问题,即在这个(接下页)

免这一错误——以及通常在这类案件中——乃是无关紧要的。[13]

倘若幕后者欺骗犯罪中介人,使他认为自己处在这样一种境况之中,即他的行为是具有正当性的,那么也可以说存在认识支配,比如下面的这个案例:T 与佩戴手枪的 M 一起散步,O 迎面走来。T 对 M 说:"留神,O 想用刀攻击你!"于是,M 就朝 O 开枪并伤害了他。O 其实没打算攻击任何人,T 也知道此事。在本案中,不能认定 M 故意伤害了 O[14],因为他认为自己处在一个正当防卫的境况中。T 对 M 存在"认识支配",职是之故,T 通过对开枪的要求,以间接正犯的方式实施了刑事可罚的故意伤害行为。[15]

最后,如我们在"猫王案"中所看到的那样,当幕后者引起了犯罪中介人的禁止错误时,也存在认识支配。犯罪中介人是否本可以通过仔细思考来认识到真实的法律情况,则是无关紧要的。[16]

此外,如果正犯让被害人产生了错误的自我损害(Selbstschädigung)的动机,就基本上会肯定一种导致间接正犯的认识支配。倘若丈夫 T 欺骗他的妻子 O,说他从她的医生那里得知 O 患了令人极度痛苦的致死疾病,并且该疾病已经处于晚期,O 于是终结了自己的生命——如同 T 所希望的那样——那么就应当认定 T 以间接正犯的方式故意杀死了 O。[17] 德国联邦最高法院甚至在这个案例中也承认了间接正犯,其中,正犯谎称自己有共同自杀的意愿,并借此促使其配偶自杀。[18]

倘若幕后者通过欺骗为另一个人提供了某种(臆想的)犯罪动机,以便

(接上页)案件中,犯罪中介人具有故意(但是没有对于构成要件来说必要的目的),T 还能否利用他人的间接正犯?答案是否定的,因为(以及就此而言)T 并没有支配 M 的意志;为避免处罚漏洞而提出的"规范行为支配"主张无法排除这一缺陷。同样如此认为:Joecks in: MK StGB,§25 Rn. 84;Roxin, AT II,§25 Rn. 156;Schünemann in:LK,§25 Rn. 138 ff.;Stratenwerth/Kuhlen, AT,§12 Rn. 37;a. A. Heine/Weißer in:Schönke/Schröder,§25 Rn. 21;Heinrich, AT, Rn. 1250。

[13] Heine/Weißer in:Schönke/Schröder,§25 Rn. 16.
[14] 这符合德国当今的主流观点;此处与 M 不受处罚的(有争议的)理由无关。
[15] Heine/Weißer in:Schönke/Schröder,§25 Rn. 18;Hoyer in:SK StGB, 9. Aufl. 2016,§25 Rn. 72;Schünemann in:LK,§25 Rn. 88.
[16] Frister, AT,§27 Rn. 10;Heine/Weißer in:Schönke/Schröder,§25 Rn. 43.
[17] 与之相符:Frister, AT,§27 Rn. 22;Heine/Weißer in:Schönke/Schröder,§25 Rn. 12;Schünemann in:LK,§25 Rn. 107;enger Roxin, AT II,§25 Rn. 72(只有在被害人心理上的例外状态这方面,类推适用《德国刑法典》第 20 条)。
[18] BGH GA 1968, 508;kritisch hierzu Charalambakis GA 1986, 485;Joecks in:MK StGB,§25 Rn. 129 ff.

促使他去损害第三人,那么大多数学者就会有不同的看法。在这类案件中,直接行为人知道自己实现了刑法构成要件,不过却是在错误的动机之下。可以用一个仿照莎士比亚戏剧《奥赛罗》的案例来进行说明:有嫉妒倾向的 M 与 O 结婚。一些生活迹象让 M 产生了一种 O 与其他男人都在骗他的错觉,而这些迹象只是 T 蓄意制造和散布的。于是,M 出于嫉妒杀死了 O——就像 T 企图的那样。此处,人们首先可以考虑 T 构成故意杀人的教唆。但是根据德国通行的见解,教唆犯与正犯之间的精神沟通是必要的[19];本案便缺少这种沟通。那么,T 是否作为间接正犯"通过 M"实施了对 O 的故意杀人行为?对此可以说,T 与 M 的不同,在于他知道事实的真相,同时,T(表面上)预先为 M 设定了犯罪动机,通过这种精明的方式,T 操纵了 M。[20] M 自己由于故意杀死了 O 而构成犯罪,并不排除作为间接正犯的 T 对这个犯罪的刑事可罚性。尽管如此,对于这种类型的案件,文献中的主流观点还是否定间接正犯的成立。[21]

类似的疑难案例,是幕后者(只是)向实行犯掩盖了其所犯故意罪行的程度(Dimension)。下面的情况便是如此:M 在她祖母 O 的阁楼上发现了一幅令其反感的画。她对自己的朋友 T 说,她非常想销毁这幅画。T 立即认出此画乃是出自著名艺术家之手,是价值连城的作品,但他却对 M 说:"你大可放心销毁这个拙劣的作品,它简直一文不值。"对此,倘若 M 销毁了 O 的这幅画,那么她就实施了故意毁坏物品的行为(《德国刑法典》第 303 条)。对于这个犯罪,T 起到了心理帮助的作用。或者,T 是否构成毁坏财物的间接正犯,因为他对画的真实价值具有优势认识?学者们对这个问题的观点不尽相同:一些学者可能会承认间接正犯,因为 M 由于受到欺骗,没

---

[19] Heine/Weißer in: Schönke/Schröder, §26 Rn. 3; Hoyer in: SK StGB, §26 Rn. 12 f.; Jakobs, AT, §22 Rn. 22 f.; Joecks in: MK StGB, §26 Rn. 18 ff.; Krey/Esser, AT, Rn. 1037; Magnus NStZ 2015, 57, 60; Schlüchter/Duttge NStZ 1997, 595; a. A. Baumann/Weber/Mitsch/Eisele, Strafrecht Allgemeiner Teil, 12. Aufl. 2016, §30 Rn. 63; Heghmanns GA 2000, 487; Lackner/Kühl, StGB, 29. Aufl. 2018.

[20] 当欺骗出来的犯罪动机实际上决定了犯罪中介人的举止时,对于幕后者这一间接正犯,恰当的阐述:Frister, AT, §27 Rn. 15 f.;类似地,对于幕后者通过犯罪中介人引起的个人混淆这一特殊情况:Schünemann in: LK, §25 Rn. 104 f.。

[21] Joecks, MK StGB, §25 Rn. 115; Roxin, AT II, §25 Rn. 94; Wessels/Beulke/Satzger, Strafrecht Allgemeiner Teil, 49. Aufl. 2019, Rn. 856.

有认识到其所作所为的"具体行为意义"[22]。相反,也有一些学者则恰当地认为,M 的确知道她毁坏了他人的物品;构成要件的实现与物品的价值无关,因此 T 只能是(心理上)帮助毁坏物品。[23] 但是,倘若 M 毁掉这幅画的原因是她认为此画毫无价值,那么案件的认定结果就应当有所不同:如果 T——如同在"奥赛罗案"中一样——引起了与 M 犯罪决意有关的重要的动机错误,那么 T 就完全可以被视为间接正犯。

(二) 意志支配

我们现在着手研究间接正犯的第二个来源,即对犯罪中介人的意志支配。一个经典的案例是幕后者促使儿童或者因精神疾病而陷入无责任能力的人实施犯罪。[24] 此外,倘若正犯强力地威胁他人,让他不得不实施犯罪行为,那么这也是一种意志支配:如果 M 不设置用以杀死 O 的炸弹,T 就用手枪指着 M 并威胁会开枪杀死他。M 屈服于这一压力,便用炸弹杀死了 O,根据《德国刑法典》第 35 条,M 的责任得以阻却,因此不会受到处罚。对 T 而言,这里要考虑"技术上的"教唆谋杀,因为 M 实施了一个故意且违法的杀人行为;但是,由于 M 的意志受到了强力的影响,所以 T 一般应当以间接正犯论处。[25]

在其他实施压制行为的案件中,教唆与间接正犯的区分尚有争议。对此,当幕后者施加的威胁只能令人害怕,但并不能完全压制他人的自主决定权,那么,倒不如认定为教唆更合适。案例:军队的上级 T 威胁 M,一旦他不执行杀死平民的违法命令,就不给他升职的机会。在这类案件中,M 保留了相对更大的决定空间。倘若他实施杀人行为,那么就会按照故意杀人罪接受刑事处罚。虽然上级 T 已经满足强制罪(《德国刑法典》第 240 条)的构成要件并且刺激 M 去犯罪,但是由于决定权还保留在 M 这里,T 并没有

---

[22] 在这个意义上:Frister, AT, §27 Rn. 13; Heine/Weißer in: Schönke/Schröder, §25 Rn. 23; Hoyer in: Putzke u. a. (Hrsg.), Strafrecht zwischen System und Telos. Festschrift für Rolf Dietrich Herzberg, 2008, S. 379, 392; Roxin, AT II, §25 Rn. 97; Schünemann in: LK, §25 Rn. 98 f. 。

[23] 这样的观点:Joecks in: MK StGB, §25 Rn. 115; Krey/Esser, AT, Rn. 938; Rengier, Strafrecht Allgemeiner Teil, 10. Aufl. 2018, §43 Rn. 49。

[24] 关于个别问题的概览:Joecks in: MK StGB, §5 Rn. 100 ff. 。

[25] Vgl. Frister, AT, §27 Rn. 26; Heine/Weißer in: Schönke/Schröder, §25 Rn. 38 (但是,如果正犯只是给处在强制境况下的人一个建议,让他通过犯罪将自己从该境况中解脱出来,结论就会有所不同); Hoyer in: SK StGB, §25 Rn. 51; Roxin, AT II, §25 Rn. 48; Stratenwerth/Kuhlen, AT, §12 Rn. 57.

支配事实,所以只应当按照教唆谋杀来处罚他。[26]

倘若正犯向被害人本人实施压制行为,强迫他自我伤害,那么就会产生类似的疑问。若被害人不向自身施加痛苦,比如触碰电线,正犯就以让他死亡相威胁,果真如此的话,这便是一起明确以间接正犯的方式实施故意伤害的案件。[27] 但是,下面这个案例又当如何呢?T女士向她的男友O说,如果O不将T的名字文在他自己的小臂上,那么她就会结束二人的恋爱关系。由于O受到了威胁,这种威胁虽令他害怕,但并未完全压制他的自主决定权,因此如果O顺从了T的愿望,那么这件事的发生便不是自愿之举,所以他对痛苦的文身的同意也就归于无效。但是,能认为T是故意伤害的间接正犯吗?一些学者只在这个案例中接受该结论,亦即,当O在相同的境况下伤害其他人时,他乃是无责任而行动的。[28] 在此处,这种情况肯定是不存在的。更严格的见解认为,如果被害人的同意是无效的,倘若通过一种强力的威胁来迫使被害人同意,那么就能采纳间接正犯的结论。[29] 可即便如此,要肯定T构成间接正犯,在我看来也显得过于宽泛了:O终究可以自由决定,与T继续恋爱关系的价值是否大于文身所带来的痛苦。在此,人们应当承认一个虽受到妨碍,却并没有排除自由意志的领域,其中,当事人因缺少完全的自由而无法有效地对自我伤害作出同意,但是尽管如此,也不能按照间接正犯(在强制的情况下)处罚幕后者。[30]

(三)组织支配

争议最激烈的,乃是间接正犯的第三个案例群,即所谓的组织支配。[31]

---

[26] Joecks in: MK StGB, §25 Rn. 62; Kühl, Strafrecht Allgemeiner Teil, 8. Aufl. 2017, §20 Rn. 64; Rengier, AT, §43 Rn. 45; Roxin, AT II, §25 Rn. 48 ff.; Schünemann in: LK, §25 Rn. 70. 在这些案例中,对间接正犯而言:Frister, AT, §27 Rn. 28 f.; Heinrich, AT, Rn. 1261; Schroeder, Der Täter hinter dem Täter, 1965, S. 120 ff. 。

[27] 进一步证明:Heine/Weißer in: Schönke/Schröder, §25 Rn. 11。

[28] 所谓的"出罪方案(Exkulpationslösung)",参见Hirsch JR 1979, 429; Roxin, AT II, §25 Rn. 54 ff.; Schünemann in: LK, §25 Rn. 72。

[29] 所谓的"同意方案(Einwilligungslösung)",参见Geilen JZ 1974, 145, 151 f.; Herzberg JZ 1988, 182, 183; Lackner/Kühl, vor §211 Rn. 13a; Wessels/Beulke/Satzger, AT, Rn. 849。

[30] 类似地,Heine/Weißer in: Schönke/Schröder, §25 Rn. 11, 只有当强制的力度达到了《德国刑法典》第34条规定的限度时,才能在这些案例中肯定幕后者具有行为支配。

[31] 对此,丰富的文献参见:Ambos, FS Roxin II, 2011, S. 837; Greco ZIS 2011, 9; Herzberg ZIS 2009, 576; Joecks in: MK StGB, §25 Rn. 135 ff.; Rotsch ZStW 112 (2000), 518; Lampe ZStW 119 (2007), 471; Roxin ZIS 2009, 565; ders. GA 2012, 395; ders., Täterschaft und Tatherrschaft, 9. Aufl. 2015, S. 244 ff.; Urban, Mittelbare Täterschaft kraft Organisationsherrschaft, 2004; Weißer, Täterschaft in Europa, 2011, S. 277 ff.; Zaczyk GA 2006, 411。

它的起源归功于对严格独裁统治系统之负责性的思考,比如1933年之后德国国家社会主义的统治系统。根据间接正犯传统的"漏洞填补"理论,只有在行为人实现了客观构成要件却又无法作为正犯而受到处罚的情况下,才会考虑间接正犯的负责性。对于国家社会主义政权罄竹难书的不法罪行,该理论会导致这样一种结果,即正犯始终只是那些直接实施行为的士兵、看守以及其他处于次要地位的人。一般而言,党派的最高领导成员并不具有优势认识,他们的指挥权在很多案件中也无法达到身体强迫的剧烈程度,无法使实施犯罪的正犯以阻却责任的方式屈服于更高独裁者的意志。因此,政权领导人无法成为正犯,而只能被视为教唆犯,就算是阿道夫·希特勒也不例外。

这一结论显得如此奇怪,以至于在20世纪60年代的刑法学说中,克劳斯·罗克辛[32]与弗里德里希-克里斯蒂安·施罗德(Schroeder)[33]相互独立地发展出了崭新且彼此相似的间接正犯形式。对此,倘若贯彻了领导人的命令,其中的执行者又具有可替代性,则那些在严格领导的、稳定的法外组织中拥有指挥权的人,就也应当是间接正犯。[34] 组织支配的这一定义,指向的显然是国家社会主义暴力独裁的现实。

罗克辛的组织支配理论留下的,首先是一种学术上的模型,既有很多支持者,也有一些批评者。[35][36] 但是,在1990年两德统一之后,该模型却在现实生活中苏醒了:1994年,德国联邦最高法院[37]首次将组织支配的构造适用在业已崩溃的民主德国的领导干部身上。这些领导干部需要为民主德国对西部边界设置的严格监控系统负责;在那段岁月中,边境士兵射杀了数百人,只因为他们想非暴力地从民主德国逃往联邦德国。民主德国国防委员会的领导人,即那些下达命令,要求射杀逃亡者的人,被德国联邦最高法院判以故意杀人的间接正犯,尽管判例之前已经将直接实施行为的边境士兵归类为应负责的故意杀人罪的正犯。[38] 对于判决的基础,德国联邦最

---

[32] Roxin GA 1963, 193.
[33] Schroeder, Der Täter hinter dem Täter, 1965.
[34] Roxin, AT II, Rn. 105 ff.
[35] 比如,批评的观点参见:Herzberg in: Amelung (Hrsg.), Individuelle Verantwortung und Beteiligungsverhältnisse usw., 2000, S. 63; Hoyer in: SK StGB, § 25 Rn. 90 f.; Krey/Esser, AT, Rn. 936; Rotsch ZStW 112 (2000), 518, 525 ff. 。
[36] 关于观点现状的详细概览参见:Heine/Weißer in: Schönke/Schröder, § 25 Rn. 28。
[37] BGHSt 40, 218, 236 ff.; 45, 270, 296 ff.
[38] BGHSt 39, 1, 14 ff.

高法院明确援引了由刑法学发展出来的组织支配思想,并且力图在民主德国的政权中证实这一法律构造的前提。[39]

有趣的是,罗克辛和施罗德的这一思想所产生的影响并不限于德国法。国际刑事法院(IStGH)的法官们也接受了该思想,并作为《国际刑事法院规约》第25条第3(a)款来加以适用。根据该款规定,"通过他人(through another person)"实施犯罪的,会另外作为国际犯罪的正犯来承担责任。[40] 由于国际刑事法院主要审判涉事国家的领导人,因此法官们很重视罗克辛的理论。他们宣称,此处涉及的乃是国际习惯法,倘若被告使用一个运转有效的权力机构,是为了实施种族灭绝或者战争犯罪,那么就会按照"通过他人"实施犯罪来处罚他们。[41]

尽管对于同一个犯罪,这会使负责的情况成倍增加,但是如果承认间接正犯是一种独立的犯罪形式,那么组织支配的构造也就没什么不同寻常的了。在此,关键之处在于通过间接正犯来支配犯罪的实施。倘若下达命令者无论如何都会相信他的命令能得到执行,并且在需要的情况下,他能够不顾个别下属的反抗去贯彻自己的愿望,那么就存在组织支配。[42]

此时此刻,联邦法院已将组织支配这一构造从其原初的军事或者几乎是国家暴力的背景中剥离出来,并将它转移到商业企业中。[43] 举例言之,倘若领班医生T指示医院中的护士M停止某位病人的用药,以致病人

---

[39] BGHSt 40, 218, 237 f.

[40] Art. 25 (3) IStGH‑Statut: „In accordance with this Statute, a person shall be criminally responsible and liable for punishment for a crime within the jurisdiction of the Court if that person: (a) Commits such a crime, whether as an individual, jointly with another or through another person, regardless of whether that other person is criminally responsible; …"

[41] 参见 ICC, Pros. v. Thomas Lubanga Dyila, ICC‑01/04‑01/06, Decision on the confirmation of charges, PTC I, 29 January 2007, §§329 – 30; Trial Judgment, TC I, 14 March 2012, §§999‑1003; Pros. v. Germain Katanga, ICC‑01/04‑01/07, Trial Judgment, TC II, 7 March 2014, §§1393‑1396. 批评观点参见:Yanev/ Kooijmans, International Criminal Law Review 13 (2013), 89; ferner die Stellungnahmen von Ambos, Treatise on International Criminal Law, vol. I, 2013, S. 154 ff. ; Ohlin/van Sliedregt/Weigend Leiden Journal of International Law 26 (2013), 725。

[42] 对此,参见 Weigend, Journal of International Criminal Justice 9 (2011), 91。

[43] 当时虽然缺少可识别的理由,却已经暗含在 BGHSt 40, 218, 237 之中:"这样理解的间接正犯不仅要在滥用国家权力许可方面,而且还要在类似黑社会组织犯罪中适用……同样,在经济企业运作方面也要用其来解决负责的问题。"根据间接正犯来认定经济企业领导人的基础,这一思想,例如 BGHSt 43, 219, 232; 48, 342; 49, 163; BGH NStZ 1998, 568, 569; 2008, 89, 90。

立即死亡,那么根据联邦法院的观点,即使 M 知道事实且故意引起了病人的死亡,该医生也要构成故意杀人的间接正犯。[44] 这种扩张当然招致法律上激烈的批评[45],因为在国民的行政机关或者商业企业中,缺少更多为组织支配的存在而建立起来的前提。其中既没有建立在法律之外的组织,单个助手也不具有易如反掌的可替代性。但主要的是,在像德国这样的国家中,运转有效的劳动法院会保护员工的权利,企业中不会出现命令的系统和严格的服从,老板无法顺利期望明显违法的命令会被不加批判地执行。因此,在所谓的"杀死病人案"中,可以考虑医生构成护士的教唆犯,或许两人也能构成共同正犯[46];但是,如果想用间接正犯来处理这种关系,那么就明显扩张了这一构造的范围。

四、结论

在德国法中,间接正犯乃是作为一个独立的正犯负责形式而被建立起来的。根据目前颇占优势的观点,即便实施构成要件行为的人不是一个无责任的"工具",而是自己也会由于犯罪而受到处罚,间接正犯也具有适用的可能。间接正犯的关键要素,是正犯通过对犯罪中介人精神上的有效操纵来支配事实。一般而言,间接正犯会用三种手段操纵犯罪中介人:与犯罪关系重大的优势认识、对意志的强烈影响或者利用独裁领导的组织,后者充满着命令的系统和严格的服从。在所有这些案件中,幕后者凭借犯罪中介人对实施犯罪所产生的影响,要明显大于单纯的教唆。在教唆的情况下,由教唆人所发起的犯罪是否会被真的实施这个问题,乃是交给正犯去自由决定的。就此而言,间接正犯是一种必要的法律构造,这一确定的、经常是十分狡猾且应受谴责的犯罪操纵类型,在规范上等同于亲手实施犯罪。

---

[44] BGHSt 40, 257.
[45] 对其理论扩张的反驳,尤其是 Roxin, AT II, §25 Rn. 129 ff. 。此外还有 Heine/Weißer in: Schönke/Schröder, §25 Rn. 30 和其中整理的文献。
[46] Vgl. BGH NStZ 2008, 89.

梁根林*

间接正犯的中国命运

间接正犯,是利用者以自己犯罪的意思,把他人作为犯罪工具加以利用,操纵并支配他人实施犯罪的情形。

在德国,间接正犯不仅是犯罪参与论上的教义学概念,而且是刑法明文规定的正犯类型。但在中国,刑法不仅没有规定间接正犯类型,甚至亦没有明文规定正犯概念,只是由于继受自德国的间接正犯概念相对准确地描述了幕后操纵者利用他人作为行为媒介实施犯罪的情形,并能填补根据传统刑法理论产生的刑罚处罚空隙,故中国刑法学者普遍使用了间接正犯的概念。自2001年最高人民法院在判例中确认间接正犯概念以来,中国司法实务亦逐渐接纳了间接正犯概念,将利用他人作为犯罪工具以遂行自己的犯罪的情形认定为间接正犯。[1]

近年来,随着中国刑法学的知识转型以及犯罪体系转换,中国刑法学界对间接正犯的正犯性[2],间接正犯的范围与类型[3],间接正犯与教唆犯的区别[4],间接正犯与直接正犯、共同正犯的区别[5],间接正犯与身份

---

* 北京大学法学院教授。
[1] 参见最高人民法院刑事审判第一庭、第二庭编:《刑事审判参考》(2001年第5辑),法律出版社2001年版,第75页。
[2] 参见肖志锋:《间接正犯的正犯性学说述评》,载《法学评论》2009年第3期;杨延军:《间接正犯的几个基本理论问题新探》,载《法商研究》2010年第6期。
[3] 参见林维:《间接正犯研究》,中国政法大学出版社1998年版;刘士心:《论间接正犯之范围》,载《法商研究》2006年第3期;陈洪兵:《间接正犯行为媒介论》,载《厦门大学法律评论》2007年第2期;张伟:《间接正犯泛化与统一正犯体系的确立》,载《法商研究》2018年第3期。
[4] 参见付立庆:《阶层体系下间接正犯与教唆犯的区分标准:理论展开与实践检验》,载《华东政法大学学报》2018年第6期;钱叶六:《间接正犯与教唆犯的界分——行为支配说的妥当性及其贯彻》,载《刑事法评论》2011年第1期。
[5] 参见车浩:《从间接正犯到直接正犯》,载《政法论坛》2009年第3期。

犯[6],亲手犯的区别[7],间接正犯的着手[8],间接正犯的错误[9]等间接正犯教义学具体问题,进行了比较深入的研究,但在总体上呈现出继受有余、原创不足的格局。

本文无意对中国间接正犯教义学具体问题展开讨论,而将关注的焦点集中于更为宏观的间接正犯的中国命运问题,即在中国刑法语境下是否应当肯定间接正犯概念并发展相应的间接正犯教义学原理,在此过程中结合对中国间接正犯教义学具体问题的思考展开讨论。我将主要结合对中国学者肯否间接正犯概念的论证维度的考察,勾勒中国学者对间接正犯的中国命运问题的思考。

一、刑法知识转型、犯罪体系重构与间接正犯的肯否

长期以来,主导中国刑法理论的是源自苏俄并经过中国学者发展的四要件犯罪构成理论。按照四要件犯罪构成理论,只有达到责任年龄、具有责任能力的行为人,故意或过失地实施了能够被构成要件涵摄的行为,惹起了法益侵害结果或危险的,才能被认定为犯罪;也只有二人以上共同故意实施符合犯罪构成理论叙事的"犯罪"的,才能被认定为共同犯罪。因此,教唆达到责任年龄、具有责任能力并且因而产生犯罪故意的人犯罪的,对教唆者才能以教唆犯论处。教唆没有达到责任年龄的未成年人或者缺乏责任能力的精神病人犯罪的,或者利用他人没有犯罪故意或者仅仅有犯罪过失的行为实施犯罪的,被教唆者因犯罪主体不适格、被利用者因犯罪主观要素不存在而不构成犯罪,对教唆者或利用者自然也不能以教唆犯论处。这种犯罪参与理论的逻辑实际上相当于曾经盛行于德国的责任共犯论与共犯极端从属性说[10],由此形成的刑法处罚空隙,当然是偏重惩罚犯罪的传统中国刑法理论与实务难以容忍的。因此,四要件犯罪构成理论盛行的时代以

---

[6] 参见张明楷:《论身份犯的间接正犯:以保险诈骗罪为中心》,载《法学评论》2012年第2期。
[7] 参见李海滢:《亲手犯问题研究》,载《中国刑事法杂志》2004年第3期。
[8] 参见黄继坤:《论间接正犯的从属性及实行着手——基于间接正犯之拟制性的反思》,载《刑事法评论》2015年第1期。
[9] 参见许民农:《析教唆犯与间接正犯之间认识错误的认定与处理——以部分的主客观相统一原则为立场》,载《甘肃政法学院学报》2006年第1期。
[10] 参见陈兴良:《走向共犯的教义学——一个学术史的考察》,载《刑事法评论》2009年第2期。

及现在仍然坚持四要件犯罪构成理论的中国刑法学者,普遍接受了源自德国的间接正犯的概念,用以规制上述无法以教唆犯涵摄的利用他人作为犯罪工具以遂行自己犯罪的情形。

进入21世纪以来,中国刑法理论实现了全面的知识转型和体系置换。源自德国的由构成要件该当性、违法性与有责性构成的三阶层犯罪论体系,或者由不法与责任组成的二阶层犯罪论体系,逐渐取代四要件犯罪构成理论,成为中国刑法学犯罪论体系的有力学说。在推动犯罪论体系转型的同时,中国的犯罪参与理论亦逐渐放弃了曾经实际通行的共犯极端从属性说,转而根据限制从属性说认定共犯的从属性。这一理论立场转型意味着,利用没有达到责任年龄的未成年人、没有责任能力的精神病人作为犯罪工具实施犯罪的,被教唆者或被利用者即使因缺乏罪责而不能构成犯罪,对教唆者、利用者仍然可以以其教唆或者利用他人实施的该当构成要件的不法行为的共犯论处。因此,在阶层体系思维与共犯限制从属性说的语境下,传统上需要以间接正犯概念予以填补的刑罚处罚空隙似乎并不存在,间接正犯的概念似乎并非必须被借鉴或者接受。

但是,多年来,倡导阶层犯罪论体系的中国学者似乎不约而同地把间接正犯作为一个不证自立的教义学概念予以接受与肯定了。对间接正犯的质疑甚或否定,仅仅始自近年,并且随着诸如中国犯罪参与体系的归属(区分制犯罪参与体系 VS 单一制犯罪参与体系)、犯罪参与的本质(犯罪共同 VS 行为共同)、共犯的性质(共犯独立性 VS 共犯从属性)、共犯处罚根据(责任共犯 VS 不法共犯 VS 因果共犯)、正犯概念(限制正犯 VS 扩张正犯)等犯罪参与理论体系、逻辑的展开,而逐渐形成了学术争鸣的热点。

二、犯罪参与体系与间接正犯的肯否

根据刑法是否将参与犯罪者按其参与犯罪的方式区分为正犯与共犯,犯罪参与体系或可归纳为区分正犯与共犯的区分制体系和所有犯罪参与者均为正犯的单一正犯体系。犯罪参与体系归属,直接影响对犯罪参与类型包括间接正犯的刑法评价与刑法态度。

一般认为,在正犯与共犯区分制体系下,以自己的身体动静实现构成要件的是正犯,教唆或者帮助他人实现构成要件的是共犯。正犯的实行行为是犯罪参与的中心形态,正犯是共同犯罪的核心人物,也是刑法处罚的基准。共犯仅仅是犯罪参与的边缘角色,构成刑罚扩张事由,对共犯的处罚参照正犯的处罚基准。在区分制体系下,正犯与共犯,包括利用他人作为工具以遂行自己的犯罪的间接正犯与教唆他人使之故意实行犯罪的教唆犯的区分,往往成为必要。

在单一正犯体系下,凡是参与犯罪的,都是正犯。参与犯罪的具体行为样态并不重要,对于各个正犯都适用同一法定刑,仅在量刑时根据参与的程度具体裁量。在单一正犯体系下,教唆犯与帮助犯并不构成刑罚扩张事由,间接正犯与教唆犯的区别亦无实际意义。无论被利用、被教唆的人是否存在对自己行为的支配、是否应当对自身行为负责,利用者、教唆者作为对他人犯罪的加功者,都应对其加功行为负责。因此,间接正犯在单一正犯体系下成为多余的概念。

由此可见,如何定位中国犯罪参与体系,不仅直接关系中国刑法中正犯与共犯的区分,而且直接影响中国刑法对间接正犯的肯否。基于这一逻辑预设,中国学者结合中国犯罪参与体系的归属类型,对间接正犯存在的必要性进行了讨论。

以刘明祥教授为代表的学者认为,中国犯罪参与体系是单一正犯体系,并据此否定间接正犯概念。刘明祥教授认为,间接正犯是德国、日本刑法学为弥补限制正犯概念与极端从属性说所带来的刑罚处罚漏洞而不得不提出的补救概念。中国刑法采取的是不区分正犯与共犯的单一正犯体系,因而并无肯定间接正犯概念的法律基础。[11] 此外,黄明儒教授等亦认为,考虑到我国单一制的犯罪参与立法、间接正犯理论存在的缺陷与我国刑事司法实践并无使用间接正犯概念弥补处罚漏洞的需要,宜对间接正犯概念作出否定性清理。[12]

主张区分制的多数中国学者通常既不怀疑间接正犯存在的必要性,也未针对间接正犯概念否定说进行系统回应,而是把着力点聚焦于论证间接正犯的正犯性,并围绕其系统介绍、引进与借鉴了源自德国、日本的理论,尤其是工具理论与犯罪支配理论。例如,张明楷教授认为:"之所以肯定间接正犯的正犯性,是因为间接正犯与直接正犯、共同正犯一样,支配了犯罪事实,支配了构成要件的实现。"[13] 陈兴良教授认为:"工具说是对间接正犯

---

[11] 参见刘明祥:《间接正犯的概念之否定——单一正犯体系的视角》,载《法学研究》2015年第6期。
[12] 参见黄明儒、王振华:《论单一正犯体系视域下间接正犯概念之否定》,载《东南大学学报(哲学社会科学版)》2017年第6期。
[13] 张明楷:《刑法学》(第5版),法律出版社2016年版,第401页。

性质最为有力的说明。正是通过对工具或曰道具的支配,使利用者获得了正犯的性质。其他学说对于阐明间接正犯的性质也都具有一定的意义。"[14]

直至近年,认同中国犯罪参与体系属于正犯与共犯区分制体系的中国学者内部,对于肯否间接正犯才出现了不同主张。否定间接正犯概念的学者,主要根据共犯从属性原则与限制正犯概念,主张所谓间接正犯完全可以还原为狭义共犯或者直接正犯、共同正犯,间接正犯概念因而不必存在。[15] 武晓雯的论文具体归纳了区分制体系内部的间接正犯肯定说与否定说之间争论的焦点,认为分歧主要集中于以下几个方面:(1)传统上作为间接正犯处理的案件是否可以全部分流到狭义的共犯或者其他正犯类型中加以解决?(2)间接正犯概念是否可能导致单一制正犯体系?(3)间接正犯概念会不会否定行为共同说与限制从属性说?(4)肯定间接正犯概念是否符合罪刑法定原则,以及是否存在处罚不均衡的缺陷?[16] 武晓雯围绕上述分歧,批判了区分制体系内部的间接正犯概念否定说,比较系统地论证了间接正犯概念存在的必要性。[17]

需要特别指出的是,近来有学者如钱叶六教授等主张,中国犯罪参与体系既不属于正犯与共犯区分制体系,也不属于单一正犯体系,而毋宁说是折中了区分制与单一制的双层制犯罪参与体系。这种双层犯罪参与体系,一方面要求在定罪时根据犯罪参与者的参与形态区分正犯与共犯(教唆犯、帮助犯),另一方面要求在量刑时根据犯罪参与人所起作用区分主犯、从犯与胁从犯,由此形成了鲜明的中国特色,即正犯未必是主犯,正犯也可能是从犯;共犯(主要是教唆犯)未必是从犯,共犯也可能是主犯。[18]

我赞同对中国犯罪参与体系的上述双层制理解。这种双层制犯罪参与体系,既有利于在犯罪参与的归责边界上贯彻罪刑法定原则,防止任意扩大犯罪参与的归责范围,也有利于合理地分配犯罪参与人的刑事责任,实现罪责刑相适应。较之于德国、日本的区分制犯罪参与体系和意大利、奥地利的单一制犯罪参与体系,中国双层制犯罪参与体系是相对更为科学与合理的

---

[14] 陈兴良:《间接正犯:以中国的立法与司法为视角》,载《法制与社会发展》2002 年第 5 期。
[15] 参见黎宏、姚培培:《间接正犯概念不必存在》,载《中国刑事法杂志》2014 年第 4 期。
[16] 参见武晓雯:《间接正犯概念的必要性》,载《清华法学》2019 年第 3 期。
[17] 参见武晓雯:《间接正犯概念的必要性》,载《清华法学》2019 年第 3 期。
[18] 参见钱叶六:《中国犯罪参与体系的性质及其特色》,载《法律科学》2013 年第 6 期;阎二鹏:《犯罪参与体系之比较研究与路径选择》,法律出版社 2014 年版,第 153—154 页。

犯罪参与体系,而绝非陈兴良教授所贬斥的"不伦不类,存在着重大的逻辑缺陷,无助于正确地解决共同犯罪的定罪量刑问题"[19]。

根据中国双层制犯罪参与体系,我认同钱叶六教授的观点,对正犯与共犯的判断只需坚持形式客观说,即以犯罪参与者是否直接实施该当构成要件的实行行为为标准区分正犯与共犯[20],而没有必要尾随德国、日本,提倡所谓"正犯的实质化"与"共犯的正犯化"的教义学主张,采纳实质客观说,脱离构成要件对正犯与共犯进行实质判断。[21] 在犯罪参与类型上采纳形式客观说可能存在的不足,完全可以通过量刑时根据犯罪参与人所起作用分别界定其为主犯或从犯予以有效救济。实质客观说特别是犯罪支配理论,是德国、日本以正犯为犯罪参与的核心人物、对正犯的处罚是共犯处罚基准的特定刑法语境下,德国、日本学者为克服由此可能导致的刑罚处罚不足(当帮助犯或教唆犯实际支配犯罪因果流程时)或者刑罚处罚过分(当正犯虽然实施了该当构成要件的实行行为,却不足以支配犯罪进程时),而特别发展出的刑法教义学原理。如果中国犯罪参与教义学生搬硬套实质客观说,不仅会破坏中国刑法内部的体系性与逻辑性,而且可能会不适当地扩大犯罪参与的处罚范围。[22] 相反,坚持形式客观说,不仅符合双层制犯罪参与体系的理论逻辑,而且有利于维护构成要件的定型性,贯彻罪刑法定原则。如此一来,在概念逻辑上,不仅所谓"共谋共同正犯""正犯后正犯"等概念没有必要存在,而且所谓间接正犯概念亦应当被否定。[23]

三、犯罪参与本质与间接正犯的肯否

基于对犯罪参与的本质即犯罪参与是否仅限于犯罪参与人实施了同一构成要件行为、该当同一构成要件、触犯同一罪名的不同理解,犯罪参与

---

[19] 陈兴良:《口授刑法学(上册)》(第2版),中国人民大学出版社2017年版,第336页。
[20] 类似的观点,参见钱叶六:《双层区分制下正犯与共犯的区分》,载《法学研究》2012年第1期。
[21] 当然,教义学与司法论上否定"共犯的正犯化",并不意味着在立法论上不可以进行"共犯的正犯化"的立法。事实上,《刑法修正案(九)》新增的帮助信息网络犯罪活动罪,就是帮助行为正犯化的立法例。
[22] 类似的思考,参见阎二鹏:《共犯教义学中的德日经验与中国现实——正犯与主犯教义学功能厘清下的思考》,载《法律科学》2017年第5期。
[23] 主张实质客观说的刘艳红教授则认为,只有坚持实质客观说,才能有效地解决间接正犯及幕后支配者作为共同正犯的合法性等具体问题。参见刘艳红:《论正犯理论的客观实质化》,载《中国法学》2011年第4期。

教义学存在犯罪共同说与行为共同说的对立,并据此影响对间接正犯的立场选择。蔡墩铭教授就曾明确指出:"是否承认间接正犯,与共犯理论休戚相关:如果采取犯罪共同说,则会肯定间接正犯;如果采取行为共同说,则可以否定间接正犯。"[24]

根据犯罪共同说,共同犯罪是二人以上共犯一罪。成立共同犯罪,各个参与人客观上必须共同促成同一构成要件结果实现,主观上必须出于实施同一犯罪的故意,并且各参与人必须都达到责任年龄、具有责任能力。因此,出于不同犯意的参与人的行为、故意行为与过失行为、达到责任年龄的人与未达责任年龄的人的行为、具有责任能力与不具有责任能力的人的行为,即使客观上共同促成一个构成要件结果实现,由于缺乏共同犯罪的意思联络或者主体不适格,亦难以成立共同犯罪,刑罚处罚空隙由此而生。间接正犯概念因而被用以填补犯罪共同说留下的刑罚处罚空隙。

根据行为共同说,二人以上通过共同行为实现各自犯罪的,就是共同犯罪,二人以上的行为人是否构成共同犯罪,应以自然行为本身是否共同而论。共同犯罪不一定必须出于共同犯罪的意思,一方有共同犯罪的意思,另一方没有共同犯罪的意思,或者一方是出于故意,另一方是出于过失的,都可以成立共同犯罪。根据行为共同说的逻辑,完全可以对利用者利用未达责任年龄的未成年人或没有责任能力的精神病人作为犯罪工具以遂行自己犯罪的行为,以被利用者所遂行的犯罪的教唆犯论处,犯罪共同说留下的刑罚处罚空隙因而得以填补,间接正犯概念因而不必存在。[25]

中国刑法理论在四要件犯罪构成统治的时代采取犯罪共同说,在迄今为止的司法实务中犯罪共同说仍然是通说,由此造成的刑罚处罚空隙只能寄望于间接正犯概念予以弥补。因此,在犯罪共同说主导中国刑法理论与司法实务的语境中,间接正犯的概念被普遍肯定。

近年来,中国刑法教义学对于共同犯罪的本质的解读发生重大变化,犯罪共同说特别是完全的犯罪共同说受到挑战,取而代之的是部分犯罪共同说特别是行为共同说。例如,陈兴良教授曾经赞成犯罪共同说,认为共同犯罪的共同性,在于法律规定的构成要件之共同而非事实行为之共同,现在则转向部分犯罪共同说。[26] 部分犯罪共同说本质上仍然是犯罪共同说,由

---

[24] 蔡墩铭:《刑法基本理论研究》(修订初版),汉林出版社1980年版,第299—300页。
[25] 参见黎宏、姚培培:《间接正犯概念不必存在》,载《中国刑事法杂志》2014年第4期。
[26] 参见陈兴良:《走向共犯的教义学——一个学术史的考察》,载《刑事法评论》2009年第2期。

此而生的刑罚处罚空隙仍然需要以间接正犯概念予以填补。张明楷教授是最早在中国倡导部分犯罪共同说的学者，但他现在已经抛弃了部分犯罪共同说，全面转向行为共同说。[27] 但是，张明楷教授并未因倡导行为共同说而合乎逻辑地发展出间接正犯否定说。

同样倡导行为共同说的黎宏教授看到了行为共同说与间接正犯概念的互斥性，认为在行为共同说和限制从属性说之下，根本不需要间接正犯概念，因为根据行为共同说，共犯的成立只需要与正犯之间具有行为共同即可，又根据共犯限制从属性说，共犯只要从属于正犯的违法性即可成立。[28]

四、正犯概念与间接正犯的肯否

就正犯之概念而言，限制正犯、扩张正犯概念与间接正犯的肯否亦有不同的结论。采纳限制正犯概念，可能倾向于否定间接正犯的正犯性。采纳扩张正犯概念，当然会肯定间接正犯的正犯性。

限制正犯概念认为，以自己的身体动静直接实现构成要件结果的是正犯，其他的犯罪参与者都是共犯。刑法处罚的基准是正犯，共犯构成刑罚扩张事由。间接正犯并非以行为人自己的身体动静实现构成要件，而是利用他人以遂行自己的犯罪，因而与限制正犯概念直接冲突，不宜认定为正犯，而只能在一定条件下认定为共犯。限制正犯概念在正犯与共犯的界定上采取形式客观说，如果在共犯从属性程度上又采取极端从属性说，则可能产生刑罚处罚空隙。中国学者在肯定中国犯罪参与体系属于区分制体系的前提下，大多认同限制正犯概念，因为限制正犯概念"有利于维护构成要件的类型性，也符合社会一般观念"[29]。

扩张正犯概念则认为，正犯并非仅仅是以自己的身体动静直接实现构成要件结果的人，任何对实现构成要件结果起条件作用的人，无论是以自己的身体动静，还是利用、教唆或帮助他人实现构成要件结果，都是正犯。共犯本来就是正犯，刑法总则关于共犯的规定只是限制了作为正犯的共犯的处罚范围，共犯构成刑罚限制事由。根据扩张正犯概念，间接正犯当然是正犯。中国学者认为，扩张正犯概念是区分制体系与极端从属性说语境下为

---

[27] 参见张明楷：《刑法学》（第5版），法律出版社2016年版，第393—394页。
[28] 参见黎宏、姚培培：《间接正犯概念不必存在》，载《中国刑事法杂志》2014年第4期。
[29] 张明楷：《刑法学》（第5版），法律出版社2016年版，第390页。

救济限制正犯概念无法将间接正犯入罪而提出的正犯概念。[30] 由于扩张正犯概念与单一制体系具有亲缘性与逻辑一致性,而与区分制体系存在体系、逻辑上的紧张性,因此,仅有少数中国学者主张扩张正犯概念。[31]

基于上述理论逻辑,中国学者分别基于限制正犯概念与扩张正犯概念肯否间接正犯。黎宏教授等认为,肯定间接正犯会导致限制正犯概念崩溃,滑向扩张正犯概念甚至单一正犯体系。如果一旦出现共犯制度解决不了的问题,就通过间接正犯概念扩大刑法分则规范的适用范围的方式解决,刑法分则构成要件的类型性限制功能将不复存在。[32] 因此,要坚持限制正犯概念,就必须否定间接正犯。张伟教授认为,随着犯罪支配理论的兴起,大陆法系国家犯罪参与教义学中的间接正犯概念,不仅内涵发生了重大变化,而且外延呈现泛化趋势,致使正犯与共犯的界限愈显模糊,侵蚀并瓦解了限制正犯概念及以此为基础建构起来的区分制体系。而中国刑法有关共同犯罪的规定与扩张正犯概念、统一正犯立法的基本精神及价值旨趣不谋而合。在以统一正犯为视点的中国刑法语境下,间接正犯概念应予消解。[33]

不同于上述学者基于限制正犯概念、扩张正犯概念而肯否间接正犯,阎二鹏教授则认为,间接正犯概念的肯否与限制正犯概念抑或扩张正犯概念的取舍并无实质性联系,无论是采纳限制正犯概念,还是采纳扩张正犯概念,均没有必要承认间接正犯。[34]

五、共犯性质与间接正犯的肯否

关于狭义共犯的性质,犯罪参与教义学存在共犯独立性说和共犯从属性说的对立,这一学说对立在逻辑上影响间接正犯概念的命运。如果采取共犯从属性说,则会肯定间接正犯;如果采取共犯独立性说,则可以否定间接正犯。[35]

刑法主观主义时代曾经盛行共犯独立性说,犯罪被认为是行为人主观

---

[30] 参见郑泽善:《正犯与共犯之区别》,载《时代法学》2014年第5期。
[31] 参见阎二鹏:《扩张正犯概念体系的建构》,载《中国法学》2009年第3期。
[32] 参见黎宏、姚培培:《间接正犯概念不必存在》,载《中国刑事法杂志》2014年第4期。
[33] 张伟:《间接正犯泛化与统一正犯体系的确立》,载《法商研究》2018年第3期。
[34] 参见阎二鹏:《论间接正犯的消解》,载《法学论坛》2011年第4期。
[35] 参见蔡墩铭:《刑法基本理论研究》(修订初版),汉林出版社1980年版,第299—300页。

恶性的征表,共犯的教唆、帮助行为不过是利用他人的行为以实现自己的犯意,对构成要件结果均具有原因力,共犯是因其本人的行为而独立成立犯罪,并不从属于正犯。因此,无论正犯的行为是否该当构成要件、违法且有责,共犯均应依其本人的教唆、帮助行为而受处罚。共犯独立性说之下,凡是合乎间接正犯的情形,都是教唆犯或正犯,不存在以间接正犯弥补对教唆者刑罚处罚空隙的问题。

随着刑法客观主义时代的到来,共犯独立性说遭到抛弃,取而代之的共犯从属性说(极端从属性说),强调共犯对于正犯具有从属性,只有在正犯已构成犯罪并具有可罚性的情况下,共犯才从属于正犯而成立并具有可罚性。教唆犯的成立必须以被教唆者的行为该当构成要件、违法且有责为条件。如果被教唆者的行为虽然该当构成要件并且违法,但被教唆者不具有责任,或者其行为存在阻却违法事由,因而不具有可罚性的,则从属于正犯的教唆者亦无法以教唆犯论处。为了弥补因极端从属性说产生的刑罚处罚空隙,犯罪参与教义学不得不软化正犯概念,在直接正犯之外承认间接正犯概念,将因正犯的行为不具有可罚性的幕后利用者的利用行为以间接正犯的名义论以正犯。因此,学界公认,"在教义学史上,间接正犯原本只扮演了'替补者'的角色。人们当时想将那些顾及共犯极端从属性因而不可能以教唆处理的案件包括进去"[36]。

共犯从属性说并非一成不变的先验理论。为了克服早期共犯从属性说的不足,迈耶将共犯对正犯的从属性依其要素区分为最小从属性、限制从属性、极端从属性与最极端从属性。如果采纳最小限度从属性说,共犯的成立只要求正犯具备构成要件该当性即为已足,即使正犯缺乏违法性及有责性,也无碍于共犯的成立。如果采纳限制从属性说,共犯的成立只要求正犯具备构成要件该当性和违法性,即使正犯缺乏有责性也不受影响。无论是根据最小从属性说,还是根据限制从属性说,被教唆者只需实施该当构成要件或者该当构成要件违法的行为,无论其是否具有罪责,都无碍教唆者就其教唆行为成立教唆犯。在共犯从属性程度理论的影响下,极端从属性说渐成明日黄花,限制从属性说不仅成为德国、日本等国家犯罪参与理论的通说,而且也逐渐成为中国犯罪参与理论的通说。在共犯限制从属性语境下,间接正犯弥补刑罚处罚空隙的功能基本消失。

---

[36] 〔德〕汉斯·海因里希·耶赛克、〔德〕托马斯·魏根特:《德国刑法教科书》,徐久生译,中国法制出版社2001年版,第801—802页。

因此，黎宏教授等认为，间接正犯是责任共犯论为弥补共犯极端从属性说之不足而推衍出来的范畴。立足于行为共同说和限制从属性说，没有间接正犯的存在余地。原本作为间接正犯处理的案件完全可以分流到教唆犯、帮助犯、直接正犯或者共同正犯中进行处理。[37]

六、共犯处罚根据与间接正犯的肯否

作为共犯从属性说的逻辑展开的共犯处罚根据论，经历了从责任共犯论到违法共犯论，再向因果共犯论的转型，相应地影响了犯罪参与教义学对间接正犯的态度。

责任共犯论认为，共犯因为使正犯堕落、陷入罪责和刑罚而受到处罚。其经典表述就是迈耶所述的"正犯实行了杀人行为，而教唆犯制造了杀人者"。根据责任共犯论，共犯的成立以正犯具有构成要件该当性、违法性和有责性为前提。共犯对正犯的要素从属性因而表现为极端从属性。[38] 责任共犯论对犯罪参与的本质倾向于采纳犯罪共同说，在不法论上则重视行为无价值（共犯的行为使正犯堕落，具有反伦理性）。共犯处罚根据论如果采纳责任共犯论，只有当正犯具有责任时，教唆者与帮助者才可能成立共犯。被利用者没有责任时，利用者不可能使其堕落，因而无法成立共犯。因此，责任共犯论不得不用间接正犯的概念填补由此产生的刑罚处罚空隙。

为了救济责任共犯论过于限缩共犯成立范围、人为制造刑罚处罚空隙的不足，不法共犯论主张，共犯是因为诱使、帮助正犯实施该当构成要件的不法行为而受到处罚。共犯的成立以正犯的行为该当构成要件、具有违法性为前提。共犯对正犯的要素从属性因而表现为限制从属性。实施该当构成要件的不法行为的正犯，即使因缺乏责任而不成立犯罪，亦无碍于教唆者、帮助者成立共犯（不法的连带性与责任的个别性）。[39] 因此，根据不法共犯论，利用者利用不具有责任的未成年人或精神病人作为犯罪工具以遂行自己的犯罪的，即使被利用者因不具有责任而不成立正犯，亦无碍于利用者成立教唆犯。如此一来，责任共犯论语境下形成的刑罚处罚空隙就自然

---

[37] 参见黎宏、姚培培：《间接正犯概念不必存在》，载《中国刑事法杂志》2014年第4期。
[38] 参见〔日〕西田典之：《日本刑法总论》，刘明祥、王昭武译，中国人民大学出版社2007年版，第275—276页。
[39] 参见〔日〕西田典之：《日本刑法总论》，刘明祥、王昭武译，中国人民大学出版社2007年版，第276页。

消失,就不存在肯定间接正犯概念的余地。

不法共犯论填补了责任共犯论造成的刑罚处罚空隙,但也可能导致教唆他人杀害自己未遂时对教唆者却以杀人未遂的教唆犯论处的不当认定。为克服这一局限而提出的因果共犯论主张,共犯的处罚根据仅仅在于行为人通过介入正犯的行为引起了该当构成要件的法益侵害事实。没有构成要件该当性或该当构成要件的法益侵害事实,就没有共犯的处罚。[40] 因果共犯论与共犯最小从属性说属于同一理论体系。与不法共犯论一样,因果共犯论对共犯的处罚,不要求正犯必须实施该当构成要件、违法且有责的行为,即使正犯没有责任,甚至只要惹起了正犯行为的构成要件该当性,就可以对共犯进行处罚。因此,无论是采纳不法共犯论还是因果共犯论,都不存在需要以间接正犯概念予以填补的刑罚处罚空隙。

责任共犯论在20世纪40年代的德国即已走向式微,但囿于四要件犯罪构成理论的羁绊,中国刑法理论与实务直至今天仍然不自觉地践行着责任共犯论的逻辑,由此形成的刑罚处罚空隙自然是寄望于间接正犯的概念予以填补。近年来,随着德国、日本阶层犯罪论体系与犯罪参与理论的引入,中国学者逐渐抛弃了责任共犯论,转而采纳不法共犯论甚至因果共犯论。[41] 基于这一语境转换,中国学者开始对间接正犯概念存在的必要性提出了质疑,认为责任共犯论造成的刑罚处罚空隙既然已经由不法共犯论与因果共犯论予以填补,就没有必要继续保留间接正犯这一纯属多余的理论概念。[42]

七、间接正犯概念的消解

综上,本文分别从犯罪论体系、犯罪参与体系、犯罪参与的本质、正犯概念、共犯的性质、共犯处罚根据等维度,介绍与梳理了中国学者在犯罪参与教义学范畴内肯否间接正犯概念的见解。

我认为,上述见解能否成立,取决于其作为犯罪参与教义学的学术努

---

[40] 参见〔日〕西田典之:《日本刑法总论》,刘明祥、王昭武译,中国人民大学出版社2007年版,第277—278页。

[41] 参见张明楷:《刑法学》(第5版),法律出版社2016年版,第407—408页;周光权:《刑法总论》(第3版),中国人民大学出版社2016年版,第340—341页;黎宏:《刑法学总论》(第二版),法律出版社2016年版,第257—259页。

[42] 参见黎宏、姚培培:《间接正犯概念不必存在》,载《中国刑事法杂志》2014年第4期。

力,是否满足了立足于本国实定刑法的规定(尊重实定法的效力)、保持体系逻辑的一致性(追求逻辑自洽)以及能够有效地解决具体问题(实现功能自足)三个基本要求。任何脱离中国刑法关于共同犯罪的规定、不能实现逻辑自洽、功能自足的见解,都不足取。

据此以观,首先,中国学者肯否间接正犯的多数观点及其论证,基本上没有满足必须忠实于本国实定刑法的规定这一教义学研究要求,忽视了中国刑法关于共同犯罪的规定区别于德国、日本的鲜明中国特色,存在江溯教授早就意识到的脱离本国实定法、以德日教义理论与刑法规范为基准进行预设立场、价值先行的倾向。[43] 这种学术研究的趋向一定程度上反映了中国学者尚未自觉地将立足并忠实于本国实定刑法作为刑法教义学研究的基本规训。只有少数学者对肯否间接正犯概念进行了立足于本国实定刑法规定的论证,从而满足了犯罪参与教义学的第一个基本要求。

其次,中国学者肯否间接正犯的多数观点及其论证,亦没有满足教义学研究必须保持体系逻辑一致性的要求。根据体系逻辑一致性的要求,在四要件犯罪构成理论已经让位于阶层犯罪论体系的语境下,如果认同中国犯罪参与体系属于单一正犯体系,则可能否定间接正犯概念存在的必要性,因为所有参与犯罪者,不论是否实施构成要件行为,是亲手实施还是间接实施,都是正犯,理论逻辑上不存在需要用间接正犯概念予以填补的刑罚处罚空隙。如果认同中国犯罪参与体系属于正犯与共犯区分制体系,不足以据此得出肯否间接正犯的结论。以此为前提,尚需结合对犯罪参与的本质、正犯概念与共犯的性质、共犯处罚根据的界定,进一步合乎体系逻辑地论证肯否间接正犯的见解。

如果对犯罪参与的本质采纳犯罪共同说(部分犯罪共同说),两人以上必须出于相同犯意、实施共同犯行、共同构成一罪,才能成立共同犯罪,则可能需要借用间接正犯的概念填补由此而生的刑罚处罚空隙。中国刑法学者在传统上正是主要基于犯罪共同说而肯定间接正犯。反之,如果采纳行为共同说,两人以上以共同行为实现各自犯罪的即可成立共同犯罪,则并不存在需要以间接正犯的概念填补的刑罚处罚空隙,理论逻辑上可能推导出间接正犯概念不必存在的结论。在越来越多的中国学者放弃犯罪共同说(部分犯罪共同说)而采纳行为共同说的当下,本应相应地改变过去基于犯罪

---

[43] 参见江溯:《犯罪参与体系研究:以单一正犯体系为视角》,中国人民公安大学出版社2010年版,第242—257页。

共同说而肯定间接正犯概念的立场,转向否定间接正犯概念,但是多数学者却基于行为共同说而肯定间接正犯,只有少数学者基于行为共同说而开始否定间接正犯概念,由此难言中国多数同行的犯罪参与教义学保持了体系逻辑的一致性。

在正犯概念的界定上,中国刑法学者多数使用限制正犯概念,少数接受扩张正犯概念。其中,有的是以犯罪共同说为前提而使用限制正犯概念,有的以犯罪共同说为前提而使用扩张正犯概念;有的是以行为共同说为前提使用限制正犯概念,有的则是以行为共同说为前提使用扩张正犯概念。就理论逻辑而言,一方面,无论是以犯罪共同说为前提,抑或以行为共同说为前提,只要使用限制正犯概念,就应当倾向于否定间接正犯概念。多数中国刑法学者既主张犯罪共同说或行为共同说、使用限制正犯概念,又肯定间接正犯概念,其中显然存在体系逻辑的不一致性。实际上,限制正犯概念已经阻断了犯罪参与教义学对间接正犯概念的接纳。而少数基于行为共同说与限制正犯概念否定间接正犯概念,可以说是合乎体系逻辑的结论。另一方面,无论是以犯罪共同说为前提抑或以行为共同说为前提,如果使用扩张正犯概念,则不能当然否定间接正犯概念。在此前提下是否肯定间接正犯概念,应当进一步取决于共犯的性质与处罚根据。

在共犯的性质与处罚根据问题上,中国学者至少在理论上已经完全抛弃了共犯独立性说,基本超越了共犯极端从属性说,采纳了共犯限制从属性说甚至最小从属性说,并相应地超越了责任共犯论,肯定了不法共犯论、因果共犯论。据此前提,在正犯与共犯区分制体系、行为共同说、限制正犯概念延长线上展开的犯罪参与教义学,合乎体系逻辑地演绎出的结论就应当是否定间接正犯概念。中国刑法学者一方面接纳共犯限制从属性说、最小限制从属性说、不法共犯论、因果共犯论、限制正犯概念,另一方面又简单肯定间接正犯概念,进一步凸显了中国犯罪参与教义学体系逻辑上的断裂与混乱。

中国学者之所以不顾体系逻辑的一致性对犯罪参与教义学的基本要求而简单肯定间接正犯,下意识中可能还是因为间接正犯被认为具有填补刑罚处罚空隙、实现个案处理公正的实践功能。不可否认,刑法教义学包括犯罪参与教义学应当为司法实务有效地解决具体问题、实现个案处理公正提供理论支持与解决方案,从而实现功能自足。这是其应当满足的第三个基本要求。如果所提供的理论逻辑与解决方案不能有效地解决刑法适用包括犯罪参与的具体问题,或者可能留下无法容忍的刑罚处罚空隙,则难言其为科学的教义学理论。

但是,问题在于,如果真正立足于中国刑法规定,遵循已经不断发展完善的当下犯罪参与教义学体系逻辑,传统上认为需要用间接正犯概念予以填补的刑罚处罚漏洞是否仍然存在?直接正犯、共同正犯、教唆犯、帮助犯等概念是否足以有效解决刑法适用中的具体问题,因而没有必要继续使用间接正犯这一概念?

在我看来,一方面,立足于中国刑法区分定罪与量刑的双层制犯罪参与体系,正犯与共犯的区分只需采纳形式客观说而非实质客观说,因而采纳限制正犯概念就是题中应有之义。另一方面,中国犯罪参与教义学既然已经接受了限制正犯概念而非扩张正犯概念、行为共同说而非犯罪共同说、共犯限制从属性或最小从属性而非极端从属性、违法共犯论或因果共犯论而非责任共犯论,传统上需要以间接正犯概念予以填补的刑罚处罚空隙已经不复存在。通常所谓间接正犯类型,无论是罗克辛教授着眼于利用者的支配方式所区分的通过强制实现的意思支配类型、通过认识错误实现的意思支配类型与通过有组织的国家权力实现的意思支配类型[44],还是张明楷教授着眼于被利用者的状况所区分的被利用者欠缺构成要件要素的间接正犯类型、被利用者具有违法阻却事由的间接正犯类型与被利用者欠缺责任的间接正犯类型[45],原则上均可以被还原为教唆犯或直接正犯,并且由于中国《刑法》第29条第1款明文规定"教唆他人犯罪的,应当按照他在共同犯罪中所起的作用处罚",司法实务中完全可以根据利用者利用、教唆他人以遂行自己犯罪的不同情况分别认定为主犯或从犯,对其适用主犯或从犯之刑。

因此,本人初步认为,立足于中国刑法双层制犯罪参与体系在定罪时区分正犯与共犯、在量刑时区分主犯与从犯的中国特色与实践理性,根据当代犯罪参与教义学的最新发展并已被中国学者接纳的学说与逻辑,直接正犯、共同正犯、共犯(教唆犯、帮助犯)等犯罪参与教义学概念,已经足以有效解决直接实施、共同实施、利用操纵、教唆、帮助他人实施犯罪等犯罪参与形态的定罪与处罚,间接正犯概念原初用以填补刑罚处罚空隙的功能已经丧失殆尽。间接正犯的概念应当在中国刑法教义学特别是犯罪参与教义学中寿终正寝。

---

[44] 参见〔德〕克劳斯·罗克辛:《德国刑法学总论》(第2卷),王世洲等译,法律出版社2013年版,第21页。

[45] 参见张明楷:《刑法学》(第5版),法律出版社2016年版,第402页。

[单元评议]

〔德〕弗兰克·彼得·舒斯特*

德国刑法与中国刑法中的间接正犯

译者:徐万龙**

I. 引言

犯罪参与的两种基本规范理解在间接正犯理论中也扮演着重要的角色。

(一)单一正犯体系与间接正犯

根据单一正犯体系,每一个对于刑法构成要件的实现有因果贡献的人,都是正犯。因果关系是主要标准。对各个参与者根据行为贡献大小以及由此表现出的特别的行为无价值所进行的区分,仅在统一规定的量刑框架内进行。这一模式在奥地利(《奥地利刑法典》第 12 条)、意大利(《意大利刑法典》第 110 条)和其他国家[1]中都存在,在德国的秩序违反法中也部分地适用这一模式(§14 Abs. 1 OWiG)。然而,将单一正犯体系落实到《德国刑法典》中的尝试,并没有成功过。

---

* 德国维尔茨堡大学法学院国际刑法、刑事诉讼法、经济和税务刑法教席教授。
** 浙江大学光华法学院助理教授,刑法学博士。
[1] Vgl. Eser/Hamdorf, Beteiligungsmodelle im Strafrecht, 2002; Sieber/Cornils, Nationales Strafrecht in rechtsvergleichender Darstellung, Allgemeiner Teil, Band 4, 2010; Weißer, Täterschaft in Europa, ein Diskussionsvorschlag für ein europäisches Tätermodell auf der Basis einer rechtsvergleichenden Untersuchung der Beteiligungssysteme Deutschlands, Englands, Frankreichs, Italiens und Österreichs, 2011.

理想单一正犯体系的典型特征是，不存在任何从属性：一个参与者的可罚性和其他参与者的可罚性无关。[2] 因此，间接正犯理论的创设完全没有必要。例如，《奥地利刑法典》第12条规定：

> 不仅直接正犯实行了可罚的行为，促使其他人实施或者帮助其他人实施的，也实行了可罚的行为。

教唆犯和间接犯都被当作"促使正犯"（§12 Alt. 2öStGB）来处罚。至于间接正犯是故意地还是非故意地实施行为，则并不重要。同样，在意大利[3]，间接正犯理论也被放弃了，行为促使的支配地位在意大利是作为加重情形的，具有加重刑罚的效果（Art. 111, 112 c. p.）[4]。

在《德国违反秩序法》中，情形有所不同：《德国违反秩序法》第14条第1款[5]虽然免除了对教唆犯、帮助犯和共同正犯的界分。但是，在上述参与形式中的共同作用，只有在共同作用者是故意地实施行为时，才可罚。[6] 因此，间接正犯仍有作为独立的参与形式被保留下来的必要。[7] 毕竟，当某人故意引起其他人非故意的行为时，人们不能说，这是犯罪参与。[8]

（二）区分制体系与间接正犯

在区分制体系中，只有自己实现了刑法构成要件的人，才是正犯。其他参与到这一行为中的人只能是共犯。关于它们的可罚性，需要特别的扩张可罚性之规定（etwa §§26, 27 dStGB）。

区分制体系的特征是，教唆者和帮助者的可罚性具有从属性。他们不是由于自己的犯罪实施被处罚，而是由于参与到他人的行为之中而被处罚。从属性可以有不同的形式：当共犯仅以符合构成要件的主行为为前提时，所指的是"最小从属性"；当要求共犯以符合构成要件且违法的主行为为前提

---

[2] Fuchs, Österreichisches Strafrecht AT I, 9. Aufl., 2016, Kap. 32 Rn. 25.

[3] 《意大利刑法典》第110条规定："如果数人参与同一个可罚的行为，则每一个人都适用所规定的刑罚，但是，以下条文有规定的除外。"

[4] Vgl. etwa di Martino ZStW 119, 429, 440 f.; Jarvers in: Sieber/Cornils (Fn. 1), S. 107, 121.

[5] 《德国违反秩序法》第14条第1款规定："如果数人共同参与了违反秩序的行为，那么每个人的行为都是违反秩序的。"当证成处罚可能性的要件只存在于一个参与者身上时，也同样如此。

[6] BGH NJW 1983, 2272.

[7] KK-OWiG/Rengier, 5. Aufl., 2018, §14 OWiG Rn. 4, 87 f.

[8] Vgl. Bundestag-Drucksache V/1269, S. 49.

时,所指的是"限制从属性";当可罚的共犯和一个不法且有责的行为相连时,所指的是"极端从属性"[9];当正犯的提高刑罚和减轻刑罚的事由也可作用于共犯时,所指的是"超级从属性"。

如果直接正犯不符合从属性的相关要求时,可罚性漏洞便会产生。这一漏洞——根据从属性的范围——必须借助扩张的正犯概念,也就是通过间接正犯理论来填补。

II. 间接正犯概念的意义与作用

中国刑法对此并无明确的规定。在中国,共同作用于犯罪行为的人可能被称作主犯、从犯以及胁从犯和教唆犯。其中,从犯是被理解为"次要的"行为人,这和德国法中的同时犯是不同的。[10] 需要注意的是,这一区分并不必然意味着其与区分制体系有关。从属性的问题则并没有被进一步地阐述。为梁根林教授所怀疑的间接正犯,在中国刑法中也没有被提到。

(一) 间接正犯作为具有苏联烙印之中国刑法中必要的辅助构造

陈旧的、带有苏联刑法烙印的四要件理论在共犯的处理上遵循"极端从属性"的构想,这也让人想起早期德国的责任共犯理论。根据该理论,共犯的处罚根据不是共犯所引起的法益损害,而是在于,共犯通过让正犯实施有责的行为而侵蚀了正犯。[11] 但是,在中国,这一理论会导致一定程度的自相矛盾:教唆未满18周岁的人实施犯罪的教唆犯所受之处罚,比普通的教唆犯更重;但是,根据责任共犯理论,教唆未达刑事责任年龄之人的(在中国界限为14周岁或者16周岁),却不成立教唆犯。这一可罚性漏洞必须通过正犯概念之扩张来填补。

如今的俄罗斯刑法则明确规定了这一点,《俄罗斯联邦刑法典》第33条第2款规定:

> (2)正犯是指,实际实施罪行的人或者和其他人(共同正犯)一起直接作用于罪行实施的人,以及通过利用其他人——这些人因年龄、精神疾病或者其他在本法中规定的情形而不能承担刑事责任——来实

---

[9] M. E. Mayer, Der allgemeine Teil des deutschen Strafrechts, 1915, S. 391.
[10] 同时犯占据着核心的地位,和其他人一起导致了构成要件结果的发生,但是他们并不是基于一个共同的行为计划而一起行动的。
[11] So noch H. Mayer, Studienbuch Strafrecht AT, 1967, § 39 II 4.

施犯罪的人。

由此可知,间接正犯主要是一个与刑事政策有关的辅助构造(相似的是,《德意志民主共和国刑法典》第 22 条第 1 款之规定)[12]。

(二) 德国刑法中间接正犯及其作用

与此不同,德国刑法在处理共犯时所遵循的是限制从属性原则。教唆和帮助以故意和违法的主行为为前提。在德国,对每一个参与者的处罚都根据他自己的责任而不考虑其他人的责任(《德国刑法典》第 29 条)。在 1969 年 7 月 10 日公布[13]的,于 1975 年生效的《第二次刑法改革法》,德国立法者虽然在修订总则部分时考虑了将帮助和教唆的可罚性扩张至非故意的犯罪行为,但是最终认为这是不合理的。在正犯是过失而"教唆犯"是故意这一值得刑罚处罚的情形中,后者通常被认为是间接正犯而受到处罚。[14] 很有意思的是,在立法程序中,间接正犯被用来确定共犯的可罚性范围(从反面)。

1. 结果犯中的间接正犯

在无进一步行为描述的结果犯中,间接正犯概念可以毫无问题地履行它的职责。人们也可以仅仅通过这种方式,典型如作为医生的行为人将毒药装作是救命的药剂递给负责给病人注射药剂的、毫无戒心的护士(案例 1),来实施《德国刑法典》第 211、212 条中的"杀人"行为。

2. 疑难情形——关于参与角色的错误

但是,间接正犯对自己的参与角色有认识错误的情形,该如何处理是颇为棘手的。我们将案例 1 稍作改变使之成为案例 1a。在案例 1a 中,医生认为,自己是单纯的教唆犯,因为他错误地以为护士是恶意的。在此例中,由于缺乏对支配地位的必要故意,间接正犯不成立,又由于缺乏故意的主行为,既遂的教唆也难以成立。对于医生,只能根据《德国刑法典》第 30 条所规定的未遂教唆[15]和《德国刑法典》第 222 条[16]的过失杀人的想象竞合

---

[12] 在德国境内边界上的枪杀案的诉讼中,联邦法院认可了发布命令者的间接正犯地位,它也讨论了,德意志民主共和国的法律规定了何种参与形式(BGHSt 40, 218, 229)。根据《德意志民主共和国刑法典》第 22 条第 1 款,由于开枪射杀者是完全答责的,故间接正犯无法适用。Vgl. auch Lehrkommentar zum StGB, Band I, 1969, § 22 StGB-DDR, Rn. 5.

[13] BGBl. 1969 I, 717.

[14] 关于刑法改革特别委员会的第二次书面报告,Bundestag-Drucksache V/4095, S. 12。

[15] Roxin, Strafrecht AT II, 2003, § 25, Rn. 159 ff.; Schönke/Schröder/Heine/Weißer, Vor § 25 StGB, 30. Aufl., 2019, Rn. 75 m. w. N.

[16] 批评意见参见 Roxin, Täterschaft und Tatherrschaft, 8. Aufl. 2006, S. 270。

处罚。

事实上,这一结论是相当荒谬的:为什么幕后者也就是医生的错误,可使其享有好处?虽然既遂的间接正犯和教唆的刑罚威吓是相同的。由于立法者对间接正犯和教唆进行了区分,而对教唆要求存在一个故意的违法主行为,所以上述问题是无可避免的。由 24 名刑法学者、法官、检察官和律师以及部级官员和国会议员组成[17]的大刑法委员会(1954—1959),针对此一情形,创设了一个非常合理的规则。1962 年的草案第 32 条规定如下[18]:

(1)促使他人实施违法行为之人,若错误地以为行为人是在故意地实施行为,依旧成立教唆犯。

(2)上述条款也适用于帮助犯。

但是,这一规定并没有被立法者采纳,因为立法者担忧,这一规定过于细碎,在实践中不太会用到。[19]

如果幕前者是故意地实施行为,但无罪责(案例 1b),那么根据德国法,在相似的案例中(医生认为护士是有罪责地实施行为),幕后者会由于教唆幕前者实施行为而受处罚。[20] 在此,教唆犯和间接正犯重叠了,结果是,在对自己行为支配有误认的情形中,幕后者仍可被论以教唆犯,而不会触犯禁止类推的禁令(《德国基本法》第 103 条第 2 款)。

3.疑难情形——行为犯和特别犯

(1)在区分制体系中,在行为犯和特别犯的情形中还是有处罚漏洞的:

在法庭作伪证的人,根据《德国刑法典》第 153 条是可罚的。人们可以教唆他人进行虚假陈述(《德国刑法典》第 26 条)。但是,如果证人是善意的,那么他错误陈述的行为便不符合构成要件。如果他是由于第三人的欺骗而错误陈述的(案例 2),那么就需要特别的构成要件,来追究第三人的责任。因为,第三人无法"通过其他人"来虚假地

---

[17] 关于此的概述,参见 Roxin, Strafrecht AT I, 4. Aufl. 2006, §4, Rn. 15 ff.; Vormbaum, Einführung in die moderne Strafrechtsgeschichte, 2016, S. 232 ff.。

[18] Bundestag-Drucksache IV/650.

[19] 关于刑法改革特别委员会的第二次书面报告参见 Bundestag-Drucksache V/4095, S. 13。

[20] Roxin, Strafrecht AT II, 2003, §25, Rn. 162 f.; Schönke/Schröder/Heine/Weißer, Vor §25 StGB, 30. Aufl., 2019, Rn. 75 m. w. N.

"陈述"。在间接正犯形式的虚假陈述中(《德国刑法典》第 153 条,第 25 条第 1 款第 2 种情形),第三人缺乏证人资格。与此有关的是《德国刑法典》第 160 条(唆使虚假陈述),但是它的法定刑比伪证罪轻微。

交通犯罪,例如肇事逃逸(《德国刑法典》第 142 条)或者危险驾驶(《德国刑法典》第 315c 条),也不可能以间接正犯的方式实施。如果无关的乘客就交通事故的存在欺骗了司机,以此种方式让司机继续行驶,那么所有参与者都是不可罚的。因为,只能是事故参与者自己,才能逃离《德国刑法典》第 142 条意义上的事故地点。

相类似的情形也会出现在背信罪(《德国刑法典》第 266 条)中:当下级的工作人员或者局外人故意为企业主提供错误的信息,目的是,让他作出会使企业遭受经济损失的错误决定(案例 4),在该案中,无人可以根据背信罪被控告。教唆犯和帮助犯也因为主行为的缺乏而无法成立,若领导非故意地实施行为。而且,局外人也不是符合《德国刑法典》第 25 条第 1 款第 2 种情形的间接正犯,因为他并不负有相应的财产照料义务。

德国立法者也认识到了这一问题,但却对此持容忍的态度。[21] 立法者认为,仅仅为此设立一个特殊规则,是不妥当的。

(2)但是,在单一正犯体系中,也存在相同的问题,故上述提到的案例并不能成为反对间接正犯概念的充足理由:

> 虽然奥地利刑法在特别犯的情形[22]中,将可罚性扩展到了所有参与者上,只要他们中的一个具有正犯资格。但是,根据普遍观点,特别义务人自己必须是故意地实施了行为。这一点在滥用职权(《奥地利刑法典》第 302 条)和背信(《奥地利刑法典》第 153 条)中具有重要性。无论是从语言上还是从实质内容上看,只有有意识的错误行为才称得上是滥用职权。[23]

这也同样适用于《德国违反秩序法》:在此,间接正犯并不在《德国违反秩序法》第 14 条第 1 款[24]的规制之下;仅当无故意的幕前者在适格的正犯范围内时[25],幕后者的可罚性被排除。单一正犯体系的支持者所期望的

---

[21] 关于刑法改革特别委员会的第二次书面报告,Bundestag-Drucksache V/4095, S. 13。
[22] 关于刑法改革特别委员会的第二次书面报告,Bundestag-Drucksache V/4095, S. 13。
[23] Vgl. etwa OGH, Entsch. vom 25. April 2002, Az. 15 Os 16/02 m. w. N.
[24] Vgl. oben Fn. 5.
[25] KK-OWiG/Rengier, 5. Aufl. 2018, § 14 OWiG, Rn. 95 ff.

简化好处在此反倒是增添了麻烦。[26]

（3）当幕后者是特殊义务人时，德国单一正犯体系在处理时并不存在困难，毋宁说它是合理的解决之道：假如某一公司的企业主逃往南美，委托他的女朋友通过线上银行清空公司账户，此中虽然有《德国刑法典》第266条意义上的义务违反，但是，财产损失在实际转账后才出现。但是，企业主可以作为符合《德国刑法典》第25条第1款第2种情形的间接正犯，而不具有管理财产义务的女友可被视为工具[27]；与此同时，她还提供了《德国刑法典》第27条意义上的帮助。这些情形，若无间接正犯的理论构造，在德国法中便无法被妥当地处理。[28]

III. 现代中国刑法理论中的间接正犯——德国视角的评论

（一）罪刑法定原则

梁根林教授在反对间接正犯时提到了罪刑法定原则。因为间接正犯概念在中国刑法典中并没有被提到。

然而，从德国的视角来看，不能以法律未规定来支持或反对间接正犯理论。在德国，间接正犯也是随着于1975年生效的总论部分的修订，才出现在刑法典中的。根据正确的见解，如今的《德国刑法典》第25条第1款只是宣告性地固定了可以从刑法分则中推导出来的东西而已[29]；在案例1中，杀人行为是注射器的递给，而这并不意味着《德国刑法典》第211条、第212条条文词句的扩张。虽然有《德国刑法典》第25条第1款第2种情形的存在，案例2、3、4也可以不被理解为间接正犯。案例4a也显示了，间接正犯和直接正犯之间的过渡可以是非常顺畅的。

（二）作为纯粹辅助构想的可放弃性？

部分中国学者如今在从犯和教唆犯的认定中倾向于"最小从属性"或者"限制从属性"理论。关于此，中国刑法并无规定（与德国刑法相反）。在中国，甚至在这一点上都是有争议的，即，中国刑法所体现的是"单一正犯

---

[26] Zu Italien vgl. Jarvers in: Sieber/Cornils (Fn. 1), S. 107, 124 ff.

[27] Vgl. auch Roxin, Strafrecht AT II, 2003, §25, Rn. 272.

[28] Vgl. auch RGSt 28, 109 涉及由"私人办公室助理"开具的机关虚假证明（《德国刑法典》第348条）。

[29] LK/Schünemann, 12. Aufl. 2011, Vor §25 StGB, Rn. 14, §25 StGB, Rn. 36; Schönke/Schröder/Heine/Weißer, 30. Aufl. 2019, Vor §25 StGB, Rn. 4.

体系"还是"区分制体系"抑或是两者的混合体系。[30] 当教唆行为不以正犯的故意行为为前提时,作为避免无罪释放的纯粹"辅助工具"的间接正犯无论如何都是可被放弃的。

在德国,间接正犯并不仅仅被用来处理那些幕前者由于法律规定中的"缺陷"而不能承担刑事责任之情形中"出资落空责任(Ausfallhaftung)",魏根特教授已经用很多例子清楚地说明了这一点。意志支配和组织支配的绝大多数案例也仅仅通过《德国刑法典》第 26 条(教唆)来处理。尽管如此,幕后者对无责任能力的工具或者处于命令和服从体系之中的中间行为人的影响,相较于单纯的教唆,还是强得多的。在如今具有复杂的、劳动分工组织起来的相互关联的生活现实中[31],直接实施的通常是"小鱼"[32]而已,这在判决文书中也有所反映。

(三)以渐次的区分来取代间接正犯和教唆犯的二分?

可以支持梁根林教授之立场的是,工具的自主缺陷或者间接正犯的优势影响在实际生活中,与其说是要么有要么无的,毋宁说两者都是可分层级的。[33] 作为工具的儿童的认识能力和控制能力和青少年的以及处于压力情形之下行为的成年人都有所不同。心理上的干扰同样会有不同的严重程度。幕后者对于所有的这些还可能有误认,而这会导致在案例 1a 和 1b 中所描述之困难的出现。幕前者的或多或少的主导地位在量刑过程中会被考虑,这一点不是显而易见的吗?这一点也必须适用于本来就在相同量刑幅度内处理间接正犯和教唆犯的德国。

但是,单纯的量刑解决方案在德国会遭到质疑,因为量刑只是有限地处于上诉法官的审查之下。[34]

间接正犯和教唆犯的另一个重要的区别在未遂的可罚性或者未遂的起点上,未遂的可罚性不是渐次的,而是要么有要么无的:在教唆中,未遂的教唆和教唆的未遂之间应当作区分。前者只有在重罪(例如抢劫或者杀人等犯罪)中才是可罚的(《德国刑法典》第 30 条第 1 款)。这一点在中国似乎有所不同(《中国刑法》第 29 条第 2 款),无论如何,对于这一规定的解释

---

[30] 关于此,参见本书中周光权教授的报告和江溯教授的评论。
[31] Schönke/Schröder/Heine/Weißer, § 25 Rn. 6.
[32] 德国习语,意指"不重要的人"或者"轻微罪犯人"。
[33] Vgl. LK/Schünemann, § 25 StGB, Rn. 65.
[34] Vgl. etwa BGH, GS v. 10. April 1987, Az. GSSt 1/86 = BGHSt 34, 345.

是有争议的。[35] 在其他地方(例如身体伤害或者盗窃),教唆者的可罚性则以正犯的直接着手为前提。而未遂的间接正犯则以幕前者的行为实施为依准。在轻罪的情况下,如果作为工具的幕前者完全不意欲实施行为,原因是想之后用更好的方法实施或者这时候实施会被阻止,那么幕后者还是有可能构成未遂而被处罚的。[36]

在自我损害的情形中也存在重要的区别:根据德国法律,人们无法教唆自杀或者为自杀提供帮助,因为厌世者并不是杀人罪的适格正犯。但是,如果人们引导有心理疾病的人自杀的话,则是可以构成间接正犯的。[37] 也就是说,行为支配导致可罚性,而纯粹的自杀参与是不可罚的。

IV. 结 论

在德国,人们并不想放弃与间接正犯概念相连的"首要责任的污点"[38]。而中国刑法学处于更有利的位置,可寻找自己的解决之道。毕竟,中国立法者并未就此给出明确的规定。梁根林教授的报告也给了我们一个契机,去刨根究底那些为人们所习惯的东西,尤其是德国立法者已经在违反秩序法中部分地走上了另一条道路。

---

[35] 参见本书中周光权教授的报告。
[36] MK/Joecks, 3. Auflage 2017, § 25 StGB, Rn. 172.
[37] 参见本书中希尔根多夫教授的报告。
[38] Hamdorf, Beteiligungsmodelle im Strafrecht, 2002, S. 132.

付立庆*

间接正犯概念应该消解吗？

在德国、日本，从间接正犯概念产生之后，否定该概念的学说就如影随形，一直存在。这些学说从不同的角度指向同一个结论：应取消间接正犯这一理论。在中国刑法学界，放弃或者否定间接正犯概念的学者同样大有人在。其中，虽也有立足于单一正犯体系而否定间接正犯概念的主张[1]，更多学者则是立足于区分制的立场而否定间接正犯概念，而梁根林教授的报告正是后者的一个代表。梁教授的文章，"主要结合对中国学者肯否间接正犯概念的论证维度的考察，勾勒中国学者对间接正犯的中国命运问题的思考"。其在描述和梳理的前提之下，得出了"间接正犯的概念应当在中国刑法教义学特别是犯罪参与教义学中寿终正寝"的命题。全文论题明确，结构清晰，结论鲜明，语言畅达，展示了作者深厚的刑法教义学功力和娴熟的写作能力，给人很多启发。

不过，就基本立场而言，评议人认为，在区分制的二元参与体系下，间接正犯概念的存在有其固有价值，要完全否定其存在并不现实。"目前，采用区分制的二元参与体系的刑法理论主流观点，在于论证间接正犯的正犯性，为其存在寻找根据，进而合理界定其范围。"[2]以下结合梁教授文章的分析理路谈些粗浅的体会，以此求教于在座的德、中两国的刑法学同行们，尤其是我近20年前在北京大学读书时的导师梁根林先生。

---

* 中国人民大学法学院教授。
[1] 参见刘明祥：《间接正犯的概念之否定——单一正犯体系的视角》，载《法学研究》2015年第6期。
[2] 陈家林：《外国刑法理论的思潮与流变》，中国人民公安大学出版社、群众出版社2017年版，第529页。

一、关于"尊重实定法的效力"

梁教授认为,中国学者肯否间接正犯的多数观点及其论证,基本上没有满足必须忠实于本国实定刑法的规定这一教义学研究要求,忽视了中国刑法关于共同犯罪的规定区别于德国、日本的鲜明中国特色,存在着……脱离本国实定法、以德日教义理论与刑法规范为基准进行预设立场、价值先行的倾向。

这涉及如何理解实定法规定,进而涉及"正犯",也包括间接正犯的概念,究竟是实定法上的概念,还是"可以是"理论上的概念。《德国刑法典》第25条、《日本刑法典》第60条中,皆明文规定了"正犯"现象,正犯与共犯的区分因而是一种立法选择。与此不同,中国刑法关于"共同犯罪"的规定中并未出现"正犯"的字眼,这就为是采取区别正犯与共犯的区分制体系还是采取所有犯罪参与人都是正犯的单一制体系,预留了实定法上的讨论空间。不过,即使要求区分正犯与共犯的实定法依据,也完全可能认为:由于刑法分则所规定的都是正犯行为(实行行为),因而刑法总则不需要再规定"正犯"概念;刑法总则规定的教唆犯、帮助犯,都是与正犯相对的概念。[3] 再者,《中国刑法》第382条第3款规定,伙同国家工作人员贪污的,"以共犯论处",这也完全可能理解为是特别指明无特定身份者只能构成狭义共犯而不能以正犯论处。"在这个意义上,正犯、共犯概念的对立就是存在的。"[4] 若是认为像这样的场合实际上是在立法上肯定了狭义"共犯"概念,则根据反对解释的规则,说我国刑法在实定法上消极地承认了正犯、共犯的区分也无可厚非。

有中国学者基于德国、日本刑法中都有明确的"正犯"规定而中国刑法中并无相应规定等理由,主张单一正犯体系,否定将共同犯罪参与人区分为正犯与共犯,因此,也就否定间接正犯的概念[5],认为对所有的犯罪参与者,在犯罪论的层次并不区分正犯与共犯,只要是与构成要件的实现或侵害法益的结果之间有因果关系,无论其行为贡献如何,一律视为正犯。单一正犯意义上的犯罪人在自然人的场合必须达到刑事责任年龄、具备刑事责任

---

[3] 参见周光权:《"被教唆的人没有犯被教唆的罪"之理解》,载《法学研究》2013年第4期。
[4] 周光权:《刑法总论》(第三版),中国人民大学出版社2016年版,第320页。
[5] 参见刘明祥:《间接正犯概念之否定———单一正犯体系的视角》,载《法学研究》2015年第6期。

能力。因此,比如在有责任能力者帮助无责任能力者实施杀人的场合,有责任能力者不可能成立帮助犯,而只能是以其自己的行为成立故意杀人罪的单独正犯。在量刑时,考虑到有责任能力者毕竟只是提供了杀人用的刀,与直接用刀杀人存在较大差异,对其可酌情给予轻一点的处罚。[6] 但问题是,如果要将上述单一正犯体系主张者在与实定法关系上的立场一以贯之的话,就可能会发现其存在的不自洽之处:主张所有的犯罪参与人都是"正犯",这岂不是仍然借用了在中国刑法规定中并不存在的"正犯"概念?这是否表明了主张者存在自相矛盾的问题?而如果接受了"间接正犯"可以是一个理论概念,就像同样未在刑法中规定却逐渐被中国刑法学界广为接受的"构成要件""不作为"等概念一样,不能以中国实定法上未规定"正犯"概念为由,而直接否定间接正犯。

实际上,梁教授认为中国学者关于间接正犯概念存否的讨论脱离了中国实定法,其更重要的理由,不在于《中国刑法》没有规定"正犯"概念,而在于《中国刑法》从第26条到第29条中关于主犯、从犯、胁从犯与教唆犯的规定。这种规定主要是指向量刑,因而也被钱叶六等一些学者解读为"定罪上区分正犯与共犯,量刑上区分主犯与从犯"的双层区分制犯罪参与体系。梁教授也支持这种双层区分制犯罪参与体系的观点,并认为正是这种中国刑法规定的特色,使得"间接正犯"概念无用武之地。梁教授的这种理解以在正犯与共犯的区分问题上采取形式客观说为依托。但问题是,主张"以自己的身体动静实现构成要件者"为正犯的形式客观说是可靠的吗?在行为人利用一个完全无故意的工具而实现构成要件(如行为人想要杀害自己的丈夫,利用家中做饭的保姆而将貌似调料的毒药放在丈夫的食物中)的场合,在梁教授所坚持的正犯共犯区分上的形式客观说和间接正犯概念否定说看来,此时应该是成立教唆犯。可是,教唆犯是教唆他人实施"犯罪行为",一个完全不知自己行为性质的保姆的相应行为,能够说成是犯罪行为吗?如果采纳行为无价值二元论,采纳构成要件符合性判断上要求构成要件故意、构成要件过失的场合,自然无法得出这样的结论。反过来说,这是否意味着报告人采纳了结果无价值一元论,否定构成要件的故意、过失?对此,报告人并没有进行更进一步的充分说明。

报告人提出,中国刑法中既然还有主犯与从犯的规定,则通过形式客观

---

[6] 参见刘明祥:《不能用行为共同说解释我国刑法中的共同犯罪》,载《法律科学》2017年第1期。

说界定的共犯(主要是教唆犯)所面临的刑罚后果上的不均衡,还可以通过第二层次"主犯—从犯"的概念区分,来实现具体案件中的罪责刑相适应。对此,评议人想表明如下两点。

(1)区分制与单一制的争论,针对的是刑法分则所规定的犯罪类型是区别为正犯与共犯还是一概为正犯,而中国刑法中的主犯、从犯的区分是就量刑而言的。换言之,正犯与共犯是否区分是定罪上的问题,是对行为类型、参与类型的区分;主犯、从犯的区分则关注的是在共同犯罪中所起的作用,是对"参与程度"的区分。两套区分标准指向的完全不是同一层次的问题。这样说来,中国学者所谓的双层区分制犯罪参与体系,实质上仍是大陆法系国家所说的区分制,并没有多少"中国特色"而言,其不过是将德国、日本在量刑环节由法官裁量的"参与程度"因素法定化而已。

(2)在区分制的前提之下,正犯不同于共犯的特征在于,前者属于一次责任,而后者则是借助正犯的行为间接地引起了法益侵害,属于二次责任。报告人梁教授所支持的所谓双层区分制参与体系的主张者,实际上也是认可这一点,并且肯定间接正犯概念的。[7] 应该肯定的是,间接正犯虽然是间接的参与,但在单方面地利用"他人"这一点上,正好与自己使用道具或动物实施犯罪的直接正犯具有同样的意义和性质,在规范意义上,对两者完全可以作统一评价,因而间接正犯不外乎是正犯的一种形态,是本来的正犯、固有的正犯。[8] 间接正犯具有正犯性,属于一次责任类型,是不能通过二次责任类型的教唆犯等概念而消解的。

二、关于"体系逻辑的一致性"

梁教授的报告中主张,研究者在判断间接正犯概念在中国刑法的语境下是否有存在的必要时,应该保持体系逻辑的一致性即追求逻辑自洽——这本身当然是完全正确的,并据此认为,中国学者肯否间接正犯的多数观点及其论证,在此方面存在欠缺。报告人所述的"论证维度",涉及"刑法知识转型、犯罪体系重构""犯罪参与体系""犯罪参与本质""正犯概念""共犯性质""共犯处罚根据"等六个方面。评议人,或者也可能是此次参会的多数中国学者,可以和报告人梁教授达成共识的要点包括:应该坚持阶层式

---

[7] 参见钱叶六:《双层区分制下正犯与共犯的区分》,载《法学研究》2012年第1期。
[8] 参见[日]团藤重光:《刑法纲要总论》,创文社1990年版,第154页、第388页以下。

(而非四要件的)犯罪构成体系,坚持正犯与共犯相区分的区分制体系(而非单一正犯体系),坚持共犯从属性(而非独立性),坚持在从属性具体问题上的限制从属性或者最小从属性(而非极端从属性),坚持因果共犯论或者不法共犯论(而非责任共犯论)。甚至,为了遵守罪刑法定原则、维持构成要件的定型性,应该坚持限制正犯概念而非扩张正犯概念,这一点也可能达成共识。不过,即便是坚持限制正犯概念,是否就如梁教授所断言的那样,"限制正犯概念已经阻断了犯罪参与教义学对间接正犯概念的接纳",仍值得进一步讨论。就此而言,梁教授的这篇以梳理和评价为重点的报告中,可能并未给出更多实质性的、令人信服的理由。

存在较大争议的是,在所谓的犯罪参与本质问题上,是应该采纳行为共同说,还是仍旧可以坚持目前在中国处在多数说地位的部分犯罪共同说。报告人梁教授指出,如果坚持(部分)犯罪共同说,可能需要借助间接正犯的概念弥补处罚漏洞;但如采纳行为共同说,理论逻辑上就可能推导出间接正犯概念不必存在的结论。对此,仅仅从评论的角度来看,至少有以下两点值得注意。

(1)在部分犯罪共同说和行为共同说之间,究竟该如何取舍?梁教授认为,行为共同说是未来的发展方向,其本人也是在接纳了行为共同说立场之后,最终得出了间接正犯概念应该"寿终正寝"的结论。但由于篇幅和侧重点等原因,这篇主要是向德国同行介绍中国学界相关研究状况的报告,并未展开应该放弃部分犯罪共同说而改采行为共同说的实质性理由,这就让多数至今坚持部分犯罪共同说的学者,比如评论者本人,会存在并未被说服的遗憾。

(2)行为共同说与间接正犯概念注定是互斥的吗?梁教授报告中多次提到的中国学者黎宏教授,就是在坚持行为共同说的同时,对于是否要肯定间接正犯概念表现出了耐人寻味的态度。虽然在与他人合作的论文中,黎宏认为间接正犯的概念不必存在[9],但无论是在该文之前[10]还是之后的个人独著教科书中,黎宏都对间接正犯的概念从正面加以肯定[11]。这虽也可能会被梁教授归入体系逻辑不一致的行列之中,却也足可从另一个角度说明问题的复杂,说明所谓行为共同说与间接正犯概念之间的互斥性,并

---

[9] 参见黎宏、姚培培:《间接正犯概念不必存在》,载《中国刑事法杂志》2014年第4期。
[10] 参见黎宏:《刑法学》,法律出版社2012年,第271—276页。
[11] 参见黎宏:《刑法学总论》(第二版),法律出版社2016年版,第268—272页。

非是一个不言自明的问题。

三、关于"有效地解决具体问题"

正如报告人梁教授所提到的那样,中国的司法实务中,较早就有通过"间接正犯"概念对行为人加以处罚的实例。例如,被告人刘某因与丈夫金某不和,离家出走。一天,其女(时龄12周岁)前来刘某住处,刘某指使其用家中的鼠药毒杀金某。其女回家后,即将鼠药拌入金某的饭碗中,金某食用后中毒死亡。在这个案件中,裁判者最终认定刘某与其女儿不形成共同犯罪关系,刘某属于间接正犯。[12] 由于这个案件是由最高人民法院的审判长会议讨论通过,并刊载于最高人民法院刑事审判(第一、第二)庭主办的、由两位最高人民法院副院长担任主编的《刑事审判参考》上,被赋予了较高的地位,也承载了较多的期待。陈兴良教授认为,这是一个"最高法院的案例","在最高法院审判长会议对这个案件的分析意见中,引入了间接正犯这一概念,从而使刘某利用其不满14周岁的女儿投毒杀人一案得以正确的定性"[13]。梁根林教授甚至认为,这是"最高法院在判例中确认间接正犯概念"[14]。由此可见,间接正犯概念在中国的司法实务中已经被一些判决所认可[15],而且,传统理论主张唆使欠缺刑事责任能力者实施危害行为的场合成立单独犯罪,即便没有明言,实际上也是接受了间接正犯的概念。

否定间接正犯概念的学者会认为,中国的司法实务接受间接正犯概念有其原因。即,在传统四要件犯罪构成理论之下,坚持(完全)犯罪共同说,会产生处罚上的漏洞,而间接正犯概念正是为了弥补这一漏洞而存在。报告人梁教授正是这一立场。对此,评议人想要强调如下三点。

(1)梁教授认为,通常所谓间接正犯类型,无论是罗克辛着眼于利用者的支配方式所区分的各种类型,还是中国学者着眼于被利用者的状况所区

---

[12] 参见最高人民法院刑事审判第一庭、第二庭编:《刑事审判参考》(2001年第5辑),法律出版社2001年版,第75页。

[13] 陈兴良:《间接正犯:以中国的立法与司法为视角》,载《法制与社会发展》2002年第5期。

[14] 不过,一则,在形式上,中国并未明确实行判例制度;二则,本案也是由下级法院而非最高院审理裁判的案件,仅仅是由最高院的审判长会议讨论通过,也并未经过最高院的审判委员会讨论通过,能否实质上说成是"最高院的判例",也存在疑问。

[15] 另可参见江苏省苏州市金阊区人民法院(2012)金刑二初字第0105号刑事判决书。

分的各种类型,原则上均可被还原为教唆犯或直接正犯。这里的"原则上",意味着还有一些类型应以共同正犯或者帮助犯来处理。不过,主张"可以被还原为直接正犯或者教唆犯",显然需要更细致的逐一论证,这明显超出了这篇报告所允许的篇幅;而反过来说,肯定间接正犯概念的主张,则只要举出哪怕一种情况来证明用直接正犯或者教唆犯处理并不合适,就击破了否定论者的主要论据本身。

比如,属于国家工作人员的丈夫为他人谋取利益,并利用不具有国家工作人员身份的妻子收受他人财物的场合,应该认为,丈夫属于受贿罪的间接正犯,又和妻子构成受贿罪的共同犯罪。这时,如果不借助间接正犯的概念,怕是难以说明和妻子没有明确的犯意沟通的情况下丈夫的行为性质。在这里,间接正犯概念可谓是弥补了直接正犯概念在解释力上的缺陷。

(2)主张通常所谓间接正犯类型,可以用直接正犯(或共同正犯)、教唆犯(或帮助犯)来处理,除了需要前一点"各论"意义上针对各个场合的逐一展开之外,更重要的是,还需要在"总论"即一般论上,说明这些通常按照间接正犯处理的类型,按照直接(或共同)正犯处理,或者是按照教唆犯(或帮助犯)处理的理由和逻辑。就前者按照直接正犯等处理而言,需要证明相应场合的正犯性,这是采纳形式客观说的梁教授所要面对的主要问题;而即便是采纳实质客观说从而扩张了正犯的范围,此时也无法回避的一个问题是,既然肯定了正犯性从而肯定了行为人是正犯,那么具体是直接正犯、共同正犯还是间接正犯,又有什么本质的区别呢?就后者即按照教唆犯等处理而言,直白一点说,是在对背后行为人的正犯性论证失败或者索性放弃论证之后,径直因其唆使、利用等行为而认定为教唆犯等共犯形态。可是,基于限制从属性的立场,一些场合下背后行为人按照教唆犯等处理固然有其合理性,但若认为"不构成直接正犯就一定构成教唆犯(或帮助犯)",又由于形式客观说对正犯成立范围的限定,实际上就等于是扩张了教唆犯等共犯的成立范围。这种立场,不妨称为"扩张的共犯概念"。对教唆犯等共犯范围的任意扩张,自然会挤压正犯的成立空间。这种未经充分论证的"扩张的共犯概念",同样是需要警惕的。

正如有学者所指出的那样,"不可能将所有的间接正犯均归入其他类型的共犯人中,否定说(等同于梁教授所主张的解消说——引者注)只是列举了部分现象,而没有也不可能列举全部现象"。"仅举少数或者部分案例,说明间接正犯可以按教唆犯或者直接正犯、共同正犯论处,在方法论上就不能被接受。"[16]以下仅举两例说明上述解消说的问题所在。①在幕后者利用被害人自己行为的场合,例如强迫被害人自杀、自伤或者毁坏自己财物时,由于被强迫者作为法益主体的自损行为本身并不违法甚至可能并不符合构成要件,主张幕后者成立教唆犯(或帮助犯),就会和共犯从属性的基本立场产生矛盾。同时,采纳形式客观说时自不必说,即便采纳实质客观说,认为上述场合成立直接正犯也会令人觉得别扭——既然已经肯定了正犯性,何不借助已被接受的"间接正犯"概念顺畅说明,反而非要"规范地""实质地"说成是"直接"?②像间接正犯概念的否定论者那样,采纳共犯限制从属性的同时又否定间接正犯概念,还会出现"教唆犯对教唆犯具有从属性"的荒唐结论。比如,在甲教唆乙去强迫没有责任能力的丙伤害丁的场合,就会认定乙是教唆犯,进而会得出"甲教唆犯从属于乙教唆犯"的结论,明显不符合各种从属性的基本含义——因为从属性终归是指教唆犯、帮助犯对正犯的从属性。[17]

(3)假如"间接正犯"概念是一个新鲜事物,则中国刑法理论和司法实务或许没有必要吸收进来,造成已有概念体系的混乱。但事实上恰恰相反。既然间接正犯概念已然在中国的刑事司法实务中被认可和接受,再大费周章地否定它就需要更充分的实质性理由。一些通常理解的间接正犯类型,与其被分解为直接正犯、共同正犯或者教唆犯、帮助犯而遭受破坏这些概念原本内涵、外延的诘问,不如就坦然接受间接正犯的概念本身。况且,从积极的根据而言,间接正犯这一概念之所以必要,"是因为当间接行为人在规范上应该与直接行为人同等看待的场合,将其作为正犯处理才符合该犯罪的本质。这是从犯罪本质论出发的一种认识"[18]。我们需要做的是正确辨明背后行为人是否具有正犯性,明确间接正犯与教唆犯等共犯的区分标准,而不是否定间接正犯的概念本身。

四、间接正犯概念的必要性

间接正犯这一概念的必要性,需要从积极、消极两个侧面奠定基础。在历史上,间接正犯首先是作为一个补充性的概念,从其消极根据上展开

---

[16] 武晓雯:《间接正犯概念的必要性》,载《清华法学》2019年第3期。
[17] 参见武晓雯:《间接正犯概念的必要性》,载《清华法学》2019年第3期。
[18] 陈家林:《外国刑法理论的思潮与流变》,中国人民公安大学出版社、群众出版社2017年版,第528页。

的,即立足于"自身实施实行行为者为正犯"这一限缩的正犯概念,只有在正犯符合了构成要件该当性、违法性和有责性这些犯罪成立全部条件的场合,背后者才成立共犯,这种所谓的极端从属性是以往的通说。这样的话,在利用无责任能力人而窃取他人财物的场合,对于利用者就无法按照教唆犯处罚,同时,由于利用者也不是通过自己的手直接窃取了他人财物,也不能作为正犯加以处罚,这样就产生了处罚空隙。为了对此加以填补,作为补充性的概念而提出了"间接正犯"概念。间接正犯概念的成立,是由于共犯从属性这一理论前提对于无法成立共犯者不得不当作共犯对待,这样的消极理由占据重要地位。时至今日,尽管从"补救角色"出发的消极理由显得不那么重要,但间接正犯概念的存在仍有其积极理由。

  从积极的根据而言,间接正犯这一概念之所以必要,"是因为当间接行为人在规范上应该与直接行为人同等看待的场合,将其作为正犯处理才符合该犯罪的本质。这是从犯罪本质论出发的一种认识"[19]。确实,自1975年的联邦德国刑法修正以来,《德国刑法典》在第25条规定"自己实行犯罪行为,或利用他人实行犯罪行为者,皆为正犯"。在刑法没有这种规定的中国,只要肯定间接正犯的概念,其成立条件定然和直接正犯是一样的,也不得不依据刑法分则的条文加以处罚。所以,间接正犯概念以及围绕其正犯性展开的各种学说,正是为了从正面论证和说明,间接正犯是如何能够在"规范的意义上"和直接实施了实行行为的直接正犯等同视之的。

---

[19] 陈家林:《外国刑法理论的思潮与流变》,中国人民公安大学出版社、群众出版社2017年版,第528页。

曹　斐[*]

间接正犯的意义和挑战

在德国刑法教义学中,间接正犯是一种介于直接正犯和共犯之间的法律制度。一方面,它在生活事实现象中更靠近共犯(离构成要件实现较远),另一方面,在正犯和共犯二分的犯罪参与体系中,它在法律评价上又更接近于正犯(基于对犯罪流程的支配)。魏根特教授的报告,通过案例示例,提出间接正犯这一法律制度想要解决的案件类型正是介于行为人直接造成构成要件结果和通过沟通影响他人去犯罪之间。接着,他指出间接正犯这一法律制度的构建,并不仅仅是填补自己直接犯罪和说服别人去犯罪之间的惩罚空隙,更重要的是,它也是有独立内涵的法律制度。

为论证间接正犯应被归类于正犯类型,德国学者在现行主流正犯、共犯区分标准即实质客观说(犯罪行为支配理论)的基础上,将正犯的支配类型区分为行为支配、功能支配和意志支配,基本可对应于正犯的几种形式,即直接正犯、共同正犯和间接正犯。魏根特教授在报告中就详尽展示了间接正犯实现支配的各种典型情境,主要包括优越的认识支配、意志支配和组织支配。无论是利用他人不知道的信息达到自己目的的认识支配,利用自己心智上的理性程度安排他人行为的意志支配,还是利用自己在组织中的地位、权力命令他人从事行为的组织支配,都会涉及引起他人对事态(事实要素或法律后果)的错误判断。

魏根特教授的报告对间接正犯的构造、性质和适用类型作了全面的展示,对于理解间接正犯制度的历史和发展非常有意义。作为评论者,我想从间接正犯制度的意义和挑战两个方面来作出回应。

---

[*] 北京大学国际法学院助理教授,法学博士。

一、间接正犯的意义

首先我同意魏根特教授的观点,即间接正犯在现行的教义学体系中,不仅仅是漏洞补充者的角色,更有其自己的独立内涵。

任何理论存在的必要性都可以用两个标准来衡量:逻辑性和实用性。从实用性的角度,间接正犯的确因填充法律漏洞的功能而诞生,并长期扮演了漏洞填充者的角色。而从逻辑性的角度,如果不存在间接正犯这一法律制度,就很难论证为什么在某些情况下,未亲手实现构成要件的人,反而对犯罪实行的贡献更大、需要承担更重的惩罚。间接正犯中强有力的意志支配特征,配合犯罪行为支配理论这一正犯和共犯的区分标准,就能解释为什么可以将直接实行者的行为归属到幕后支配者的头上。

魏根特教授在报告中举的例子,T借助不知情的M去毒害O,应当成立对O的故意杀人罪的间接正犯。其实是想将间接正犯作为一种归责原则,将所有涉及他人(被害者或第三人)自主的导致构成要件结果发生的行为,都能够归属到幕后者的头上,用以解释幕后者为什么要对结果负责。

不过,魏根特教授在论证间接正犯作为一种独立的正犯类型的时候,使用的理据是并不需要被利用者在可罚性上具有一定的缺陷,也就是间接正犯的成立,不以幕前者不可罚所以必须处罚幕后者为前提。即便幕前者在答责上不存在任何缺陷,幕后者也同样可能成立间接正犯。比如"猫王案"中,幕前者因可避免的禁止错误仍需要承担刑事可罚性,幕后者也以间接正犯成立犯罪。由此,间接正犯就不再是漏洞补充者的形象,而是独立的正犯类型。

我认为这正是间接正犯制度在当下发展中面临的挑战。

二、间接正犯的挑战

相对于由物理动静征显出的有形支配而言,在意识或意志层面受到他人影响的判断显然是一个主观的过程。何以判断这种影响达到足够"支配"的程度,其标准非常难以确定。其间毕竟还会涉及——甚至也是核心问题——人的自由意志和自主行为的问题。

现代刑法学的一大前提就是人有选择如何安排自己行为的自由。因为存在这样的自主能力,如果仍然选择违反禁止规范或者命令规范,破坏法秩序,就应当受到刑罚的处罚,即所谓责任原则。完全的自主性则要求:①具有足够信息;②具有理性分析能力。间接正犯支配的前两种类型,即最经典的情形,基本可以与此对应。幕后者对幕前者优越的意识支配,是利用幕前者对某一信息的缺乏,而这一信息对于幕前者选择是否违反法规范至关重要。如果该信息仅仅指向行为的动机,通常是不足以达到支配的程度(幕前者在此情况下仍是自主的)。幕后者对幕前者的意志支配,则一般出现在幕前者存在缺乏判断能力的场合,比如幕前者是精神障碍者或是未成年人,他们在对行为后果的判断以及对法规范的认同上都存在缺陷。又或者是强制,比如幕前者陷入生命等重大法益的危险(《德国刑法典》第35条)只能受幕后者控制。

这也是为什么在传统教义学中,间接正犯的客观构成要件要求幕后者对幕前者的支配,且幕前者具有工具性质,二者缺一不可。而幕前者的工具性质一般表现为答责缺陷。有些学者就是从幕前者答责缺陷的类型而对间接正犯展开论述的,包括幕前者在构成要件层面的缺陷、在违法性层面的缺陷以及罪责层面的缺陷。幕前者的答责缺陷会导致他在这一特定的构成要件上不会成立犯罪。经典理论模型将幕前者的工具性质体现为幕前者因各种缺陷而不负刑事责任,这使得间接正犯的处罚边界相对清晰,处罚逻辑也能保持一致,满足理论模型逻辑性和实用性的两大要求。

然而近年来,间接正犯的传统理论受到了挑战,其处罚边界有扩张的趋势,最典型的就体现在联邦最高法院的"猫王案"中,幕后者虽然给幕前者提供了错误信息,并利用该错误信息让幕前者去实施他所希望的犯罪行为,但是这一错误信息对于幕前者来说刚好属于对于法律的认识错误,即禁止错误,而这一禁止错误只要幕前者花费一点功夫去咨询相关人士,就可以轻易避免。所以幕前者并不能因为这一错误的信息而排除罪责,仍然成立犯罪。而同时法院认定幕后者对幕前者具有优越的认识支配,因而幕后者也因间接正犯成立谋杀罪未遂。

这就出现了幕前者和幕后者同时成立犯罪的状况,即所谓"正犯后正犯"的结构,并将该模型扩张到组织机构中,比如犯罪集团、黑社会、独裁统治集团等。在这些场合,机构的普通成员常常是螺丝钉的角色,即顺从、机械,不要求自主决策,具有高度的可替代性。而在行动中起决定作用的则是组织的头目,尽管他们通常只负责作出决策,不会直接实施犯罪行为。在此基础上间接正犯在优越认识支配和意志支配之外,发展出第三种支配方式,即组织支配。在组织支配的形式下,幕前者通常并不存在答责缺陷,本身构成犯罪。而幕后者也要为幕前者的行为负责,因为他对于幕前者存在组织支配,幕前者只是帮助他实现了自己希望的犯罪而已。

如此一来,间接正犯构造原来的客观要素,即幕前者的工具性质在正犯后正犯的情境下如何去体现,就存在了很大争议。

可能需要注意的是,"猫王案"的正犯后正犯和组织头目可能构成的间接正犯性质存在区分。前者在支配的方式上仍然属于利用错误(优越认识)的支配,而后者虽然看起来与强制(意志支配)相似,但并不能达到《德国刑法典》第35条规定的程度的强制,如果要论证其属于间接正犯,最好在优越认识支配和意志支配之外,引入新的支配方式,即组织支配。这也是优势意见的做法。上述两种情形之下,幕后者能否成立间接正犯都存在疑问,但若要论证成立间接正犯,需要凭借不同的理据。并不是证立其中一种,另一种就肯定也能成立的关系。

二者相似的地方在于都需要和责任原则相调和。"猫王案"尚且可以因为禁止错误在体系上与构成要件错误有相似性,去软化责任原则的适用。组织支配则是对经典责任原则的极大改变。在此可能需要考虑的是,间接正犯制度的意义到底是什么,如果只是一种归属规则,那么组织支配完全可以通过其他归属方式来解释,比如功能支配。毕竟头目的主要职能之一,就是确立组织的运转形式。如此,何不将其作为(共谋)共同正犯来追究呢?

三、小结

感谢魏根特教授对间接正犯制度作出的全面梳理和精彩呈现,我同意教授的观点:间接正犯是独立的法律制度,它通过意识或意志支配完善了正犯类型下不同的归属方式,和犯罪行为支配理论即实质客观说相契合。然而在正犯后正犯或者组织支配属于间接正犯类型的问题上仍然存有困惑,因为这可能会对经典的责任原则造成冲击。

第三单元

中立帮助行为与犯罪参与

[单元报告]

[德]汉斯·库德利希[*]

"中立"帮助行为的刑法规制

译者:唐志威[**]

一、导论

我从事"中立"帮助行为的研究至今恰好 20 年。1999 年的夏天,在完成了第二次国家考试之后,我在授业恩师齐白(Ulrich Sieber)教授的教席工作之余开始寻找教授资格论文的主题。通过教席有关(网络)提供商责任的研究工作,我偶然想到了这个主题。在起初的几年,法律还没有明文特殊规定(网络)提供商责任。到我真正可以着手从事该问题的研究之时,已经又过去两年了。[1] 在这两年中发生了许多事情:我女儿的出生、齐白教授转会至德国慕尼黑大学以及我完成了与拉尔夫·克里斯坦森(Ralph Christensen)合著的《法官论证原理》一书。正是在 1999 年的 8 月末至 9 月初,我在度假期间阅读了沃莱本(Marcus Wohlleben)及沃尔夫-雷思克(Monika Wolff-Reske)所著的有关该主题的两本专著,而这段经历也成为我夫人至今还在我耳边吐槽的"假期消遣"。

无论如何,我对该主题的研究正是始于这里——德国维尔兹堡大学。还有一件值得一提的趣事是,直接让我与该主题结缘的契机也正好发生在维尔兹堡:2002 年,我写了一篇关于德国联邦最高法院年度指导判决的判

---

[*] 德国埃尔朗根-纽伦堡大学法学院刑法、刑事诉讼法和法哲学教席教授。
[**] 德国慕尼黑大学法学院博士研究生、北京大学法学博士。
[1] 后文思考的成果可见于:Kudlich, Die Unterstützung fremder Straftaten durch berufsbedingtes Verhalten, 2004。

决评述[2]，该判决是由德国联邦最高法院第四审判庭作出的有关中立帮助犯的判决，在发表之后我赠送并邮寄了一本样刊给我们敬爱的维尔兹堡大学荣休教授京特·施彭德尔（Günter Spendel）。施彭德尔先生在不久之后就回复我："亲爱的库德利希先生，十分感谢您7月26日的信件以及您的美好祝愿和赠送给我的'帮助犯文章'，我对此感到十分开心。有关您的帮助犯论文，我十分认同您细致入微以及知识渊博的思考，但是请允许我提醒您，'现代的'权衡和建构并不会带来太多的尊重。例如以一名同事所举的面包师案中的问题为例（案例指的是面包师在知道顾客要下毒毒死其妻子的情形下还将小面包卖给顾客），'他在此也并不是第一次带来了一种虽然应该是'原创的'，但却是不恰当的思考……他（面包师）对使用小面包下毒行为的'帮助'并不违法，这当然是不言自明的'。"

问题恰好就在这里：在许多"中立"帮助犯的案件中，尤其当行为是在职业场合下实施[3]，就此而言，或许可以更确切地将这类案件称作"职业条件下的中立支持"。在此类案件中，通过无偏见且"无视"结果的（即非结果导向的）涵摄，既可以在客观上认定行为人的支持行为以及通过该支持行为增加了主犯罪行为（正犯行为）所侵害法益的风险，又可以在主观上认定至少构成未必故意（bedingter Vorsatz）。而毫无疑问，未必故意原则上在主观方面满足帮助犯有关故意的要求。[4] 但是，在"感情层面"却仍然会对其可罚性产生很大的质疑。[5] 至于这种感受是从何而来的，这个问题和下面的问题一样难以得到准确的答案，即为什么一名妇科医生告知希望堕胎的病患一家位于荷兰的医院地址，而该荷兰医院之后为该名处于孕期17周的病患进行了堕胎，该妇科医生却大概率无法成立可罚。[6]

---

[2] Vgl. Kudlich JuS 2002, 751 zur Entscheidung BGH NJW 2001, 2409.

[3] 有关《德国基本法》第12条对于中立帮助犯意义的问题，参见Kudlich, Unterstützung fremder Straftaten（脚注1），S. 268 ff., 274 ff.。

[4] Vgl. Münchener Kommentar zum StGB/Joecks/Scheinfeld, 4. Aufl. 2020, § 27 Rn. 102; Schönke/Schröder/Heine/Weißer, StGB, 30. Aufl. 2019, § 27 Rn. 28; Lackner/Kühl/Kühl, StGB, 29. Aufl. 2018, § 27 Rn. 5; BeckOK-StGB/Kudlich, 46. Ed Mai 2020, § 27 Rn. 18.

[5] 直观的论述，参见Rogat, Die Zurechnung bei der Beihilfe, 1997, S. 4；还可参见Jakobs ZStW 89 (1977), 1 (20)，作者提出了疑问，即"可避免的间接原因行为……与犯罪计划的距离是否无论如何都如此之远，仿佛它站在犯罪计划的对立面，却不会与随机产生冲突的自由世界形成对立"。

[6] 赞成帮助堕胎行为成立可罚的观点在此可见Oldenburg州高级法院的判决，BeckRS 2013, 4777 = JA 2013, 791 m. Anm. Kudlich。显而易见，在个案中本身就存在争议的条文，即《德国刑法典》第9条第2款第2句的基础上，本案中的问题变得更加尖锐。

二、文献中的观点现状

文献中有关帮助犯可罚性的要求以及有关限制帮助犯可罚性正确标准的讨论十分丰富多样,因此本文在此甚至无法对其进行基本的概括。[7] 文献中有个别观点在考虑到行为的日常性和职业相关性的场合,严格以法益保护原则为导向,原则上完全反对对(帮助犯)可罚性进行(限制性)修正。[8] 与此相反,其他观点则在出罪论证的细节上存在很大的差异,部分观点在客观上借助了社会相当性或容许风险的思想,或是借助创设不容许风险的一般公式,或是适用合比例性原则,又或是通过分配答责领域来进行论证;还有部分观点则在主观构成要件上引入了特殊的"正犯促进意思(Tatförderwillen)",又或是在纯粹的未必故意情形排除可罚性。

常见于文献中、十分有影响力的观点是罗克辛(Claus Roxin)提出的主客观混合公式。[9] 依据该公式,当在犯罪意义关联的场合,即正犯行为人(正犯)的目的仅仅是实施一个可罚行为时,如果提供帮助者对此明知,则成立可罚的帮助犯;同样,当提供帮助者仅仅认为其(帮助)行为可能会被他人利用于实施犯罪,且他认识到受其帮助者实施可罚行为的风险已经高到了他在通过其帮助行为"致力于"帮助一名明显具有犯罪倾向的行为人(正犯)的程度时,也可以认定构成可罚的帮助犯。虽然在结论上可能相同,但是以下的思考却具有区分性[10]:在出发点上,只有当职业从事者的帮助行为并非异乎寻常,且可以作出配合顾客计划之外的"非犯罪性的解释"时,才可以考虑优待那些"以职业为前提的"行为。如果存在上述"不配

---

[7] 详见例如 Ambos, JA 2000, 721; Beckemper, JURA 2001, 163; Greco, wistra 2015, 1; Putzke, ZIS 2014, 635; Weigend, in Eser (Hrsg.), Nishihara-FS, 1998, 197; 专著有 Kudlich, Unterstützung fremder Straftaten (脚注1); Rackow, Neutrale Handlungen als Problem des Strafrechts, 2007; Wolff-Reske, Berufsbedingtes Verhalten als mittelbare Erfolgsverursachung, 1995 以及 Wohlleben, Beihilfe durch äußerliche neutrale Handlungen, 1997; 详细的概览可见 MüKo-StGB/Joecks, §27 Rn. 43 ff., 以及 Leipziger Kommentar zum StGB/Schünemann, 12. Aufl. 2007, §27 Rn. 17 ff.。
[8] 参见例如 Beckemper JURA 2001, 163。
[9] 该观点在许多方面得到了发展,总结可见 Roxin Strafrecht AT/II, 2003, §26 Rn. 218 ff.。
[10] 对下文内容的深入讨论,参见 Kudlich, Unterstützung fremder Straftaten (脚注1). S. 439 ff., 在 Kühl, Strafrecht Allgemeiner Teil, 8. Aufl. 2017, §20 Rn. 222b 中作者对此表示了赞同。

合"且"中性"的职业相关行为,且对承担帮助者而言并不例外地存在确切的依据可以推断其帮助行为会被用于犯罪目的时,那么至少应该在纯粹未必故意的场合排除职业从事者的可罚性。除此之外,当然还可以考虑(尤其在职务行为领域也并非难以判定),通过法定的特别条款规定认定义务违反行为更高或更低的前提条件。最后,如果引入一般客观的归责修正的话,那么还可以在对犯罪计划具备积极认识的场合否定(帮助犯的)可罚性。对此,我还会在后文进一步展开。

三、中立帮助犯相关判例的发展

近20年以来,中立帮助犯问题在判例中形成了一个稳定的形象,1999年9月20日德国联邦最高法院刑事第五庭的判决为此奠定了基础。[11] 该判决的案情涉及一名律师为从事诈骗的公司出具了一个(法律上恰当的)信息手册。该判决以罗克辛的区分公式(Differenzierende Formel)为基础,认为:"在正犯行为仅仅以实施可罚行为为目的,而帮助人对此知情的场合,那么便应当将帮助人对犯罪的贡献评价为帮助行为……在这些案件中,其所作所为显然已经完全超出了'日常性特征'的范围;这可以解释为与行为人(正犯)的'团结一致'……并且不得再被视为'社会相当的(行为)'。相反,如果帮助人并未认识到,主犯罪行为人(正犯)会如何利用其所作贡献时,而只是单纯认为存在其(帮助)行为有被用于实施犯罪的可能性,那么则不将其行为视作可罚的帮助行为。除非,帮助人认识到接受其帮助者实施可罚行为的风险高到了以至于可以认定帮助人的帮助行为'致力于'支持明显具有犯罪倾向的行为人的程度……"在此判决后,该公式便一直被判例所采纳。

在此,方法论上或许值得反思的是,德国联邦最高法院既未深化自己的基本立场,也没有针对(在1999年便已经有大规模记录的)文献中的讨论予以积极的回应。相反,德国联邦最高法院更多地只在以很高的频率,通过不充分的论证或者只是在判决中解决不重要问题的方式,而形成了一个"既定判决"。[12] 除此之外,具体内容上也存在值得讨论的地方,例如对"主犯罪行为人(正犯)以实施犯罪行为为唯一目的"或"致力于"犯罪行为

---

[11] Vgl. BGH NStZ 2000, 34.
[12] 对此批判详细的论述,参见 Kudlich, Unterstützung fremder Straftaten (脚注1), S. 135 f. 。

等概念的理解,以及还有这两种可能性之间的关系等。[13] 但在实践中,这样区分的考察方式[因此本文在下文中也将其称作"区分公式(Differenzierungsformel)"]无论如何多少可以被作为裁判的出发点而得到使用。德国联邦最高法院之后也在不断地重申该公式,例如在判决服务承担者完成存款账户直接扣款业务时(否定构成诈骗罪的帮助犯)[14],律师业务(在具体案件中否定了构成逃税罪的帮助犯[15],同样也在另外一个案件中否定了构成诈骗罪的帮助犯[16])或者售卖制造香烟机器的场合(肯定了构成抽逃香烟税罪的帮助犯[17])。

四、两个实践案例——同时作为补充参数的范例[18]

(一)判例对"区分公式"的聚焦

一直到最近,判例都还一如既往地坚持 21 世纪初所形成的公式。按照该公式,应当区分直接故意(这种情形下,始终以存在犯罪意义关联认定帮助犯的责任)与未必故意的情形(这种情形下,以存在较大的实施风险及"致力于犯罪行为"为责任前提)。然而在具体的判决中,判断依据的是第一种情形还是第二种情形,抑或并不符合任何一种情形,其论证通常都显得仓促不充分,或多或少体现出某种决断主义的色彩。当然,并不应当将此种现状过于笼统地归咎于某种因素,因为司法裁判中的这种决断主义的最后残留或许并不仅仅肇始于上文提及的"区分公式"的弱点,它也常常发生在其他教义学区分问题的最后判断步骤中。几乎相同的问题还发生在区分"已经是共同正犯"还是"仍然是帮助犯",或是"已经构成未必故意"还是"仍然是过失犯",又或是"已经构成着手"还是"只构成进一步的预备行为"的判断中。

尽管如此,不可否认的是,仅仅依据"区分公式"中一定程度上并不精确的参数(Parameter)会导致判断的视角过于狭隘,因为仍然存在其他论证

---

[13] 对此批判参见 Kudlich, Unterstützung fremder Straftaten(脚注 1),S. 122 f.,136。
[14] Vgl. NZWiSt 2014, 139 m. Anm. Bott/Orlowski.
[15] Vgl. BGH NStZ 2017, 317 m. Anm. Kudlich.
[16] Vgl. BGH NStZ 2017, 461.
[17] Vgl. BGH NStZ 2018, 328 m. Anm. Kudlich.
[18] 下文中的思考大部分参照作者此前发表在金德霍伊泽尔教授祝寿论文集中的文章[Böse/Schumann/Toepel(Hrsg.),Kindhäuser-FS,S. 231 ff.]。

帮助者所创设风险具有容许性的实质依据。这也就导致了,最终不存在能够"将不由帮助人自己所实现构成要件的不法……作为独立的不法而归责于帮助人"的根据。[19] 至少对许多案件情形来说,这种另外的参数无论如何有助于更加清楚地作出(理想状态下,甚至是在个案中实质上更加正确的)判断。正因为此,才更加不应该在评价中忽视这些参数。[20]

(二) 1 Str 56/17 案例:创设其后受到犯罪侵害的法益成立帮助犯?

(1)在一个近期的判决中,德国联邦最高法院第一刑事审判庭审判了一起案件,经营二手香烟制造机的被告人向东欧出售了两台使用均超过60年的废旧机器。在判决中,(事实审)法官确认了被告"极有可能"认识到其出售的机器在修理后会被使用于非法制造香烟,并在波兰偷逃消费税和增值税。

德国联邦最高法院并未指摘被告基于帮助逃税罪的有罪判决(根据《德国税费法》第279条第4款第2句以及欧盟指令2008/118/EG第1条c,德国刑法也保障针对波兰烟草税的请求权),而是认定,被告人在出售和运送机器的时候至少认为,机器极有可能被用于制造非法香烟,且生产出的香烟不会缴纳增值税和消费税。案件中,被告认识到买方实施可罚行为的风险如此高,以至于可以认定卖方的帮助行为致力于支持明显具有犯罪倾向的行为人。即使帮助行为在正犯行为之前很久就已结束,该认定也并不受到影响。

(2)但是,仅仅依据帮助者与之后主犯罪行为(正犯行为)以及犯罪实施盖然性之间的主观关系判断,审判庭的判决仍然力有不逮。[21] 因为,即使对于帮助犯而言,其可罚性也以存在一个客观上可归责的风险升高为前提。在前述案件中,对(既有的)法益而言,或许并不构成违反义务的风险创设。相较而言,在出售螺丝刀或者刀具的教学案例中,(帮助犯)通过中

---

[19] Vgl. Kindhäuser, NStZ 1997, 273 (274).

[20] 该现象来源于客观归责,对此仅参见例如 Rengier, Strafrecht Allgemeiner Teil, 12. Aufl. 2020, § 13 Rn. 38 ff. ; Wessels/Beulke/Satzger, Strafrecht Allgemeiner Teil, 49. Aufl. 2019, Rn. 246 ff. ; Kudlich JA 2010, 681 ff. 众所周知,在客观归责基本公式中(创设不容许风险、风险实现以及保护目的关联),形成了一系列的案件类型,这些案件类型各自可以划入一般公式中的一个(必要情形下也可能是两个或三个)建构要素中。根据个案,对于客观归责问题的判断有时可以依据第一种案件类型中的参数,有时则可以通过第二种案件类型中的参数进行有说服力的论证。类似的还适用于因为行为的中立性所涉及的可罚帮助行为的争议领域案件。

[21] 下文部分已经可见于 Kudlich, NStZ 2018, 329 (330 f.)。

立地出售物品,对已经存在的法益(即所有权;身体和生命)创设了一种升高的风险。而与这些教学案例不同的是,此处主犯罪行为(正犯行为)所侵害的法益(即国家的税务权利)正是通过中立支持行为(即供应香烟制造机器的行为)的帮助才得以被创设。换言之,如果运送机器并没有用于制造"非法"香烟的话,那么也不存在税收增加的结果,而且恰恰相反,根本就不会生产出可能产生(尽管最后遭到偷逃税款,但是无论如何在理论上是事后可执行的)税收权利的烟草产品。

正如在劳动提供者(例如积极预见到)没有对其收入缴税时,很难笼统地谴责购买劳动(例如手工工艺品)的顾客那样,人们也很难谴责帮助者以营利为目的,以提供原材料或器械运输等形式参与正犯在负有税收义务的营利中偷逃税款的行为。这里负有税收义务的营利是指:生产可产生税权利的消费品。当然人们可以论证,如果没有生产烟草产品的收入,就不会产生可偷逃的税款。但是,对法益而言,不容许风险的升高并不只是基于(帮助者)参与了犯罪客体的制作或受保护法益的形成。[22]

稍有不同的情形是,由于帮助行为的存在,征税请求权(Steueranspruch)自始便以一种更容易侵害经济交易秩序的方式产生。[23] 相应的情形可能是,例如,放弃账单或者支付显而易见不正确的账单。但是,上述案例中却完全没有涉及这点,因此帮助者参与了征税请求权的产生,但并未因而使风险升高。认为被告人大概率可以认识到随后的犯罪行为的论点无法克服(论证上的)障碍,即被告人除了通过参与征税请求权的产生而使(偷逃税款)成为可能外,其并没有做任何可以特别使偷逃税款行为变得轻松的事情。

(3)因此,审判庭的(解释)方案并不能有说服力地论证帮助犯的可罚性成立。如果可以证明被告在出售时就得知(犯罪)计划并了解生产香烟的行为部分会违反税收法律时,通过论证成立强化犯罪决策的心理帮助犯构造,或许无论如何是可行的方法。但是,此处也仍然要再进行区分:只有当正犯行为人在客观上也因此感受到了支持(而强化了犯罪决策)

---

[22] 作者在别处还将其称作"最清楚的案件情形"中的"一般规则修正"(即通过风险降低的案件类型进行客观归责的规则),参见 BeckOK-StGB/Kudlich, 44. Ed. 2020, §27 Rn. 16, 16.1. 还可参见 Kindhäuser, StrafR AT, 8. Aufl. 2017, §42 Rn. 23, 书中将其称作"实现本来是合法的某一目的"场合的帮助行为。

[23] 再次参见 Kindhäuser AT(脚注22),§42 Rn. 23。

时[24],也就是说,当帮助行为所表达的内容正好包含了支持犯罪的内容时,才可以正当地依据心理帮助犯而处罚该行为。当评价其行为实际上根本不包含可谴责的风险升高时,那么就不能理所当然地认为其构成心理帮助犯。当然,如果可以证明被告(在主犯行为前)通过其他沟通方式实施了心理帮助,那么此时也并未排除构成心理帮助犯的可能性。

(三)第三方支付服务提供商的案例:对必要区分的不作为构成帮助犯?

(1)至今为止,第二个"来自真实生活"的案例至少在刑法领域[25]显然还未成为德国高等法院判例的裁判对象。该案例涉及的是一种相对现代的服务方式,通过线上银行(Online-Banking)的成功普及,该服务方式也变得重要起来。该服务方式便是所谓的第三方支付服务提供商(Zahlungsauslösungsdienstleister)。《德国支付服务监管法》第1条第33款将该服务定义如下:"第三方支付服务是指在支付服务使用者的要求下,在另一支付服务提供商所持有的支付账户中启动支付任务的服务。"

实践中可以这样(仅在其技术流程方面简单说明)理解第三方支付服务,即第三方支付服务提供商向其合同伙伴(例如网络电商)提供一种可以在合同伙伴网页使用第三方支付服务的软件。当顾客在该平台购买物品时,那么顾客就会通过这个软件被要求完成一个与顾客平时在其开户银行非常相似的操作。在此操作中,由于不需要额外输入电商的银行账户信息就能完成一笔"平常的"网上转账,顾客因此能够获得一定程度的便利。此时,第三方支付服务提供商一方面会将所有数据传输给顾客的银行(以此保证网上交易任务可以进行);另一方面,第三方支付服务提供商还会(通常以实时的方式)告知电商,相应的支付任务已经提交。由于电商在此情形下至少通常可以认为,支付价款将会到账(只有在极其少数的场合,银行才会无视支付任务而拒绝支付,显然,这只是统计意义上可能存在的风险,而可以被容忍),由此电商已经可以先行(也就是说在确认转账已经达到账户之前)将所订购的物品寄出。这样的服务对顾客而言显然是一种明显的提速,这至少与电商在获得更高顾客满意度方面的需求是契合的。换句话说,第三方支付服务提供商自身并不对转账操作负责,而是通过向银行传输所需的电商数据,并同时以通知电商可预期支付到账(不同于银行自

---

[24] 详细的论述可见 Kudlich, Unterstützung fremder Straftaten(脚注1), S. 369 ff. 。
[25] 民法的内容可参见 BGH NJW 2017, 2601 以及 OLG Frankfurt im MMR 2017, 2068 = K und R 2017, 135 涉及对第三方支付服务现象民法上的解读。

己来处理)的方式来加速交易。

(2)当然,现在可能存在一种情形,即上述第三方支付服务提供商(直接或间接地)与业务可能涉及犯罪的公司进行合作。当前,在司法实践中受到特别讨论的是,例如与网上博彩提供商的合作,这些网上博彩提供商位于海外(可能在当地是合法的),但是无论如何并不具备德国的博彩许可,人们却仍然能够在德国访问其提供的博彩业务。由于参与这样的博彩活动必须购买所谓的"虚拟游戏币",并且最好是迅速获得(以避免博彩人在计划参加博彩活动前好多天就必须进行订购的窘境),所以在此处使用第三方支付服务所带来的提速效果对于博彩参与者来说有很大的吸引力。

在上述无论如何都具有实务相关性的情形中,为了否定第三方支付服务提供商相应的可罚性,现在存在以下几种与中立帮助犯无关的理由。这些理由的出发点在于以下问题,即考虑到宪法以及欧盟法上都存在争议的德国规制现状,第三方支付服务商是否真的会构成符合《德国刑法典》第284条这一行政从属刑法构成要件的正犯行为[26];上述理由则终止于以下问题,亦即,当正犯行为符合外国行政法上对于行政许可的要求时,在具有行政从属性要求的刑法构成要件场合,在德国为上述案件中的外国犯罪(以新近有关抽象危险犯的判例[27]为根据,可以将上述案件认定为外国犯罪)提供帮助(似乎与《德国刑法典》第9条第2款第2句不一致)是否能成立可罚的帮助犯。

(3)即使有人认为,上述所有障碍都可以被克服,那么这时还必须回答,第三方支付服务提供商在此是否实际上实施了一个不可罚的中立帮助行为:

①如果第三方支付服务提供商并没有为其线上博彩领域的客户开发一种特别适合于(大概率可认为是)非法博彩的现金周转,但是对于合法业务而言既不必要、也无好处的技术,那么他便不是在将其服务特殊地用于(假定的)犯罪目的。相反,相关要约更多的是根据一种一般性的、预先作

---

[26] 有关该问题进一步参见最新的全面论述 Saliger/Tsambikakis, Neutralisiertes Strafrecht, 2017, passim;有关违法规制条文与刑法上责任的关系还可参见 Kudlich/Berberich, ZfWG 2016, 126 ff.。

[27] 判例参见 BGH NStZ-RR 2013, 253; NStZ 2015, 81 (82); BGH NStZ 2017, 146;有关域外博彩产品判例适用德国刑法的影响参见 Kudlich/Berberich, ZfWG 2016, 7 (8 f.)以及互联网中抽象危险犯场合有关国际刑法的一般深入研究可见 Kudlich/Berberich, NStZ 2019, 633 ff.。

出的行为决议而以相同的方式而提出,这与(第三方支付提供商)在面对其他客户时的场合也并无不同。因此,这里所涉及的是一种典型的中立帮助行为,在这种情形下应当再三思考责任边界限制(Haftungsbegrenzungen)的问题。

②显而易见,上文已经特别清楚地展示了在具体个案中适用由判例所发展的主客观混合标准的难度:原因在于,一方面对于第三方支付服务提供商而言,他们无法认定海量的交易进程中具体某个支付请求是为何产生的;另一方面,对于个别客户而言,第三方支付服务提供者可以清晰地认识到,该客户所完成的大量交易行为源于博彩业务。尽管如此,也还是会本能地认为第三方支付服务在一定程度上仍然与(这里假定其为违法的)正犯行为具有"一步之遥":假设正犯行为是组织一个未受许可的在线博彩游戏,那么原本的(另外可能也已经是"中立的")帮助行为应该是由完成有关存取博彩营利的订单的银行所实施的。第三方支付服务只是通过使用一种与正犯行为完全无关的基础设施,从而帮助这样的帮助行为更加有效率、更加快速地完成。只要人们认为(正如上文中援引雅各布斯的基本观点),"中立帮助人"无罪的关键问题在于,其是否"如同犯罪计划之于远离纷争事由的世界那样,无论如何还与犯罪计划相距甚远"。[28] 这样的比喻实际上生动直观地表达了中立帮助犯的形象以及由判例所发展的规则,最终为下述情形提供了一个(不成立可罚性的)理由,即虽然一般而言,帮助(行为)上的因果关系和(未必)故意的组合能够成立责任,但是该行为仍然能够与正犯行为"保持距离"。自然而然,当帮助性的服务与正犯行为之间并没有直接的关系,且只构成一个(原本就仅可能是中立的)帮助行为时,这样的"距离保持"便更加容易。[29]

③在技术—教义学层面,还可以这样解读上文中的情形,即认为,通过交付一种装载有不同自动化工具的软件,在该软件中只有那些具备犯罪目的的用户必须被分拣并拒绝为其服务,那么根据评价,在向大规模受众群体

---

[28] Vgl. *Jakobs*, ZStW 89 (1977), 1, (20).
[29] 下面这个案例可以用来进行比较:在正犯行为人实施了一个诈骗行为的场合,明知其犯罪计划却仍然将其载至商业谈判地点的出租车司机是否能够依据帮助犯而受到处罚,已经非常具有争议。因此,使(并非由其营运的)出租车能够迅速赶来,为顾客提供预订出租车服务的提供商,则与诈骗行为"仍然还有一步之遥"。除此之外,如果出租车预订服务提供商以相同的形式为任意他人预订出租车的话,那么在直觉上也无论如何会倾向于他并不会因为(正犯)乘坐出租车到达目的地而实施的诈骗受到处罚。

提供大规模服务产品的场合便会构成一个纯粹的"对于必要区分的不作为（Unterlassen der Differenzierung）"。[30] 在本文所涉及的案件情形中，谴责的重点并不在于其提供了具有社会相当性的产品本身，而是没有对顾客进行筛查以及对采取相应区分措施的不作为[在涉及为非法博彩提供支付服务的场合，禁止（或中断）自动化的服务]。对此原因在于，自身具备的社会公用（或者说至少是社会通常性）、通过一个相同的积极作为来同时完成多项商业交易以及统计意义上绝大多数的积极行为都是合法使用，将以上三个方面联系在一起就使这样的判断变得不言自明，即谴责的重点并不在于统一、典型、具体以合法使用为主的积极作为，而在于对"分拣"出追求不法目的商业操作的不作为。[31]

只有当一个相应的作为义务存在时（参见《德国刑法典》第 13 条），这样的不作为行为才是可罚的。在此，既不能通过认定服务特殊的、构成要件典型的风险，又不能依据法条规定来论证成立保证人义务。《德国支付服务监管法》（Gesetz über die Beaufsichtigung von Zahlungsdiensten）确认了即使在对其作为第三方支付服务商的身份具有认识的情形下（再次参见《德国支付服务监督法》第 1 条第 1 款第 2 句第 7 项以及该条第 33 款），第三方支付服务商无论如何也不负有在个别案件中放弃其业务的特殊义务。

五、小结

1. 不仅仅是近年来的多个判决，两个最新的案例以及相应的问题情形清楚地展示了，中立帮助犯在法律实践中完全存在，而并不仅仅局限于那些著名的教科书案例。
2. 在判例中长期适用且可能是通说观点的"区分公式"对于许多案件

---

[30] 更详细的内容参见 Kudlich, Unterstützung fremder Straftaten（脚注 1），S. 408 ff.；与《德国刑法典》第 258 条在日常行为情形中可罚性的相关问题相似，可参见 Arzt/Weber, Strafrecht Besonderer Teil, 2000, § 26 Rn. 10（dort Fußn. 16），根据作者观点，当人们强调需要一个（不为犯罪人出售汽油或者类似产品的）"例外"时，那么便说明人们事实上结构性地认为"一般性的交易行为……是一种不作为犯罪"。

[31] 因此也就不存在将所有中立、职业性的帮助行为以这种方式"解释"为不作为犯罪的"危险"。虽然"未进行区分"这个要素确实是所有这些（或者至少是绝大多数）案件的特征，但这并不意味着，最终只有不作为这一个要素是关键的。受到认可的是，在其他案件中（例如在过失犯中），单单"不作为要素"并不一定导致成立不作为犯罪。本文所特别提倡的"是否通过统一的积极行为同时到达多数顾客"的标准并不是根据，而已经是区分考察的结论。

来说,虽然是可使用的指导原则,但有时却力有不逮。为了更有说服力地区分允许风险和不允许风险,除了联邦最高法院所考虑的内容,或者至少是与此相似的内容之外,还应当加入另外的参数(Parameter)。就此而言,一个重要的案例是本文所称的"创设法益"案件。[32] 除此之外,还有一个对于大规模自动化服务而言十分重要的面向,它可以被解释为对具有普遍意义、不存在保证人义务、但是职业相关的帮助者又不能推辞的区分义务的纯粹不作为。

3. 在一个分工协作、不断自动化、以信息与沟通科技应用为特征的世界,"中立"帮助犯问题的实践意义只会倾向于有增无减。

---

[32] 还可参见 Kindhäuser AT(脚注22),§42 Rn.23。

王　莹[*]

中立帮助犯的处罚根据：主观说之提倡

在对犯罪行为没有共同故意的情况下，知道他人在实施犯罪过程中利用或可能利用自己的行为，仍实施该行为或提供这种帮助，是否成立帮助犯，尤其是帮助者的行为未超出正常的职业行为的情况下，即所谓中立帮助犯(Neutrale Beihilfe)问题，在刑法教义学中是一个极具争议的议题。本报告将首先向德国学者介绍该问题在刑法学界及判例中探讨的情况，结合德国学者在该领域的研究成果，尝试对中立帮助犯的处罚根据进行论证及进行可罚性限制。

一、中国刑法关于中立帮助犯的法律规定框架：全面处罚说？

中国《刑法》第 25 条规定："共同犯罪是指二人以上共同故意犯罪。二人以上共同过失犯罪，不以共同犯罪论处；应当负刑事责任的，按照他们所犯的罪分别处罚。"因此，与德国刑法相同，中国刑法共同犯罪仅指共同的故意犯罪。但与德国刑法不同的是，中国《刑法》总则中并未直接规定帮助犯。通说认为，中国刑法对共同犯罪参与形式的分类是以作用为主、分工为辅的分类方式[1]，即在中国《刑法》第 26 条、第 27 条与第 28 条分别根据共同犯罪人在共同犯罪中所起的作用大小分为主犯、从犯、胁从犯，第 28 条则根据分工分类规定了教唆犯。其中第 27 条规定："在共同犯罪中起次要或者辅助作用的，是从犯。对于从犯，应当从轻、减轻处罚或者免除处罚。"通说认为，帮助犯在共同犯罪中起辅助作用，故属于第 27 条所

---

[*] 中国人民大学法学院刑事法律科学研究中心副教授。
[1] 参见高铭暄、马克昌：《刑法学》，北京大学出版社 2017 年版，第 172—173 页。

规定的从犯。[2] 除了总则中的"从犯"概念,中国刑法中也使用共犯的概念指称帮助犯。例如,中国《刑法》第156条规定:"与走私罪犯通谋,为其提供贷款、资金、帐号、发票、证明,或者为其提供运输、保管、邮寄或者其他方便的,以走私罪的共犯论处。"该条规定的"共犯",显然也是指帮助犯。此外,中国《刑法》分则设立了大量以帮助犯行为为构成要件的罪名,例如中国《刑法》第191条洗钱罪,第307条第2款帮助毁灭、伪造证据罪,第310条窝藏、包庇罪,第312条掩饰、隐瞒犯罪所得、犯罪所得收益罪及第321条运送他人偷越国(边)境罪等。[3] 2015年中国《刑法修正案(九)》修正了第120条之一帮助恐怖活动罪(《刑法修正案》(三)》增设,《刑法修正案(九)》修正),增设第287条之二帮助信息网络犯罪活动罪。学界通说将上述规定视为帮助犯正犯化的规定。上述罪名规定的帮助行为往往同时属于职业或商业行为,因而也通常作为中立帮助行为犯问题进行探讨。上述观点实际上存在误解:既然立法者已经将帮助行为作为单独的构成要件规定,就是将帮助行为从共犯场景中抽离出来予以犯罪化,只要实施该行为即构成犯罪既遂,可以理解成举动犯,仅有单独的行为不法而没有结果不法(正犯行为导致的结果)。严格来说,正犯行为的犯罪行为是否实施、实施到何种程度,并不影响帮助犯正犯化行为的构成要件符合性,只是可以从刑事政策上限制处罚范围的角度出发将正犯行为实施或者既遂作为客观处罚条件。

除了刑法中的规定,在中国某种意义上具有对于刑法规定的构成要件进行细化解释作用的司法解释也有关于中立帮助犯的规定。在生产、销售假冒伪劣商品犯罪及侵犯知识产权犯罪方面,明知他人实施上述犯罪而提供帮助的,成立帮助犯。例如:2001年最高人民法院、最高人民检察院(以下简称"两高")《关于办理生产、销售伪劣商品刑事案件具体应用法律若干问题的解释》第9条规定:"知道或者应当知道他人实施生产、销售伪劣商品犯罪,而为其提供贷款、资金、账号、发票、证明、许可证件,或者提供生产、经营场所或者运输、仓储、保管、邮寄等便利条件,或者提供制假生产技术

---

[2] 相关内容可以参见以下著作:马克昌主编:《犯罪通论》(第3版),武汉大学出版社1999年版,第549页;高铭暄、马克昌主编:《刑法学》,中国法制出版社2007年版,第201页;冯军、肖中华主编:《刑法总论》(第二版),中国人民大学出版社2011年版,第369页;黎宏:《刑法学总论》(第2版),法律出版社2016年版,第255、289页。
[3] 根据我国学者的统计,我国刑法分则涉及帮助犯正犯化的规定达34条之多,参见于冲:《帮助行为正犯化的类型研究与入罪化思路》,载《政法论坛》2016年第4期。

的,以生产、销售伪劣商品犯罪的共犯论处。"2004 年两高《关于办理利用互联网、移动通讯中断、声讯台制作、复制、出版、贩卖、传播淫秽电子信息刑事案件具体应用法律若干问题的解释》第 7 条,2010 年两高《关于办理利用互联网、移动通讯终端、声讯台制作、复制、出版、贩卖、传播淫秽电子信息刑事案件具体应用法律若干问题的解释(二)》第 4 条等。

类似的规定也存在于为赌博罪和诈骗罪提供帮助和便利条件的场合。例如:2005 年 5 月 11 日两高《关于办理赌博刑事案件具体应用法律若干问题的解释》第 4 条规定:"明知他人实施赌博犯罪活动,而为其提供资金、计算机网络、通讯、费用结算等直接帮助的,以赌博罪的共犯论处。" 2011 年两高《关于办理诈骗刑事案件具体应用法律若干问题的解释》第 7 条规定:"明知他人实施诈骗犯罪,为其提供信用卡、手机卡、通讯工具、通讯传输通道、网络技术支持、费用结算等帮助的,以共同犯罪论处。"

根据上述立法规定及司法解释,似乎无论是在一般的共同犯罪中还是在单独的帮助行为中,只要行为客观上对犯罪行为有帮助作用,行为人主观上也对此明知,该行为就成立帮助犯或按照帮助行为入罪的罪名定罪处罚。[4] "若认为只要明知对方的犯罪意图而实施了客观上促进他人犯罪的行为就成立帮助犯的话,无异于取消了中立行为的帮助的概念,将中立行为完全作为一般的帮助行为看待。"[5] 从上述立法及司法解释出发,似乎可以认为,中国刑法在中立帮助犯问题上采取了有别于德国刑法通说的限制处罚说的立场,采取了全面处罚说。行为人只要对他人的犯罪行为具有明知而提供帮助,即使这种帮助并未超出职业行为或商业行为的范围,也可能成立帮助犯。这一立场在司法判例中似乎也得到了贯彻。例如判例倾向于对明知他人邮寄发售大量盗版光碟,仍继续为其提供快件、邮递服务的行为人以非法经营罪帮助犯定罪[6],对为他人提供运输假冒伪劣香烟服务的司机以生产、销售伪劣产品罪的共犯论处[7],对明知他人欲实施盗窃而将其运送到作案地的出租车司机以盗窃罪的帮助犯定罪处罚[8],对明知

---

[4] 参见蔡桂生:《论帮助犯的要件及其归属》,载《北大法律评论》2015 年第 2 辑;车浩:《谁应为互联网时代的中立行为买单》,载《中国法律评论》2015 年第 1 期。
[5] 参见陈洪兵:《中立行为的帮助》,法律出版社 2010 年版,第 175 页。
[6] 参见《上海市人民检察院第二分院诉顾然地等人非法经营案》,载《最高人民法院公报》2005 年第 9 期。
[7] 参见广东省汕头市龙湖区人民法院刑事判决书(2012)汕龙法刑初字第 287 号。
[8] 参见河北省衡水市中级人民法院刑事判决书(2017)冀 11 刑终 57 号。

是作案的犯罪嫌疑人而为其提供住处或路费者以窝藏罪定罪[9]，对明知他人设置游戏机供赌博牟利而向其出租房屋的房东以赌博罪的共犯论处。[10]

但我认为，从立法与司法解释来看，除了 2001 年两高《关于办理生产、销售伪劣商品刑事案件具体应用法律若干问题的解释》将帮助者主观方面规定为"知道或者应当知道"被帮助者的犯罪行为，其他均要求"明知"。而我国司法判例也对认知程度掌握得比较严格，基本上是在帮助者对被帮助者行为的犯罪性具有上述认知程度时才判定帮助犯成立。因此，我国对中立帮助犯采取的并非全面处罚说立场，而是主观说的立场，我将其称为"明知说"或"确切认知说"。

二、学界观点

中国刑法学界通说基本上是在德日区分制或二元正犯体系下展开对共同犯罪的教义学研究。中国刑法中对帮助犯及中立帮助犯的研究，也基本是在移植相关德日共犯理论基础上展开的。

（一）全面否定说？

我国个别学者持所谓"全面否定说"，认为中立帮助行为对正犯行为的法益侵害结果不具有物理上和心理上的因果关系，对正犯行为的实施也不具有主观故意的心理，因而从责任主义原理出发，应否定中立帮助行为成立帮助犯，应作无罪化处理。[11]

该说认为，我国立法对于中立帮助犯原则上采取的是全面否定说，将《刑法》第 287 条帮助信息网络犯罪活动罪视为这一原则的例外。该说认为，《刑法》第 156 条为走私罪提供贷款、资金、账号、发票、证明，或者为其提供运输、保管、邮寄或者其他方便的，必须与走私罪犯通谋才成立走私罪共犯的规定，意味着无通谋的职业或商业行为不成立帮助犯。即使具有单

---

[9] 参见河北省衡水市中级人民法院刑事附带民事判决书(2001)衡刑初字第 31 号。《向犯罪分子归还欠款助其逃院的行为如何定性》，载《江苏法制报》，http://vip.chinalawinfo.com/case/print.asp?db=fnln&gid=117484933&is.2007-9-26，访问日期：2006 年 12 月 13 日。

[10] 参见黄从余、陈富盛：《明知房客开赌场仍出租房屋房东被认定为共犯》，载新浪中心新闻(http://www.sohu.com/a/126517755_572705)，访问日期：2019 年 9 月 25 日。

[11] 参见刘天：《中立帮助行为无罪论》，载《北京政法职业学院学报》2008 年第 1 期。

方面的明知,如果帮助行为本身没有超出法律所允许的职业或商业行为范围,并不成立帮助犯。例如《刑法》第350条第2款"明知他人制造毒品而为其生产、买卖、运输前款规定的物品的,以制造毒品罪的共犯论处",就是将超出日常职业或商业行为的提供制造毒品的原料或者配剂行为以帮助犯处罚的规定。[12] 但是,该观点以毒品犯罪的帮助犯为例,显然选择性忽视了上文所列举的司法解释。上述司法解释对于生产、销售假冒伪劣商品罪、侵犯知识产权犯罪、(牟利)传播淫秽物品罪等犯罪的帮助犯规定,显然并未将日常的职业或商业行为排除在帮助犯范围之外。显然,仅以《刑法》第156条与第350条第2款为依据认为我国立法采中立帮助犯全面否定说的观点有以偏概全之嫌。

上述论述颇具迷惑性:如果彻底贯彻所谓"全面否定说",一概否定中立帮助行为成立帮助犯的可能性,是否会导致可罚性漏洞,甚至鼓励行为人以日常的职业、商业行为为掩护为他人犯罪提供体系化的、规模化的帮助? 但根据上述所谓"全面否定说"的观点,其所否定的仅仅是不对正犯犯罪结果具有物理因果关系的中立帮助行为成立帮助犯,即反对将未制造或者提高法律禁止的风险的职业、商业行为作为帮助犯处罚,这似乎与限制处罚说的观点并不矛盾。该观点认为:或者成为可罚的帮助行为,或者是不可罚的中立行为,可罚的帮助行为必须完全具备帮助犯的成立条件,不可罚的中立行为就是所谓的中立帮助行为。[13] 可见,该观点所反对的实际上是"中立帮助犯"概念的歧义性,即:一个职业或商业行为如果是中立的——未制造或者提高法律禁止的风险,就不具有刑事可罚性,就不可能成立帮助犯。因此,中立的帮助犯概念中,中立是就行为表象而言的存在主义层面的概念,而不是规范意义上的就价值评判而言的法律概念,否则该概念就是一个自相矛盾的概念。

针对中立帮助犯(Neutrale Beihilfe)概念的歧义性,德国学者也提出了批判,认为这一概念不仅自相矛盾(中立与帮助犯是一对冲突的概念),而且本身就包含了规范评价倾向,通过暗示特定职业行为具有中立性给予其特殊的法律优待。[14] 故为了避免这一概念引起歧义,德国刑法目前多以"可罚的职业帮助行为"概念取而代之。

---

[12] 参见刘天:《中立帮助行为无罪论》,载《北京政法职业学院学报》2008年第1期。
[13] 参见刘天:《中立帮助行为无罪论》,载《北京政法职业学院学报》2008年第1期。
[14] Vgl. Niedermair, Straflose Beihilfe durch neutrale Handlungen?, in: ZStW 107 (1995), S. 507 f.; Rackow, Neutrale Handlungen als Problem des Strafrechts, Peter Lang 2007, S. 35.

因此，上述所谓"全面否定说"的观点实际上是限制处罚说中的客观说，即以客观归责理论的风险创设或升高标准对中立帮助行为进行可罚性限制。

(二) 限制处罚说

在澄清中立帮助犯概念的歧义之后，由于没有人会反对职业行为也可能成立帮助犯（争议的仅是在多大范围内成立帮助犯），对于中立帮助犯或可罚的职业帮助行为的立场实际上就仅剩下两种：全面肯定说与限制处罚说。与德国刑法的情况相同，我国大多数刑法学者主张限制处罚说。与德国刑法所不同的是，德国判例采主观说，即根据帮助者对被帮助者的犯罪行为是否具有促进意思作为处罚中立帮助犯的根据，而我国学者极少主张这种主观说，大多主张客观说或者主客观混合说。

1. 客观说

（1）风险创设或升高说

周光权教授近年改变了主客观综合说的立场，转向客观归责标准说[15]；他认为主客观综合说并不具有有效限定中立帮助犯成立范围的作用，对于明知他人实施杀人行为将其运送到目的地的出租车司机未必需要以帮助犯处罚。周光权教授主张应从贯彻刑法客观主义立场出发提倡根据客观标准进行中立帮助犯处罚范围的限制，根据客观归责理论审查中立行为是否创立、增设法所不容许的风险及风险是否实现，以判断是否满足帮助犯的客观不法构成要件，限制中立帮助犯的成立范围。

台湾地区学者林钰雄教授也提倡该标准，主张根据客观归责的"制造法所不容许的风险"与"行为人之特殊认知"标准判断中立帮助犯的成立与否。[16]

我国学者姚万勤将客观归责的具体规则适用于中立帮助犯的可罚性判断，认为若中立行为降低风险、未创设风险、风险未实现或者不符合规范保护目的等不满足客观归责规则情形，均不成立帮助犯。例如赵凤云寻衅滋事案[17]中，为滞留公安局闹事的丈夫送饭的妻子实施的是提供饮食、住

---

[15] 参见周光权：《网络服务商的刑事责任范围》，载《中国法律评论》2015 年第 2 期。
[16] 参见林钰雄：《新刑法总则》，中国人民大学出版社 2009 年版，第 362—363 页。
[17] 被告人宋亚斌、赵凤云（系夫妻关系）之子宋春涛被某公安局通缉，其父宋亚斌以不给宋春涛取消通缉就不走为由，在公安局政委办公室吃、住、小便，共滞留 9 日。其妻赵凤云在此期间多次为其送饭。法院判决被告人宋亚斌、被告人赵凤云构成寻衅滋事罪的共同犯罪，宋亚斌为主犯，赵凤云为从犯。参见黑龙江省五常市人民法院（2016）黑 0184 刑初 30 号刑事判决书。参见姚万勤：《中立的帮助行为与客观归责理论》，载《法学》2017 年第 6 期。

宿等类型化的日常行为,属于"并未创设法所不容许的风险"情形,即使客观上为丈夫的犯罪行为提供了帮助,也不构成帮助犯。上述观点虽然是运用客观归责的具体规则进行中立帮助犯界定的有益尝试,与周光权和林山田教授运用普遍客观归责的一般原理对中立帮助犯进行限定的观点相比,更加具体、细化,但遗憾的是对于未创设风险、未实现不被容许的风险等规则的理解不甚准确,各规则适用情形逻辑混乱,过于牵强。例如,将提供饮食、住宿等类型化的日常行为视为"并未创设法所不容许的风险"情形而将"房屋租赁""还债"等民事契约类型中的帮助行为视为"创设的风险未实现",令人不解。而认为出借手机供犯罪联络的情形视为创设风险是因为具有对犯罪的明知,但又认为出借手机是社会所容许的风险,明显自相矛盾,原因在于未能厘清客观归责的风险创设与特殊认知的关系:是否创设法所不容许的风险,需要结合行为人的特殊认知来认定。如果考虑帮助对被帮助者犯罪行为的认识这一特殊认知,即使外观上无害的职业、商业行为或日常行为,也因加功于被帮助的犯罪行为属于风险创设行为。上述观点对于提供饮食、住宿等类型化的日常行为,从不考察帮助者特殊认知,将其孤立于被帮助行为来看似乎没有创设风险,但对于"房屋租赁""还债"等民事契约类型中的帮助行为又考虑特殊认知,认为其创设了风险只是"创设的风险未实现",标准不一,逻辑混乱。

陈洪兵教授早期也提倡客观标准说,指出不具有侵害法益危险性的行为不符合帮助犯的客观要件,不具有帮助行为性,也不成立中立帮助犯,故将该观点称为"帮助行为性说"。而所谓帮助行为性则根据行为是否制造不被法允许的风险、基于利益衡量是否存在优越的利益、是否存在注意义务违反等,进行综合判断。[18]

德国学者也尝试从客观归责理论出发进行中立帮助犯可罚性限制,但倾向于将风险创设标准或风险升高标准细化为更具体的标准,如社会相当性说[19]、职业相当性说[20]、义务违反说[21]等。但是上述标准都无法成功对中立帮助犯范围进行妥当限定。社会相当性说不仅因标准模糊而广受诟病,而且该标准严重依赖行为背景,如果一个帮助行为导向犯罪结果,是否

---

[18] 陈洪兵:《中立的帮助行为论》,载《中外法学》2008年第6期。
[19] Murmann, Zum Tatbestand der Beihilfe, in: Jus 1999, S. 552.
[20] Hassemer, Professionelle Adäquanz-Bankentypisches Verhalten und Beihilfe zur Steuerhinterziehung, in: wistra 1995, S. 81 f.
[21] Ranisek, Pflichtwidrigkeit und Beihilfeunrecht in: wistra 1992, S. 43.

在社会历史制度中来看仍然是中性的即具有社会相当性的,本身恰恰是需要论证的问题。[22] 职业相当性标准虽然比前说更为细化,但由于与社会相当性理论一脉相承,因而也继承了后者的缺陷。此外,该说也无法回应为何对特殊职业在刑法上予以特殊优待的疑问。[23] 义务违反说代表人物阮思克(Ransiek)认为,义务违反不仅是过失不法的判断依据,也是故意犯包括共犯的判断依据。如果帮助者未违反法律上的义务,即使其帮助行为辅助了正犯行为也不构成帮助犯。

(2)替代因果关系说

黎宏教授反对从主观方面限制中立帮助行为可罚性的观点,认为帮助者对被帮助者犯罪行为的认识是成立帮助犯的前提,因此主观说与综合说尝试从帮助者对正犯行为是否具有认识及认识强度大小的角度限定中立帮助犯范围的尝试是没有意义的,应从客观方面将有该中立帮助行为与没有该中立帮助行为的情形进行对比,视该行为是否导致了构成要件结果的重大变更、是否增加了正犯侵害法益的危险或者强度而定。[24] 如果杀人犯在乘车时,除搭乘司机的车辆外没有其他交通选择或只有司机熟悉路线能够将杀人犯顺利送达偏僻的犯罪现场的,司机成立帮助犯;如果即便没有司机的运送行为,也会有其他司机提供运送服务的,难以认定该运送行为对杀人结果的发生具有重大影响。同样,五金店店主售卖刀斧的行为一般情形下也是可以替代的行为,但将刀售卖给正在激烈打斗的正犯使得正犯用刀将被害人杀死的,因受特定时空条件的限制,不能到远处寻找刀具,此时将刀卖给正犯,就等于改变了整个打斗行为的格局,使正犯的杀人行为变得轻而易举,使正犯结果发生了重大变化,因此,构成该故意杀人罪的帮助犯。再如,在网上公布自己开发的撬锁方法被他人用来入室盗窃;网上公布制造炸药的配方,被他人用来制造炸弹进行恐怖活动的场合,因提供的上述方法一般人无法掌握,公开这些方法使得潜在的盗窃、故意杀人行为便于实施,使正犯结果在出现的时间早晚或者严重程度上发生了重大变化,因而成立帮助犯。[25]

假定的替代因果关系问题在于,不能以经验层面的可替代性否定规范

---

[22] Vgl. Jakobs, Regreßverbot beim Erfolgsdelikt, Zugleich eine Untersuchung zum Grund der strafrechtlichen Haftung für Begehung, in: ZStW 89 (1977), S. 1, 5.
[23] Vgl. Tag, Beihilfe durch neutrales Verhalten, in: JR 1997, S. 49, 52.
[24] 参见黎宏:《论中立的诈骗帮助行为之定性》,载《法律科学》2012年第6期。
[25] 参见黎宏:《论中立的诈骗帮助行为之定性》,载《法律科学》2012年第6期。

层面的归责——即使他人或正犯自己实施类似的行为也能够导致结果发生,但这并不影响提供了帮助行为的帮助者规范意义上的责任;他人这么做会导致结果发生,并不意味着行为人这么做就可以不对他归责,因为同样会对实施替代行为的他人归责。

(3)利益衡量说

陈洪兵教授在2017年的论文中借鉴德国学者海芬德尔(Hefendehl)的观点,认为商品交易行为、日常生活行为一方面是公民的日常交易交往的自由行使,另一方面可能被他人利用实施犯罪侵害法益,因此需要在公民行动自由与该行动可能侵害的法益之间权衡,只要不违反相关法律、法规和行业规范的要求,行为人就不负有法益保护义务与危险源监督义务,此时应当尊重和保护公民的交易交往自由,不将这种行为视为帮助犯。[26]

但是,上述所谓利益衡量说试图通过否定法益保护义务与危险源监督义务否定这些情形下成立帮助犯,但否定法益保护义务与危险源监督义务仅能否定保证人地位,此时不实施防果行为可能成立不纯正不作为犯罪,并不意味着行为人可以实施积极的行为促进该结果的发生。该观点将不作为犯罪与帮助犯混为一谈,犯了偷换概念的逻辑错误。另外,陈文对于中立帮助犯类型化的分析也并未贯彻利益衡量观点,并非从中立帮助行为所侵害的利益与公民行动自由的对比入手进行论证,而是认为商品市场允许交易的行为因并未制造不被法所容许的危险不成立帮助犯,实际上仍是沿用其早先的观点即风险创设标准。

海芬德尔的利益衡量说并不能令人信服。在利益衡量时,帮助行为结合正犯行为所侵犯的法益往往是具体的法益(例如生命权、健康权、财产权),但禁止帮助行为所限制的行动自由或者反过来说帮助行为所体现出的行动自由却是一般性的、普遍的,如何在具体的法益与一般化的权利之间进行比较与权衡?利益衡量说所衡量的利益之间根本不在一个层级。正如德国学者昂考尔的批判,这种具体与一般利益之间的衡量包含违法性价值判断的视角,不适合于犯罪论中探讨。[27]

2. 主客观综合说或主观说?

我国学者周光权早期提倡主客观综合说[28],认为日常生活行为是否

---

[26] 陈洪兵:《论中立帮助行为的处罚边界》,载《中国法学》2017年第1期。
[27] Rackow, Neutrale Handlungen als Problem des Strafrechts, Peter Lang 2007, S. 222.
[28] 参见周光权:《刑法总论》,中国人民大学出版社2007年版,第326页。

可能成立帮助犯,取决于客观上行为是否具有明显的法益侵害性和主观行为人是否对他人可能实行犯罪有明确认识,即是否存在片面的帮助故意。此外,张明楷教授也提倡主客观综合说。[29]

上述综合说与德国学者罗克辛提倡从主观方面与客观方面综合判断中立行为成立帮助犯可罚性的综合说具有理论上的亲缘性。罗克辛认为:帮助者对正犯的犯罪意图具有明确认知的情形下,应将帮助行为是否具有明确的犯罪关联性(ein eindeutiger deliktisrher Sinnbezug)作为帮助犯成立的标准。此处的明确的犯罪关联性是指,帮助行为仅仅意味着正犯所计划犯罪的条件,而且帮助人也知道这一点。第二种情形即帮助者仅认识到他人利用自己的行为实施犯罪的可能性时,原则上适用信赖原则否定帮助行为成立帮助犯的可能性,除非正犯行为人存在明显的犯罪倾向(Tatgeeigneit),即事实根据表明帮助行为具有极大可能为正犯利用实施犯罪时才肯定帮助犯的成立。[30]

陈洪兵教授认为,罗克辛教授从行为人的主观认识程度出发考察中立帮助犯的处罚性,应归入主观说更能凸显主观说与客观说的分歧。相应地,他将张明楷、周光权教授的观点也归入主观说。[31] 实际上,在罗克辛那里主观方面仅是对中立帮助犯进行客观限定的起点,不同主观方面采取不同的限定标准,即在对正犯犯罪计划有明确认识时帮助行为须具有犯罪意义关联性,在间接故意时即仅认识到正犯犯罪计划的可能性时,正犯行为须具有明显的犯罪倾向(Tatgeeigneit)。在不承认过失共犯的前提下成立帮助犯本就需要帮助故意,上述观点并未对主观方面提出更多的要求,因而并不是从主观角度限定中立帮助犯的主观说。

德国刑法中的主观说是指仅从主观方面限制中立帮助犯可罚性的观点,主要有促进意思说与间接故意排除说两种。前者为德国早期判例[32]及少数学者[33]所采,该说仅在中立帮助者对正犯行为具有促进意思时才肯定帮助犯,即要求帮助者除认识因素还需要有足够的促进或支持正犯

---

[29] 参见张明楷:《刑法学》(第5版),法律出版社2016年版,第425页。
[30] Vgl. Roxin, Strafrecht AT, Band II, 2003, §26 Rn. 218 ff.; Vgl. Roxin, Was ist Beihilfe?, in: FS-Miyazawa, 1995, S. 516.
[31] 参见陈洪兵:《论中立帮助行为的处罚边界》,载《中国法学》2017年第1期。
[32] Vgl. RGSt 37, 321 ff.; Jäger, Urteilsanmerkung (Strafbarkeit von Bankangestellten wegen Beihilfe zur Steuerhinterziehung), in: wistra 2000, S. 342.
[33] Vgl. Hoyer, in: SK-StGB Kommentar, Band I, 9. Aufl., 2017, §27 Rn. 29 ff.

的意志因素。例如,律师、银行工作人员等即使知道客户可能实施犯罪活动而提供服务也不成立帮助犯,必须具有通过自己的行为支持他人犯罪行为的意思时才构成帮助犯。尤其在职业或商业行为中,仅认识到他人利用自己的行为实施犯罪并不意味着具备上述意志因素,必须予以积极证明。间接故意排除说[34]认为,客观上任一种服务都有被他人滥用实施犯罪的可能,一概论以帮助犯将极大阻碍商业交易,故提供职业或商业服务者仅在对接受服务者实施犯罪有明确认识的情形下成立帮助犯,在对后者犯罪计划具有间接故意时不成立帮助犯。与普通的帮助犯不同,正常职业范围内履行职业行为不成立帮助犯,除非有确切证据证明其对他人利用自己的职业行为实施犯罪具有明确的认识。例如,售卖刀具的商人虽然得知邻居欲杀死他的妻子仍向其售卖刀具。

值得注意的是,上述真正的主观说立场在我国学界几乎没有追随者。可能的原因是,我国学界晚近偏爱结果无价值的立场,将主观说视为具有主观归罪的嫌疑而有意排斥。[35]

三、中立帮助犯的妥当限制:主观说

(一)客观说之缺陷

一般性地以客观归责理论的风险创设及实现规则证立中立帮助犯可罚性的尝试注定是徒劳的,原因有二:

其一,类似观点忽视了中立帮助犯归责的从属性。对于结果归责而言,创设法所不容许的风险并实现风险的是正犯行为而非帮助行为,帮助行为只能依附于正犯行为的上述归责链条从属性地引起结果。帮助行为与正犯行为结合共同引起了法益侵害结果的产生,从等价性因果关系角度来看

---

[34] Amelung, Die‚Neutralisierung' geschäftsmäßiger Beiträge zu fremden Straftaten im Rahmen des Beihilfetatbestands, in: FS-Grünwald, 1999, S. 9,23 f.; Otto, Vorgeleistete Strafvereitelung' durch berufstypische oder alltägliche Verhaltensweisen als Beihilfe, in: FS-Lenckner, 1998, S. 193, 213 f.

[35] 参见陈洪兵:《论中立帮助行为的处罚边界》,载《中国法学》2017年第1期,陈文认为考虑中立帮助行为人的主观方面,恰恰是我国理论与实务长期存在的不严格区分违法与责任,"在客观要素不能确定或者并不符合构成要件的情况下,考虑行为人有无故意、过失:如有,则反过来认为客观要素已经具备"的整体考察的惯性思维的体现。

帮助行为也是结果发生的条件或原因,但并不能被单独归责。[36] 孤立地以风险创设或升高标准界定中立帮助行为的可罚性没有意义,应当审查的是帮助行为本身的风险创设与实现情况。另一个路径是探讨帮助行为是否升高了正犯的风险。但这恰恰是难题之所在:如果帮助行为为正犯行为提供了某种便利,就促进或升高了正犯的风险——使得正犯行为造成的法益侵害提前发生或者提高法益损害程度。因此,促进或升高正犯的风险标准并不是对提供帮助行为所提出的额外的标准,实际上是一种同义反复或者循环论证。[37] 除非帮助者故意提供支持使得正犯利用其支持降低法益侵害程度,即帮助行为降低正犯风险的情形。其二,一般来说,中立的帮助行为从外观上来看恰恰是法律所容许的行为,并未创设法所不容许的风险,但由于客观归责考虑行为人特殊认知,则帮助者在认识到正犯犯罪计划时仍然为其提供帮助就创设了法所不容许的风险并且结合正犯行为促成该风险实现。无论是一般性的法律所允许的风险标准,还是社会相当性、职业相当性、犯罪意义关联等标准,都无法解决在个案中风险判断与法律或行业准则相悖的情形:一个符合法律或行业准则的行为在具有对正犯计划特殊认知时就是一个对法益有风险的行为。观察视角的不同使得中立帮助行为的意义发生偏差:从外部视角观察的中立无害的行为,如果从内部视角即行为人视角来看,却是一个可能导致法益侵害的犯罪行为。

从客观方面寻求中立帮助犯的可罚性依据以限制其范围的努力是失败的。一般来说,中立帮助行为从外观上来看是法律所容许的行为,也是具有社会相当性、职业相当性的行为,明显具有违法性或违反职业、行业规则的行为,也因丧失其中立性而与普通的帮助犯行为无异。中立帮助犯探讨的恰恰是那些从外部观察符合法律或职业规则但结合正犯行为侵害法益的行为。从客观归责理论角度来看,虽然中立帮助行为外观无害,但如果考虑行为人对被帮助者犯罪计划的特殊认知,就创设了法所不容许的风险。因此,如果不考虑行为人特殊认知,则大部分中立帮助行为都是法律所允许的,因而不可被归责,这就排除了真正有探讨意义的中立帮助情形,例如只

---

[36] Maiwald, Zur strafrechtssystematischen Funktion des Begriffs der objektiven Zurechnung, FS-Miyazawa, 1995, S. 480; Rackow, Neutrale Handlungen als Problem des Strafrechts, Peter Lang 2007, S. 88 f.

[37] 在这里,事实上的因果关系与归责判断是同一的,只要帮助行为事实上加功于正犯行为,就可以视为促进了正犯的法益侵害。因为在帮助者对被帮助者的犯罪行为有主观认知的情形下,对这样的行为的促进就是法规范不允许的,可以被归责。

将不符合职业规范的帮助行为作为帮助犯处理；如果考虑行为人特殊认知，则所有的帮助行为都会导致法益侵害因而是法律所不容许的（法律禁止通过自己的行为导致法益侵害）。

（二）主客观综合说的缺陷

罗克辛的主客观综合说也存在明显的缺陷，在德国也引起广泛的批判。

第一，标准不明确，循环论证。何为犯罪意义关联，如果认为帮助行为对于正犯来说只对其犯罪行为有意义，才是具有犯罪意义关联，则帮助犯成立门槛就会更高，因为许多中立帮助行为都对正犯具有犯罪之外的意义。[38] 正如阿梅隆（Amelung）所举出的例子，某人借斧头可能先敲碎其妻的脑袋再用它在墙上钉钉子。如果认为犯罪意义关联包括犯罪和非犯罪目的，则该标准就失去明确性。正如金德霍伊泽尔（Kindhaeuser）[39] 质疑这种意义上的犯罪意义关联标准不过是对帮助犯规定的同义反复，即帮助犯必须是对违法行为的促进。使用该标准就使得帮助犯的成立取决于正犯内心的利用目的，即是否仅利用该帮助行为实施犯罪，也会给帮助犯的刑事侦查及证明带来难题。在间接故意情形下所要求的正犯行为具有犯罪的可识别性，实际上就是指对正犯行为的认识，因为中立帮助情形大多涉及匿名的交往，除非认识到犯罪计划，否则正犯行为很难具有犯罪识别性。

第二，违反实定法。《德国刑法典》第 27 条关于帮助犯的规定并未区分正犯犯罪行为的明确故意与间接故意，因此进行上述区分并无法律依据。

第三，两标准之间具有逻辑上的矛盾。对正犯犯罪计划明知时要求帮助行为具有犯罪意义关联，但间接故意时却仅要求正犯行为具有犯罪的可识别性，对帮助行为本身并不作要求。难以理解的是，为何在间接故意时对帮助行为的客观限制反而要低于直接故意？

综合说内部并没有统一的逻辑主线，究竟是以何种统一的可罚性依据进行上述限制，罗克辛似乎并未给予合理说明。对正犯犯罪计划明知时提供帮助，就对促进法益侵害在内心进行了决断并且也通过帮助行为付诸客观实现，此时再附加犯罪意义关联标准才肯定帮助犯，实际上不符合其一贯将刑法视为法益保护法的立场。由于客观上任一种行为都有可能被滥用于犯罪，无论是否认识到该被滥用的可能性，对于法益保护来说并不会产生影响，法益保护的概率并不因认识到滥用可能性与否发生改变。实际上，在明

---

[38] Vgl. Rackow, Neutrale Handlungen als Problem des Strafrechts, Peter Lang 2007, S. 144 ff.
[39] Vgl. Kindhäuser, Zum Begriff der Beihilfe, in: FS-Otto, 2007, S. 358 f.

知犯罪计划与犯罪行为具有可识别性而提供帮助之间,并不存在认知层面的差别空间。因此,罗克辛的信赖原则在间接故意情形下应当贯彻到底:一律排除成立帮助犯的可能性。

(三) 主观说之提倡

如上所述,不能以适用于正犯的一般的客观归责原理对中立帮助犯进行归责,需根据帮助犯对于结果引起的从属性进行归责判断。本文舍弃以风险创设或升高标准界定中立帮助行为的可罚性的做法,提倡根据帮助行为本身的风险创设与实现对其归责。

德国学界主观说概有以下两说:早期判例[40]及文献[41]主张促进意思说,该说要求帮助者仅认识到正犯犯罪计划还不足以成立帮助犯,还需对正犯犯罪行为具有积极促进或支持的意思。但何时能够认定帮助者具有促进意思,该说并没提出明确的标准。间接故意排除说仅承认帮助犯在对正犯犯罪行为具有直接故意时的可罚性,理由在于:其一,中立帮助犯相对于普通帮助犯而言遵守外部法律规范因而应当受到法律上的优待[42];其二,仅禁止直接故意的帮助犯不会导致打击面过宽,以至于干扰正常的商业秩序。[43]

上述根据更偏向于为主观说提供刑事政策上的正当性,未能从归责角度进行妥当的可罚性论证。由于典型的中立帮助行为在客观上并没有逾越法律或职业规范,因此从客观方面进行风险创设与风险实现的归责考量没有意义,昂考尔等人提倡从帮助者的特殊认知角度入手进行主观方面的归责论证及限制。[44]根据客观归责理论的特殊认知原理,虽然从客观方面来看中立帮助者并未创立法所不容许的风险,但如果考虑其特殊认知,即中立帮助者认识到自己的行为可能被他人用于犯罪仍提供帮助,则创立了法所不容许的风险。但从帮助行为时点来看,该帮助行为的风险与正犯的风

---

[40] Vgl. RGSt 37, 321 ff.

[41] Vgl. Baumgarte, Die Strafbarkeit von Rechtsanwälten und anderen Beratern wegen unterlassener Konkursanmeldung, in: wistra 1992, S. 41, 43 ff.; Tag, Beihilfe durch neutrales Verhalten, in: JR 1997, S. 49,50.

[42] Vgl. Otto, ,Vorgeleistete Strafvereitelung' durch berufstypische oder alltägliche Verhaltensweisen als Beihilfe, in: FS-Lenckner, 1998, S. 193, 213 f.

[43] Vgl. Amelung, Die ,Neutralisierung' geschäftsmäßiger Beiträge zu fremden Straftaten im Rahmen des Beihilfetatbestands, in: FS-Grünwald, 1999, S. 9, 23.

[44] Vgl. Rackow, Neutrale Handlungen als Problem des Strafrechts, Peter Lang 2007, S. 102 ff., m. w. N.

险并不是同一个风险,仅是以自己的行为促进正犯行为风险实现的风险。在帮助者对正犯的犯罪计划具有确定的现实认识时仍提供帮助行为,就加入了对正犯行为的风险实现之中,或者帮助行为创设的风险与正犯创设的风险发生了融合,二者在此时合并为同一个风险:在确定他人犯罪行为时提供帮助等于在主观上和客观上认同了正犯行为的风险创设。由于风险已经发生融合,因此正犯风险的实现就等于帮助行为风险的实现,此时可以对帮助行为归责。如果帮助者仅认识到正犯可能实施犯罪时提供帮助行为,此时帮助行为风险的实现取决于正犯是否实施犯罪行为,而正犯是否实施犯罪行为并非帮助者能够控制,因此帮助行为创设的风险与正犯创设的风险仍然是两条平行的风险链条,在正犯实施犯罪计划的情形下这两条风险链条只是在自然的因果关系上发生交叉,但并没有发生规范意义上的交叉或者融合。因此,即使正犯行为引起了法益侵害结果,但该结果在规范的意义上并不是帮助行为创设的风险及其实现。

四、结语

综上,对于中立帮助犯的可罚性的证立及限制只能落脚于主观方面,其只有在帮助者对正犯的犯罪行为具有确切的现实的认识即明知时才肯定归责。本文赞同德国学界主观说中的间接故意排除说,仅认可中立帮助者对正犯犯罪行为具有直接故意时的可罚性,该说也相当于我国立法及判例中的通说"明知说"。而促进意思说无法说明何时可以认定帮助行为对正犯行为的促进意思,故为本文所不采。主观说所受到的主要批判是,该说将可罚性取决于帮助者的内心意思,因而是"思想刑法"。[45] 但正如德国学者阿梅隆(Amelung)对该批判的回应[46]:在明知正犯实施犯罪行为时仍然提供帮助,不仅显示了法敌对思想,而且以其帮助行为现实地共同引起了法益侵害后果。因此主观说的处罚依据并非是邪恶的思想,而是因为在对正犯犯罪计划具有现实的确定的认知时向其提供帮助,即对正犯行为风险具有现实认知时以自己的行为加入了这种风险,或者说通过帮助行为创设了自己行为被滥用的风险并实现该风险。

---

[45] Tag, Beihilfe durch neutrales Verhalten, in: JR 1997, S. 51; Frisch, Tatbestandsmäßiges Verhalten und Zurechnung des Erfolgs, C. F. Müller 1988, S. 298.

[46] Vgl. Amelung, Die 'Neutralisierung' geschäftsmäßiger Beiträge zu fremden Straftaten im Rahmen des Beihilfetatbestands, in: FS-Grünwald, 1999, S. 25.

主观说面临的另一个批判是证明难度的问题。本文认为,如果承认中立帮助犯是一个教义学上的必要的概念并给予一个教义学上逻辑一致的证立及限制,只有明知说或确切认知说这种主观说的选择。主观说的证明难度问题是程序法上的问题,在所有犯罪中都会存在,这并不是中立帮助犯所特有的问题,本文不打算就此展开论述。无论如何,这并不能构成反对实体法上的主观说的理由。

[单元评议]

〔德〕约翰内斯·卡斯帕*

对"中立帮助犯的可罚性"的评论

译者:唐志威**

正如本会议系列多年来以模范的方式所实践的那样,所谓的"中立帮助犯"是一个适合比较法交流的绝佳主题。中立帮助犯所涉及的是一个与许多基础问题息息相关的特殊问题,其中既包括了基本权利对于限缩帮助犯可罚性或处罚根据的意义,又包含了在此语境下归责权衡的意义。王莹教授与库德利希教授(Hans Kudlich)对于观点聚讼准确简明的总结,不仅展示了各种被提倡观点的复杂性和多样性[1],还展示了我们距离此问题获得广泛共识的解决方案还有多远。[2] 众所周知,提出该问题(中立帮助犯)是否一个问题时,就已经是一个问题了!

令我感到十分有趣的是,虽然中国的正犯与共犯规定具有不同的规范出发点,但是对于该主题的许多讨论却部分地与德国的讨论行走在十分相似的轨道(ähnlichen Bahnen)上。两个主报告也同时展示了该主题并不是教义学意义上的"玻璃珠游戏",而是具有实践上的重要性(praktische Rele-

---

* 德国奥格斯堡大学法学院刑法学、刑事诉讼法、犯罪学与制裁法教席教授。
** 德国慕尼黑大学法学院博士研究生、北京大学法学博士。

[1] 观点总结可参见:Hillenkamp/Cornelius, 32 Probleme aus dem Strafrecht Allgemeiner Teil, 15. Aufl. 2017, 28. Problem; Roxin AT II, 2003, § 26 Rn. 218 ff.;专著可参见例如 Wohlleben, Beihilfe durch äußerlich neutrale Handlungen, 1996; Kudlich, Die Unterstützung fremder Straftaten durch berufsbedingtes Verhalten, 2004; Rackow, Neutrale Handlungen als Problem des Strafrechts, 2007。

[2] Vgl. Roxin AT II, § 26 Rn. 219.

vanz)。[3] 正如王莹教授所展示的,中国立法者正尝试通过制定特殊规范的方式,在新技术领域对"提供商(Lieferanten)"以及其他服务提供商的可罚性进行明文规定。在此,典型的帮助行为被认定为正犯的实行行为,但是仅在(帮助者)对主犯罪行为(Haupttat)存在"认识"时才进行处罚。从德国法的角度来看,这里相较于《德国刑法典》第 27 条在未必故意情形下已经可以处罚帮助行为而言,构成一个减轻。如果将上述特殊规定认为是相较于《德国刑法典》第 27 条而言具有优位性和决定性的规定,那么当人们想要至少在特定领域将未必故意从中立的帮助行为中排除出去时,这或许是一种可设想的立法技术(Gesetzgebungstechnik)。但是在我看来,就本次主题而言,王莹教授同时提到的有关产品造假行为的"司法解释"并不是一个值得推荐的模式。在该司法解释中,只要行为人对主犯罪行为(即正犯行为)具有认识,或者在应当认识的场合,便已经可以承认其作为"帮助犯(Gehilfen)"的可罚性。从本质而言,这将使"过失帮助犯(fahrlässigen Beihilfe)"的形式成为可能。虽然使用"过失帮助犯"概念或多或少可能解决中立帮助犯的问题,但是(该方案)采用笼统扩张可罚性的方法,同样也是误入歧途。

换言之,我们首先还应当停留在传统的教义学的方法中,并从中发展出一项解决方案。但这似乎就是问题所在。鉴于有关中立帮助犯不同观点的多样性,可以发现,显而易见我们不可能简单地从一般不法或归责学说中以演绎的方式推导出恰当的刑法处理方案。这也进一步展示了,我们对于解决这样的基础理论问题(Grundlagenfragen)很难找到立足之地。我想通过此次会议的契机再一次明确强调(我的想法),在与来自中国的同行交流的过程中,他们对于基础理论问题的浓厚兴趣一次又一次地给我留下深刻印象,并使我深受启发。他们不但对德国刑法的教义学结构具有令人钦佩的深入认识,还对德国刑法学的历史源流了如指掌。

在我看来,库德利希教授开诚布公地指出,在我们的主题内,"法感情(Rechtsgefühl)"也扮演了一个(重要)角色。这虽然很少被提及和讨论,但是我认为,我们不应该低估这些直觉作为法学和教义学发展发动机的影响。只要人们在此将其限制在(宪法)法律自身所设置的界限内,那么这也并非

---

[3] 参见 Kudlich NStZ 2018, 329。德国判例可参见例如 BGH NStZ-RR 1999, 184; BGH NStZ 2000, 34; BGH NJW 2001, 2409; BGH NZWiSt 2014, 139; BGH NStZ 2017, 337; BGH StV 2018, 19 以及 StV 2018, 20; BGH NStZ 2018, 328。

是错误的。相反,例如在外界看来"中立的"行为,其可罚性在许多人(虽然不是所有人)看来过于严苛,这样的具体的事实现象实际上是一块检验我们目前抽象、一般化的教义学结构是否具备获取正确解决方案能力的试金石。对此,恩吉施(Karl Engisch)曾经用他著名的"目光不断往返"[4]形象生动地描述了生活的现实现象是如何在法律规范之下进行涵摄的过程中改变法律规范的。同时,法律判决符合民众的"正义观念"并非自我目的;事实证明,这对于巩固(民众)对法制度的信任以及对于规范的遵守都具有重要的作用,例如美国对此便进行过令人印象深刻的研究。[5] 就此而言,这样的实证研究将会是异常有趣的,即在实证研究(empirischen Untersuchung)的框架内查明,是否大多数民众在处罚"中立"帮助犯问题上也持有缺少应罚性或者对应罚性持保留态度的观感。

有关是否存在对于限制的需求(Bedarf für eine Einschränkung)的问题,许多学者都已经进行了具有说服力的研究,其中首先便包括库德利希教授,对此他强调了这个语境下经常被忽视的基本权利(Grundrechte)的重要性,在我看来这是有道理的。[6] 这个问题我也在2014年出版的教授资格论文中结合比例原则一般性地进行了深化。[7] 将一些职业行为的实施规定为可罚的禁止规范,不仅侵害了《德国基本法》第2条第1款中的一般行为自由,还同时侵害了《德国基本法》第12条第1款所规定的职业自由。较大的可罚性风险可能会束缚自由权利的使用以及社会生活,而且恰好还会发生在那些本身并不可罚的情形中,在这些场合,行为人仅仅因为对可罚性的担忧而在一定程度上预防性地限制了其基本权利的行使;人们将此一般性地称为通过预先设置国家强制措施或者制裁而产生威慑的"寒蝉效应(chilling effect)"。在(与本问题)略微不同的语境下,德国联邦宪法法院晚近的判例也对此进行了反复强调。[8] 有观点认为,一个可罚行为已经不属于职业自由的保护范围。[9] 基于规范位阶上的理由,这样的论证注

---

[4] Engisch, Logische Studien zur Gesetzesanwendung, 3. Aufl. 1963, S. 15.
[5] Vgl. Robinson, Intuitions of Justice and the utility of desert, 2013; ders., in: Kaspar/Walter, Strafen im Namen des Volkes?, 2019 (im Erscheinen).
[6] Kudlich 2004, 268 ff. 以及早前 ders., JZ 2003, 127 ff.。
[7] Vgl. Kaspar, Grundrechtsschutz und Verhältnismäßigkeit im Präventionsstrafrecht, 2014.
[8] 参见 BVerfGE 121, 1 (Rz. 148 und 155);进一步的证明参见 Gärditz, EuGRZ 2018, 6, 13。
[9] 这样的观点可参见例如 Beckemper JURA 2001, 163;对此讨论可整体参见 Kaspar 2014, 357 ff.。

定是失败的,因为如果上述方式行得通的话,那么一般法律的立法者(der einfache Gesetzgeber)便可以通过创设一个刑事规范的方式来处理基本权利的保护范围。此外,这样的论证理由还是循环论证,因为争议行为的可罚性正是有疑问以及争议点所在。

如果要对刑法上的禁止进行合比例性审查(Verhältnismäßigkeit des strafrechtlichen Verbots),那么在讨论(刑法)禁止对于预防性保护法益是否恰当的问题、特别是面对本文所谈及"日常性"帮助行为时,应当特别注意:(主犯)行为人通常并不依赖于(他不信任的、甚至可能是对他存在恶意的)帮助者促进其犯罪行为的实施;潜在的谋杀犯也可以在附近的商店买到厨房刀具;可以借鉴组织支配[10]案件中的术语称其为可替代性(Fungibilität),或者说帮助者的可置换性(Austauschbarkeit des Gehilfen),这虽然并不必然能够排除可罚性[11],但不免使人怀疑,可罚性背后的(刑法)禁止是否有足够的预防效果。该规范如此微弱的预防性效用会在狭义比例性,也就是均衡性(Angemessenheit)的层面凸显出来。[12] 即使人们认为设置这样的可罚性不存在硬性的违宪(harte Verfassungswidrigkeit),有关基本权利的研究也仍然说明应当在受到质疑、确实"中立"的案件中对可罚性进行限制。在此,人们不应将此论证理由限制在职业自由的范围内,而是必须审查其他领域的基本权利行使是否也应当成为限制可罚性的理由,例如在发表言论从表面来看无害,但是——发表言论者知悉或可以知悉——其可能被他人理解为鼓励实施犯罪的言论的场合。

但是现在的问题是,什么才是我们今天讨论的所谓"中立"行为呢?一个得到各方认可的定义并不存在;并且,与之相关的关键词也很难具有区分性。[13] 如果一个行为在刑法意义上真正是"中立的"话,那么其本来就没有应罚性。此判断只能是相应检验的结论,而不应是前提。王莹教授也正确地强调了这点。即使我们不使用"中立"行为,而将其称作"日常的""社会相当的"或者"职业相当的"行为,也并不会带来更多的明确性。当

---

[10] 对此仅参见 Roxin AT II, § 25 Rn. 107 ff.。
[11] 在此并不能基于合法替代行为来一般性地排除归责,因为犯罪行为只有在人们加入考虑代理人的帮助行为(Stellvertreter-Gehilfenhandlung)时,犯罪行为才可以在排除考虑争议帮助行为的场合以相同的方式实施。部分作者所提出的反对意见也是如此解释的,此处将构成以不被允许的方式来考虑假定的替代原因。
[12] 参见 Kudlich JZ 2003, 127 ff.; Kaspar 2014, 432。
[13] 参见 Jäger wistra 2000, 345。

然,这种表述至少能更好地表达这样一种感觉,即我们在此语境下探讨的是看上去"普通的""典型的"事件,而似乎并不存在应罚性。在此必须首先加以说明的是,为何一个事件具有"普通性"这一事实会具有规范上的重要性?为什么应当认为这里(即使它是职业性的活动!)出现了一个可疑的、且应罚的行为?[14] 此外,除了法律明文规定的职业条款以外,这里并不存在一个直接民主的正当性。就此而言,我对王莹教授的观点也持怀疑的态度,即与此相反,是否真的在所有违反职业规定的场合都能构成可罚的帮助。

除此之外,在很大程度上结论明显还取决于评价者对案情的抽象程度和认识状况。对个案中的具体情状进行不同程度的省略,几乎可以将所有的帮助行为转化为"中立"帮助行为。某人用汽车将一名熟人带到银行,该行为再中立不过了。但是如果他知道,该名熟人要抢劫银行的话,那么其行为的性质便发生了变化,对此我们便不再倾向于将其称为"中立的""日常的"事件经过。当然此处的问题仍然存在,即是否应当同时考虑例如帮助者故意等纯粹主观要素?我认为应当,因为要对行为作出不法应罚的评价时,故意似乎是一个基本的要素;故意参与塑造了行为在刑法上的意义。由此,故意也必须在排除不应罚案件的问题上受到重视。对此,我赞同德国判例的观点,即认为客观上并不存在中立行为这样的称谓,因为任何行为都可以被放置"刑法的语境"之中。[15]

就此而言,与王莹和库德利希教授相同,我认为纯粹的客观说(rein objektiven Lösungen)并不具有说服力,原因既在于其标准并非确定、充分,还在于我们不能在不考虑主观要素的前提下就对一个行为的不法质量或可归责性进行相应评价。即使人们采用"社会相当性"或者"职业相当性"的学说,在我看来也仍然不能够忽略主观要素。相同地也还适用于罗克辛(Claus Roxin)提倡的认定"容许风险"的解决方案。罗克辛也希望依据行为人的故意内容来认定是否已经超出了容许风险的范围。[16] 另外我也深信,主观要素同时也对前面提及的大众法感情问题具有相当的重要性。

因此,我认为,德国联邦最高法院遵循罗克辛区分直接故意与未必故意的观点,是解决问题的恰当基础。但是,这也不能掩盖该方案的诸多薄弱之

---

[14] Vgl. Roxin AT II, § 26 Rn. 233.
[15] 参见 BGHSt 46, 107; BGH NStZ 2017, 337, 338; BGH StV 2018, 20。
[16] Vgl. Roxin AT II, § 26 Rn. 245 f.

处。[17] 首先,该方案的薄弱之处在于,相关判断的基准点是不明确的。[18] 或者说,在此存在两种不同的变体方案,但德国联邦最高法院并未对此详细说明。例如,在许多判决中,德国联邦最高法院只是使用相同的措辞提出,当主犯行为人的行为"仅仅"以实施一个可罚行为为目的,且帮助者对此知情,那么便可以成立帮助犯。现在,作为此前方案的变体,判决则表述为:"相反,假设帮助者并不知道,主犯行为人将如何利用由其承担的贡献时……"。在此,即使联邦最高法院(只是)简单地通过"相反"一词转换了基准点(Bezugspunkt einfach austauscht),还是暗示了两种案件情形之间的补充性关系:前一基准点是犯罪实施行为本身,而后一基准点则是利用帮助者的贡献。这两个基准点并非是相同的!此时迫切需要澄清的是,(在必要情形下要求更高的)帮助者的故意是否必须涵盖所有两个组成部分?亦即,除主犯行为实施以外,帮助者的故意是否还必须包含利用帮助者对主犯行为实施的贡献?[19] 只有这样才能满足双重帮助故意的一般要求。

判例的表述也造成了许多困惑,即根据判例,主犯行为人必须"仅仅(ausschließlich)"以实施一项犯罪行为为目的。显而易见,这里的表述过于狭隘。[20] 因为,该判断当然并非取决于正犯是否将从帮助者处借来的斧头"仅仅"用于杀人,或是他之后还将斧头用作"双重用途"而用于砍树。[21] 这里实际上是判例对罗克辛所发展的"犯罪意义关联(deliktischer Sinnbezug)"标准的缩减和误读。因为罗克辛还额外区分了直接获得帮助者支持的行为和仅仅间接受到支持的后续行为。(在使用斧头杀人的案例中)如果具体、直接获得支持的行为具有纯粹的犯罪性特征的话,那么罗克辛明确提出,帮助工具其他用途的使用并不重要![22] 只有在直接获得支持的行为是合法的场合,罗克辛才希望继续区分,对主犯罪行为人(正犯)而言,即使在其未实施后续主犯罪行为的场合,该合法行为是否仍然是有意义及有帮助的。例如在委托工匠的场合,工匠在完成委托事项后并没有对收入进行缴税,便符合该情形。

---

[17] 对该方案积极评价的相反观点参见 Jäger wistra 2000, 345:"明确的标准"。
[18] 参见 Schörner/Bockemühl StV 2018, 21.
[19] 例如可参见 Kudlich 2004, 534;对此持肯定观点 Kühl, Strafrecht AT, 8. Aufl. 2017, § 20 Rn. 222c。
[20] 参见 Kudlich NStZ 2017, 340 以及 ders. NStZ 2018, 330。
[21] 例如迈瓦德所提出的反对意见:Maiwald ZStW 93 (1981), 890。
[22] Vgl. Roxin AT II, § 26 Rn. 222.

在行为"中立"的帮助者并不具备明知的场合,会遇到的问题是,相较于传统对未必故意的审查,判例在此是否确实提出了更高的要求?[23] 如果人们严肃对待"有意地容认(billigendes In-Kauf-Nehmen)"的话,那么此时在(严格、基本权利导向的)解释中并不需要进行特殊的建构,在大多数情形下,无论如何都会得出不可罚的结论。此外,人们还可以寻找有关结果产生之风险的"具体依据"。那么判例所要求的"可识别的犯罪倾向(erkennbare Tatgeneigtheit)"便与所谓足够高的实施风险并无不同。这里所谓足够高的实施风险使帮助者很难依据其"深信"行为人不会实施犯罪来进行辩解。在上文所提及的故意双重基准点的意义上,应当强调的是,(就帮助者贡献而言)此处不仅仅涉及"犯罪倾向(Tatgeneigtheit)",而是必须同时还具有"使用倾向(Verwendungsgeneigtheit)",通过具体的依据,这里的使用倾向也必须相应地被帮助者所认识。

行为人"致力于(angelegen sein lassen)"犯罪计划的标准在语言上则是令人困惑的。[24] 该标准长期以来只是一直被引用,却从未被更加准确地解释和定义,即使是那些遵循该标准的判例也没有这样做,这也并非没有原因。对此,汉斯·库德利希教授指出[25],判例首先在几乎不探讨文献中出现的争议现状的情形下就提出了这样一条含糊的公式[26],然后只是一而再地逐字重复,并以这种方式创造出一个对解决具体个案问题鲜有帮助的"既定判例",这实际上是十分值得批评的。

相反,从一则德国联邦最高法院的判决中可推测的那样[27],从正犯的角度来看,主犯罪行为的实施是否真的必须具有"充分盖然性(sehr wahrscheinlich)",(以及在盖然性说的意义上,意志要素是否因此应当是无关紧要的?)这些问题则是存疑的。可以设想的方案甚至是像罗克辛与格雷克(Luis Greco)所倡导的那样,继续对两种情形进行区分,即在第一种情形中,帮助行为(如同大多数情形)所针对的是未来的主犯罪行为,而在另一种情形中,帮助行为在正在进行的事件流程框架内就已发生,因此,可识

---

[23] 相同观点例如 Schörner/Bockemühl StV 2018, 20 ff. ; Kudlich NStZ 2017, 340。
[24] 批判观点还可见 Kudlich NStZ 2018, 329, 330。
[25] Vgl. Kudlich NStZ 2017, 337, 339.
[26] 就此而言,该公式有时会受到错误的解读,便也不足为奇。此观点可参见例如 Bott/Orlowski, NZWiSt 2014, 143,德国联邦最高法院始终要求涵盖主犯罪行为实施时的明知,而这只有在"明显高风险"的场合才能构成。
[27] BGH NZWiSt 2014, 142;对此批判的观点可见 Greco wistra 2015, 1; Roxin StV 2015, 451。

别的犯罪倾向(erkennbare Tatgeneigtheit)便成为可识别的犯罪实施(erkennbare Tatbegehung)。[28] 作为过去的情状,后一种情形使判断变得容易,也就是说,在不需要判断预测性要素的前提下便可得出倾向于帮助犯可罚的结论。

有批评认为,两种案件类型之间存在评价冲突(Wertungswiderspruch),因为在明知的场合,仅认定"可识别的犯罪倾向"并不足以得出可罚性的结论。[29] 相反,在缺少犯罪意义关联的场合,只有那些具备明知而实施行为的行为人不可罚。在我看来上述批判是没有依据的。其一,(在帮助者看来,)主犯行为人一定会实施犯罪行为的场合,考虑主犯行为人的"犯罪倾向",在我看来这本来就已经不是一个可用的标准。此时已经超出了犯罪倾向。就此而言,我认为在此也不存在适用信任原则(Vertrauensgrundsatz)的空间,虽然这样的要求有时会被提及。只要是在明知的场合,便完全不存在应当被保护的所谓"信任"!即使这极少被讨论,而其实这也是理所当然的,因为在缺少罗克辛意义上犯罪意义关联的场合,就已经可以得出构成"容许风险"的结论,举重以明轻,在正犯行为人对犯罪实施不存在明知的情形下,(帮助)行为人当然不罚!

由于还存在非常多的问题及不确定性,因此还必须严肃对待以下问题,即是否应当如同王莹教授倡议的那样,最好应当将所有未必故意的行为完全排除出可罚的范围。[30] 这种做法的优势在于存在一条清楚的界线,并因此能有助于实现法的安定性。对此,在德国有一个相关的案件,在该案中,德国联邦最高法院结合《德国基本法》第12条第1款职业自由的规定,对有关《德国刑法典》第261条中刑事辩护人洗钱行为的可罚性条文作出了不同于规范文义的这样一种限缩(解释):出于不过分限缩刑事辩护人从事职业的目的,只有在刑事辩护人明知,其从当事人处获得的钱来自于某一犯罪行为时,才可以认定其构成洗钱罪。至于该方案在方法论上是否进行了清晰的论证,以及此处判例是否(以合宪性限缩解释为崇高目标

---

[28] Vgl. Roxin StV 2015, 452.
[29] 不同观点参见 Schorner/Bockemühl StV 2018, 21 以及 Kudlich NStZ 2017, 230, 作者认为存在评价冲突,而该评价冲突或可通过下述方法解决,即在直接故意(但是该故意仍必须涵盖主犯罪行为人的犯罪实施吗?)的案件(dolus directus)中只要求"可识别的犯罪倾向性"便足以构成可罚。
[30] 还可参见 Schörner/Bockemühl StV 2018, 22。

而)过于干涉立法者的决定[31]，在此只能稍作搁置。无论如何这涉及一个非常特殊，且同时可以被类型化的危险（spezielle und zugleich typisierbare Gefahr），这样的风险基本上在所有刑事辩护人代理当事人案件的场合都是现实存在的。而在"中立帮助犯"各式各样的案件中却并非如此。在此，我认为一项笼统的解决方案或许并不是正确的解决路径。

在我看来，值得赞同的方案并非完全排除未必故意的案件情形，而是去思考更加严格且更加明确的标准（stengere und vor allem klarere Kriterien）。例如可以继续发展所谓正犯所"致力于"的"可识别的犯罪倾向性"公式及其值得关注的主客观混合内容，并构造出更加具体化的标准。对此，汉斯·库德利希教授提出的（帮助）成果与主犯罪行为人（正犯）犯罪计划的适配性便属于这样的尝试。[32]

还有一个始终悬而未决的问题是，人们是否将该问题仅作为一个故意的问题来讨论（这也并未排除考虑客观归责其他案件类型的可能性），抑或是和罗克辛一样，在客观归责层面对容许风险进行审查，并在此将行为人的故意同时作为重点考察？无论如何，针对缺少犯罪意义关联的问题，德国联邦最高法院在一个新近的判决中提到了所谓"客观事由（objektive Gründe）"的表述，并据此排除了行为人的可罚性。[33] 该判决实际上是令人诧异的，因为客观归责的范畴至今仍未得到德国联邦最高法院的一般性承认，因此判例见解的教义学根基仍然是不牢固的。

我认为，在客观归责的框架内解决问题的好处是，可以在当前的脉络下一并解决经常被忽视的过失犯的可罚性（Fahrlässigkeitsstrafbarkeit）问题。例如，在刀具出售者预感到购买者会持刀杀人的场合，如果只是否定了出售者的帮助故意，那么也并未一并否定过失杀人的可罚性。根据令人信服的见解，不能依据回溯禁止（即故意行为人的可罚性优先）来概括性地排除过失致人死亡的可罚性。与之相反，如果依据"容许风险"排除了客观归责，则也还可以在此基础上自由地论证过失犯的不可罚。这在我看来似乎是正确的结论。该结论在此也不会产生基于面临过失犯处罚而出现的另外一项寒蝉效应。尽管基于过失犯的寒蝉效应可能并不那么令人生畏，但从限制受基本权保护之自由的角度来看，似乎同样存在问题。

---

[31] 对此可详见 Kuhlen, Verfassungskonforme Auslegung von Strafgesetzen, 2006。
[32] 对此参见 Kudlich JZ 2003, 133。
[33] BGH NZWiSt 2014, 141 f.

林 维[*]

职业帮助行为概念的提倡及其处罚立场

王莹教授的《中立帮助犯的处罚根据：主观说之提倡》一文对中国与德国有关中立帮助犯的处罚根据作了系统细致的梳理，并结合当前中国的刑事立法与司法现状，认为我国对中立帮助犯所采取的并非全面处罚说，而是主观说的立场，或者明知说或确切认知说。阅读该文，受益良多。

主要围绕王莹教授的论文及其观点，关于中立帮助行为的处罚根据这一问题，个人以为，实际上是要解决如下问题：第一个问题，我们是否需要在一般性地解决了共犯的结构问题或者特定到帮助犯的结构问题的背景下，提倡中立帮助行为概念？或者易言之，中立的帮助行为概念的内在逻辑或者价值是什么？它究竟需要平衡什么样的价值冲突？这是全面处罚观念、全面否定处罚观念和限制处罚观念之间需要解决的冲突。如果我们认为不能剑走偏锋，极端地去全面否定或者全面肯定处罚，那么就需要接着考虑第二个问题：在需要进行处罚但又需要予以一定的限制的前提结论下，应当提倡什么样的处罚原则才能够实现这样的平衡？第三个问题，我们当前的立法或者司法所表明的是何种态度？现行的立法规定和司法解释的态度或立场是否同王莹教授和我们所主张的态度或者立场相互吻合，以及王莹教授和我们所主张的态度或者立场，是否能够在既定的立法条文和司法解释体系中得到容纳？下面主要围绕这三个问题，讨论阅读王莹教授这一论文的心得。

一、我们应否继续提倡中立帮助犯概念

按照传统的帮助犯理论，似乎并没有必要刻意地去讨论中立帮助行为

---

[*] 中国社会科学院大学教授、法学博士、博士生导师。

的可罚性问题,因为在传统共犯理论中,难免可以轻松地论证所谓中立帮助行为的可罚性,并进而奠定全面处罚的观念,这在纯粹的规范逻辑上也并没有太大争议或者疑惑。但更为深层次的问题是,在处理这一类型化问题过程中,如果坚持全面处罚的立场,法益保护的追求似乎和自由保障机能的正常发挥发生了一定程度的冲突,而令普通公众产生行为指引的困惑,加重交易沟通成本,使交易相对人需要花费大量精力进行合法性判断,并进一步导致公民合法行为范围的限缩,乃至正常交易秩序的紊乱。中立帮助行为概念的提倡,恰恰是意识到传统的共犯理论所存在的这一问题,希望能够很好地解决其中的界限问题而提出的概念。就此而言,为了取得人权保障和法益保护的平衡,对此类行为的处罚范围予以适当的明确或限定,确有其必要性。就此而言,对于这一问题的考察和判断,某种程度上取决于我们面对规模化的商业生态(尤其必须考虑帮助的效果更易实现的网络化社会背景)中职业者的责任分配、交易行为的效率与其中所蕴含的无处不在的风险之间如何进行政策考量。

但是,恰如王莹教授所言,中立的帮助犯概念中,"中立是就行为表象而言的存在主义层面的概念,而不是规范意义上的价值评判而言的法律概念,否则该概念就是一个自相矛盾的概念"。实践中,大量的共犯行为均属于一般的日常行为,脱离共犯的环境或者与正犯的关联,共犯行为在很多场合中均属于不具有违法性或者法律所加以容忍的行为,如果将这些日常行为是否能够成立共犯行为的讨论均纳入所谓中立的帮助行为中进行讨论,就有可能动摇传统共犯理论的牢固性,也必然使得这样一种讨论过于宽泛而缺乏对焦,从而不断地陷入各种争议之中而无法达成共识。显然,中立帮助行为应当区别于我们已经达成基本共识、虽有争议但大体能够相互了解争议的内在逻辑的关于日常行为的讨论,而仅仅局限于王莹教授几次述及的日常的职业或商业行为,或者如王莹教授所述的德国刑法的"可罚的职业帮助行为"范畴。

张明楷教授认为:"没有理由认为具有一定职业的人可以为犯罪提供帮助,例如甲知道乙要杀人,便用私家车将乙送往杀人现场,甲无疑成立帮助犯。出租车司机 A 知道 B 要杀人,便用出租车将 B 送往杀人现场,为什么可以不受处罚?"[1]诚然,如果发生在通谋的场合,这样的结论无疑是合理的,但问题在于:虽然可能均具有日常行为的特性,但区别于一般的日常

---

[1] 张明楷:《刑法学》(第 5 版),法律出版社 2016 年版,第 424 页。

行为,职业行为的帮助性由于发生场合的特殊性、发生频率的高低、交易的快速性、判断和验证的困难性、撤回的不便性以及沟通的单向性,都要求对职业帮助行为进行特别的考虑,以便既能够保证法益的保护和社会秩序的稳定,但也能促进在一个交易成本相对合理的背景下大规模交易的平稳实现,并且确保职业责任的承担不违反比例原则,使得其能够大体地明确把握自身的义务,而不必人心惶惶,缩手缩脚。

因此,我们需要进一步地明确所讨论的职业帮助行为仅仅局限于职业帮助行为的被动型提供,而非通谋型的共犯参与,否则就不容易理解王莹教授所提倡的主观说要求只有在帮助者对于正犯行为具有确切的现实的认识时才具有可罚性的结论。因为后者同其他帮助犯具有相同的解决原则,而不必给予格外的关心。事实上,从另一方面,陈洪兵教授对中立的帮助行为进行具体划分,并继续进行类型化的区别探讨,是具有现实意义的。[2] 局限于篇幅,对此不再赘述。

二、主观说足以实现平衡吗?

按照王莹教授的评述,主观说大致有促进意思说与间接故意排除说两种,后者仅承认帮助犯对正犯行为具有直接故意时的可罚性。王莹教授认可间接故意排除说,即要求帮助者对正犯的行为具有确切的现实的认识即明知时才肯定归责。在限定处罚的意义上,我同意王莹教授的观点,即只有直接故意或者明知正犯行为的确定性而仍然提供职业的帮助的,才具备可罚性。

但问题是,仅仅排除间接故意对于前述所欲实现的平衡目标而言是否已经足够充分?我的观点是:间接故意的排除仅仅是限制处罚的基础条件或者必要条件,而非充分条件,职业帮助行为的处罚范围仍然需要其他条件以便进一步地予以限缩。

被王莹教授所认定为主客观综合说或主观说的观点,恰恰有时候被陈洪兵教授直接地认为属于主观说。王莹教授之所以要区别前述主观说,是因为这些学者的主观说中仍然存在对客观层面的考察。不过,实际上,就间接故意的排除而言,可以认为,上述被认为主客观综合说的学者其实都接受了间接故意的排除,虽然有的会额外增加促进意思的内容。例如张明楷教

---

[2] 参见陈洪兵:《论中立帮助行为的处罚边界》,载《中国法学》2017年第1期。

授指出,如果只是大体估计对方将来可能实施犯罪行为的,对于日常生活行为不宜认定为帮助犯。反之,向正在斗殴的人出售利刃的则成立帮助犯,行为人对正犯行为与结果的确实性的认识是应当考量的要素。[3] 周光权教授指出,日常生活行为是否成立帮助犯,要从客观上看行为是否具有明显的法益侵害性,主观上行为人是否对他人可能实行犯罪有明确认识。[4] 就明确认识、确实性认识这样的用语而言,可以认为已经排除了间接故意的存在可能。

不过,诚如黎宏教授所言,如果说是从主观责任层面进行限定的话,则等于什么也没有说。因为,理论上之所以将中立的帮助行为作为问题单独提出来,就是因为考虑到行为人即便对其为正犯行为提供方便的事实具有认识,但也不一定能构成帮助犯。[5] 因此,坚持主观说就必须在此基础之上进行进一步的限缩,而不能坚持认为只要具有明知就可以予以处罚,那样的话,中立帮助行为或者职业帮助行为的概念就没有存在余地了。所以间接故意的排除几乎就是一个命中注定的结果,而很容易成为更多学者可以接受的观点。王莹教授的主观说较之全面处罚说,仅仅是排除了间接故意的职业帮助行为的处罚可能;但从某种意义上,主客观综合论由于增加了客观方面的考察或限制内容,因为比主观说所设定的职业帮助行为的处罚范围理论上就更为狭窄。

主观说的问题就在于此,依照这一标准,处罚的范围仍然不够限缩而维持前述所谓的平衡。例如,它很有可能将原本不值得处罚的所谓帮助行为按照帮助犯进行处罚,虽然提供帮助的行为人确实对正犯的行为具有确定的认识。例如,提供餐饮的酒店服务人员,偶然偷听到了正犯的交谈,明知前来就餐的人员系走私犯罪人员,如果为其提供餐饮,也要成立帮助犯。因为无论何种性质的帮助行为,按照主观说的标准,在帮助者对正犯的犯罪计划具有确定的现实认识时仍提供帮助行为,就加入了对正犯行为的风险实现之中。显然,在此必须正确客观地对某一行为对正犯行为的影响是否达到了足以被评介为帮助的程度作出判断。而在这一判断中,抛弃客观的判断是无法做到的。我甚至也相信,王莹教授可能也会认为这个餐厅的服务人员最终不应被定罪,而需要在论证犯罪成立的某个其他阶段通过其他要

---

[3] 参见张明楷:《刑法学》(第5版),法律出版社2016年版,第425页。
[4] 参见周光权:《刑法总论》(第二版),中国人民大学出版社2011年版,第235页。
[5] 参见黎宏:《论中立的诈骗帮助行为之定性》,载《法律科学》2012年第6期。

件加以排除。

　　必须承认，无论是客观归责的风险创设及实现规则或者帮助行为是否升高了正犯的风险理论，还是要求具备明显的法益侵害性，例如日常生活行为对于正犯行为的物理、心理因果性影响，等等（考虑到篇幅，不再对客观标准的区别性一一评论），都因其抽象性而容易陷入主观的判断，导致在某些案件中可能出现因人而异的结论差异而缺乏其明确性。但是，在理论上，仍然必须认为在坚持间接故意的排除基础之上，另行对帮助行为进行客观的实质性评价，是一种正确的做法，尽管这一标准可能不能做到极其明确一致，但是这仅仅是操作上的缺陷，就其对职业的帮助行为的处罚范围作更为限缩的认定，这一理念和方向都是值得肯定的。这种判定存在的一定的含糊性，和王莹教授所说的这样一种尝试注定是失败的或者这样的努力是失败的立场截然不同。某一标准适度的含糊性和这一标准本身是徒劳的，这是两种不同的判断，不能因噎废食。

　　在中国的实践中，目前存在较大争议的还包括对非特定正犯实施帮助的行为，即帮助者不是针对特定的正犯实施帮助行为，而是针对不特定的正犯实施帮助行为，尤其在网络环境下，提供实践中几乎只用于违法犯罪行为的程序等工具。对此，也依然应该坚持以王莹教授所主张的间接故意排除的观点作为基础，只不过在此过程中对确定的现实认识的认定需要作一定灵活的解释。

三、现行的规范体系是否支持主观说？

　　王莹教授所列举的一系列立法乃至司法解释条款确实都包含了"明知"的规定（除了个别条文中用了"通谋""知道或者应当知道"），"通谋"一词确实与"明知"存在认识全面性的差异问题，不过在中国的刑事司法解释中，"明知"与"知道或者应当知道"在实务上并没有本质的区别。即使使用了"明知"，考虑到《刑法》第14条中"明知"属于直接故意和间接故意的共通认识要素，并且尤其考虑到共同犯罪的故意中就一般性地包含对共犯行为的明知，即使在上述条款中未作规定，实务上也必定如此要求，因此仅仅就条文的字面规定，甚至都不能因为上述条款中的"明知"就意味着我们所采取的就是明知说或者确切认知说。不过，我仍然同意王莹教授认为我国刑法并非采取全面处罚说的结论。所有相关条文均不是笼统地规定为某种犯罪提供帮助行为即成立共犯，而必定细致罗列较为重要、典型、常见的帮助行为,例如资金支持、结算便利、网络支持、运输邮寄条件、仓储保管等特定帮助行为。从上述列举方式看,也并非任何帮助行为都应予以全面处罚,这些帮助行为在其客观性上均属于和正犯行为直接关联、对正犯行为的完成不可或缺的行为。虽然几乎所有条款也必定规定"等方式""等便利条件""等服务"等,说明上述具体的职业帮助行为仅仅是未穷尽的列举,而为实务的扩张留下了解释余地。但毫无疑问,按照实务解释的通常观念,虽然存在扩张的空间,包括未能明确列举但得以解释在内的其他帮助行为应当同上述帮助行为具有等质性。而这也同样需要对职业帮助行为进行客观性考察。因此,毋宁说,现行的立法可能更多采取的是我们更为传统的观念,即仍然是主客观综合的立场。

王　钰[*]

中立帮助行为的可罚性与快播案

一、快播案判决分析

库德利希教授在他的报告中介绍了学术界对中立帮助行为的可罚性的判断标准和判例所采用的标准,其中区分公式理论(Differenzierungsformel)起到了非常重要的作用。随后库德利希教授重点研究了两个案例,套用区分公式似乎不能完美地解决,因为一些特殊的影响可罚性的变量没有被该公式涵盖。特别是支付触发服务提供商案(Zahlungsausloesungsdienstleister)让我联想到2016年中国法院审判的一起充满争议的案件——快播案。德国同行的分析方法同样可以用于快播案。虽然对于快播案法院已经作出有效判决,但是关于这起案件的法理分析却远远没有盖棺定论。

该案的一审法院北京市海淀区人民法院的判决理由和结果是[1]:第一,快播公司负有网络视频信息服务提供者应当承担的网络安全管理义务。作为互联网信息服务的提供者,作为视听节目的提供者,快播公司必须遵守相关法律法规的规定,对其网络信息服务内容履行网络安全管理义务。第二,快播公司及各被告人均明知快播网络系统内大量存在淫秽视频并介入了淫秽视频传播活动。王欣、吴铭、张克东、牛文举不仅知道快播网络服务系统传播淫秽视频,而且知道快播公司的行为导致淫秽视频在互联网上大量传播的事实。第三,快播公司及各被告人放任其网络服务系统大量传播淫秽视频属于间接故意。缓存服务器介入传播何种内容的视频,不是快播公司主观意志选择的结果,而是对他人传播行为的放任,对他人利用自己的

---
[*] 浙江大学光华法学院副教授。
[1] 北京市海淀区人民法院(2015)海刑初字第512号刑事判决书。

技术服务传播淫秽视频的放任,对自己的缓存服务器介入淫秽视频传播行为之中的放任,对自己的行为造成淫秽视频在网络上大量传播的放任。第四,快播公司具备承担网络安全管理义务的现实可能但拒不履行网络安全管理义务。证据表明,快播公司连行业内普遍能够实施的关键词屏蔽、截图审查等最基本的措施都没有认真落实。快播公司对于信息网络安全管理义务不是没有履行的现实能力,而是没有切实履行的意愿。第五,快播公司及各被告人的行为具有非法牟利目的。快播公司明知其网络上淫秽视频传播和公司营收增长之间的因果关系,仍放任其网络系统被继续用于传播淫秽视频,应当认定为具有非法牟利目的。第六,本案不适用"技术中立"的责任豁免。快播公司出于牟利目的,不履行安全管理义务,且自己的缓存服务器也介入传播,在技术使用过程中明显存在恶意,应当承担相应的法律责任。第七,快播公司以牟利为目的放任淫秽视频大量传播的行为构成传播淫秽物品牟利罪的单位犯罪。王欣、张克东、吴铭、牛文举作为快播公司直接负责的主管人员均应承担相应的刑事责任。

二、快播公司是否属于网络信息服务提供者

这个判决中,法院极力证明快播公司具有管理上的义务、但其拒不履行网络安全管理义务、放任大量淫秽视频传播,进而完成有罪定性。

完成这一论证首先要证明快播是网络信息服务提供者。因为目前中国法律规定,只有网络信息服务提供者才有对内容的审查义务。如2000年9月国务院发布的《互联网信息服务管理办法》规定,互联网信息服务提供者应当向上网用户提供良好的服务,并保证所提供的信息内容合法,不得复制、传播淫秽、色情信息。2000年12月《全国人民代表大会常务委员会关于维护互联网安全的决定》规定,对于在互联网上建立淫秽网站、网页,提供淫秽站点链接服务,或者传播淫秽影片、音像,构成犯罪的,依照刑法有关规定追究刑事责任。2007年原国家广播电影电视总局、信息产业部发布的《互联网视听节目服务管理规定》进一步明确,互联网视听节目服务单位提供的、网络运营单位接入的视听节目应当符合法律、行政法规、部门规章的规定,视听节目不得含有诱导未成年人违法犯罪和渲染暴力、色情活动的内容。

那么快播公司是否属于网络信息服务提供者呢?

从性质上看,快播播放器提供的不是信息服务,只是一种播放工具,不提供播放内容,也没有网络存储空间。快播公司提供的软件不具备发布和

上传功能。视频搜索是通过既有搜索引擎如百度进行的。提供缓存服务本质是为了保障传输通畅,而非提供内容平台。

快播的4亿用户和站长才是真正的网络信息内容的提供者,但却无一人被起诉。

判决认定快播是网络信息服务者主要依据是,在查封的四台服务器内发现有大量的淫秽视频。但事实上该四台服务器是缓存服务器,视频在快播公司托管的服务器上形成存储缓存。缓存加速服务是行业通用方法,只是为了补充带宽、减少播放卡顿,以此提高服务质量。数据网络传输过程中的服务器缓存和网络传输应该是等价的,不能将网络传输数据的行为认为是提供内容的行为,否则提供缓存服务的运营商(Cache Service)、云服务提供商,甚至包括宽带提供商都要承担"信息服务提供者"的责任。允许他人"调取"也不应当等同于不作为的传播,否则,所有的CDN(Content Distribute Network,即内容分发网络)都要承担"传播"的责任。

四台服务器的加设与色情视频的传播甚至没有因果关系,因为用户上传的视频即使不通过缓存服务器的暂时存储也存在于网络之中,只是用户调取、播放速度变慢而已,并不会减少或消除色情视频的传播。根据条件公式,设置四台服务器的行为与视频的传播结果没有因果关系。

快播公司不是互联网内容的提供者,也没有传播行为,更没有导致法益侵害的后果,所以快播公司不是传播淫秽物品牟利罪的正犯。

三、快播公司提供的服务是否成立可罚的中立帮助行为

那么作为一款播放软件的提供者,快播公司是否符合可罚的中立帮助行为标准呢?

按照库德利希教授的理论,(1)如果服务提供商没有专门为从事违法行为特别提供便利条件,不论是对谁提供的服务都不具有差异,那就是一个典型的中立帮助行为。[2] 快播软件并不是专门针对播放色情视频而开发,它的流行最终原因是本身就是一款兼容性很强的优秀的视频播放软件[3],优于

---

[2] 库德利希报告第8页。
[3] QVOD以互联网用户群为基础的P2P加速技术,保证了点播对服务器的低带宽占用和低资源占用,保证了流媒体文件传输的高清晰和高流畅,用户数越多,播放速度越快。QVOD拥有自主的播放解码技术,无须安装realplayer、mediaplayer等第三方播放软件。支持wmv、rm、rmvb、mp3、avi、wma、asf、mpg、flv等流媒体文件格式。QVOD具有强大的流媒体服务器功能,支持针对各种视频文件的直接读取、缓存等工作,即在有了QVOD点播系统之后,将不再需要Media Server及Helix Server等流媒体服务器系统。

当时市场上任何一款播放器。

（2）判例所发展的客观—主观标准[4]应用于快播案是有困难的：无数的文件下载和上传无法被服务商实时监控。而且即使有些用户用快播观看色情视频并共享，但色情文件也仅仅是用户播放的一部分而已，用户并不是专门用快播来传播淫秽视频。快播公司很难得知或预见具体用户的犯罪意图。

（3）如果一个软件向大众提供一项自动服务，而没有筛查排除出于非法目的的使用者，那么其顶多是"区分不作为"。[5] 这种行为的可谴责性不是基于提供的服务不具有社会相当性而是基于没有对用户作区分。所以处罚快播并不是因为它提供的主要服务不符合社会相当性，而是由于它没有审查控制用户，没有及时区分播放的合法和违法的多媒体文件。但是，这种不作为只有当相应的作为义务存在时才是可罚的。法律并没有具体规定播放器服务商对播放各种文件的区分义务。文件是存储在用户的个人电脑硬盘中的，命令一个播放器来审查个人电脑中的文件是侵犯隐私的，这对于一款播放器提供商来说无疑是强人所难。播放器的任务就是实现播放各种格式媒体，而不是做内容审查。

所以，快播也不应因中立的帮助行为而受到刑事处罚。

四、小结

快播的技术核心是 P2P，是一种点对点传输，用户可以直接从其他用户的电脑里下载视频，同时提供上传内容，减少了对服务器带宽的消耗，缓存服务加快了数据传输效率，进一步提高了视频播放速度。使用 P2P 技术的软件数量众多，如果快播软件由于客观上被人用来传播色情视频而被处罚，那么其他 P2P 软件提供商（BT, eMule）也应该面临同样的起诉。快播公司被处罚却是个例。P2P 软件作为一种工具虽然被音像行业抵制，但是没有被法院判处刑事处罚的先例。非法内容的发布者才是违法行为的主体。P2P 技术是"去中心化"，没有一个中心服务器，但如果没有第一个上传者，那么往后爆发性的传播也不可能出现。所以大部分国家和地区（德国、美国、香港特区）都是采取惩罚上传者的方法来阻止大规模侵权事件的发生。对快播的刑事处罚是对互联网技术和产业的一次巨大打击。

---

[4] 参见库德利希报告第 3 页及第 8 页。
[5] 参见库德利希报告第 9 页。

第四单元

帮助自杀/安乐死中的犯罪参与

[单元报告]

〔德〕埃里克·希尔根多夫*

德国联邦法院判决中的参与理论和安乐死

译者:徐万龙**

一、引言

乍一看起来,参与理论似乎和安乐死问题没什么关联。但是,若更仔细地观察,可以很快发现,情况恰恰相反,而这导致了一些明显的问题[1]:在德国司法实务中,安乐死的一些核心难题是通过参与理论来解决的。这也得到了学界的支持:如果某人支持了有自杀意愿者的自杀行为,此行为可罚与否,根据现行的法律,关键是要看,他是参与理论意义上的正犯(《德国刑法典》第 25 条),还是单纯的共犯(《德国刑法典》第 26、27 条)。[2] 这一司法实践的背景是限制从属性原则,根据这一原则,共犯的可罚性,也就是教唆者或帮助者的可罚性,必须以一个故意实施的、符合构成要件且违法的主行为为前提。相反,一个有责的行为实施是不必要的。限制从属性原则产生于《刑法典》第 26 条、27 条[3],如今在法政策上已无争议。

然而,问题在于,限制从属性原则于 1943 年引入德国刑法之时,完全没

---

* 德国维尔茨堡大学刑法学、刑事诉讼法学、法理学、信息法学与法理信息学教席教授。
** 浙江大学光华法学院助理教授,刑法学博士。
[1] Vgl. Hilgendorf, in Arzt/Weber/Heinrich/Hilgendorf, Strafrecht Besonderer Teil. Lehrbuch, 4. Auf. 2021, §3 Rn. 3, 39 ff.
[2] Vgl. Fischer, Strafgesetzbuch, 68. Auflage 2021, Vor §§211-217 Rn. 19a ff. Kindhäuser/Hilgendorf, Strafgesetzbuch. Lehr-und Praxiskommentar, 8. Auflage 2019, Vor §§211-222 Rn. 22.
[3] Vgl. Fischer (Fn. 2), §26 Rn. 2, §27 Rn. 3.

有考虑到安乐死的可罚性问题。[4] 上述所描绘的区分——由于自杀不符合构成要件所导致的帮助者和教唆者不可罚——是一个指向完全不同目的的立法者决定所产生的不经意的、在当时可能也没有被注意到的附随结果。这就显得不那么令人满意了：诸如安乐死之类的规制包含如此重大的伦理和政治挑战的问题，需要一个更具反思性的且在细节上完善的法伦理基础。[5] 这也是在德国刑法中安乐死之处理在教义学上一直未能令人满意的原因之一。[6]

此外，正犯和参与的区分是出了名的困难。到今天为止，两大界分进路"支配理论"和"主观理论"——也被称作"意图理论"——相互对立，能说服各方的折中解决方案恐怕是难以被找到了。[7] 支配理论主要在文献中得到了广泛支持[8]，而主观理论则在判决中被采纳。[9] 但是，值得注意的是，无论是从数量还是从程度上来看，司法实践在安乐死领域所依据的都是支配理论，而非"主观理论"[10]，这一不一致似乎并没有为人所察觉，这是让人惊讶的。关于此，很多东西在细节上还不甚清楚，文献和判决中的表达时常在客观和主观的进路之间摇摆，这给了法官更多的裁

---

[4] Überblick bei *Mezger*, in Strafgesetzbuch. Leipziger Kommentar, Bd. 1, 8. Aufl., 1957, 3. Abschnitt Vorbem. 7 (S. 246 ff.). 直到那时候，完全的(也就是要求有责的主行为)从属性还时常被要求。Siehe auch Roxin, Täterschaft und Tatherrschaft, 10. Aufl. 2019, §§ 11-14 zur Entwicklung der Tatherrschaftslehre.

[5] 以此为主题的文献汗牛充栋。参见 In Auswahl：Bormann (Hrsg.), Lebensbeendende Handlungen. Ethik, Medizin und Recht zur Grenze von „Töten" und „Sterbenlassen", 2017; *Ernst*, Am Anfang und Ende des Lebens. Grundfragen medizinischer Ethik, 2020; Loewy (Hrsg.), Aufklärung und Kritik, Sonderheft 11: Schwerpunkt: Selbstbestimmtes Sterben, 2006; Thiele (Hrsg.), Aktive und passive Sterbehilfe. Medizinische, rechtswissenschaftliche und philosophische Aspekte, 2. Aufl. 2010; Wils, Sterben. Zur Ethik der Euthanasie, 1999. Gute Rechtsprechungsübersicht bei Ulsenheimer/Gaede, Arztstrafrecht in der Praxis, 6. Aufl. 2021, S. 431 ff.。

[6] 问题概述，参见 Hilgendorf, in Arzt/Weber/Heinrich/Hilgendorf, BT (Fn. 1), § 3。

[7] Vgl. Aktueller Überblick bei Baumann/Weber/Mitsch/Eisele, Strafrecht Allgemeiner Teil, 13. Aufl. 2021, § 25 Rn. 16 ff.

[8] Vgl. Fischer (Fn. 2), § 25 Rn. 2; *Kühl* in: Lackner/Kühl, Strafgesetzbuch, 29. Auflage 2018, Vor § 25 Rn. 6; Zieschang, Strafrecht Allgemeiner Teil, 6. Auflage 2020, Rn. 656.

[9] RGSt 37, 58; BGHSt 37, 289, 291; 39, 381, 286.

[10] Zu § 216 BGHSt 19, 135, 138 (Urteil vom 14.8.1963)。

量空间。[11]

二、安乐死争论的关键案例

接下来将要谈的是,与安乐死有关的备受关注的判决。关于此首先引人注目的是,安乐死难题在1871年《帝国刑法典》[12]颁布之后接近80年的时间里,在作为联邦法院前身的帝国法院的判决中几乎难觅其踪影。这一情况首先在1952年发生了改变,联邦法院在一个引起轰动的判决中奠定了今天司法实践的基础。

1. 自杀的允许

此一案例的重点在于,对妻子不阻止丈夫自杀应如何评价。[13] 联邦法院对此的解释是:

> 负有帮助义务的人通常对于事实状态有完全的支配或者很大程度上的支配,因通过他的干涉,事实状态可以发生决定性的转变。如果他违反义务地不予以干涉,那么对于这一不作为,行为人内心的想法是不重要的,即他不追求死亡作为自己引起的结果。这一内心想法不能证成"帮助故意",因为它的法律前提即从属于他人的行为意志,根据特别的义务状态和义务者的事实支配,是不重要的。义务者在内心赋予自己的不作为以何种意义并不重要,重要的是,它对于事件的发展实际上具有何种意义。因此,在这样的案件中存在正犯故意。至于在此是否存在一个关于正犯和帮助犯之界分的普遍原理,可以先略过不提。

---

[11] BGH NJW 1997,3383(3387)指出了共同正犯和帮助犯之界分难题:"当行为参与者不仅仅想要支持其他人的行为,而是想将他的行为贡献也作为共同活动的一部分时,共同正犯成立。他必须想要将他的贡献作为其他人活动的组成部分,反过来将其他人的作为当作自己行为部分的补充。参与者和行为是否有如此紧密关系,由法官根据整体的——被行为参与者的想象所包含的——情形以价值判断的视角来判断。这一整体判断的重要依据是行为人对于行为结果的利益攸关程度,行为参与的程度和行为支配或者对于行为支配意志的判断则依赖于行为参与者的意志。在边界模糊的案件中,联邦法院为事实审法官开启了一定的裁量空间。从这一被撤销的判决中可看出,法官完全注意到了上述标准,且完全支持这一标准,上诉法院不能视既有的结果为法律错误,如果这一结果和其他的事实审法官作出的判断不相一致。"对于事实审法官的判断空间的批判,参见 Harden, NStZ 2021, 193 ff. 。

[12] 有关安乐死规制的历史发展,参见 Große-Vehne, Tötung auf Verlangen（§216 StGB）,„Euthanasie" und Sterbehilfe: Reformdiskussion und Gesetzgebung seit 1870, 2005。

[13] BGHSt 2, 150 (Urteil vom 12.2.1952).

据此,故意正犯的罪责非难适用于,违背义务地支持自杀或者不作为的人,因为他追求这一死亡结果,但是,由于违背义务的漠不关心而没有中断可识别的会导致死亡的因果流程的人的罪责也是存在的,但会有所降低。[14]

联邦法院在此主要依据正犯意志来入罪,而客观上对事实状态的支配是行为人不从属于他人的正犯意志的标示。纯粹"主观"地确定行为支配在此被拒绝了。这是联邦法院第一个涉及"行为支配"主题的判决,但是并没有使用这一概念。[15]

在1960年的一个判决中,德国联邦法院的观点变得更为明确:

> 将这一原则适用到既有案例中可得出,被告人有《德国刑法典》第212条意义上的正犯意志。在此,不需要被讨论的是,在自杀情形中自杀者有无行为支配(认为有支配的 Gallas JZ 1952,371,373;认为没有支配的 Dreher MDR 1952,711,713)——以及是否和其他人一道共同支配。无论如何,被告人自这一时间点起,即在 OS 结束她的杀人行为,也就是放下绳套而陷入无意识和无行为能力状态时,有完全的和单一的行为支配。因为从这一时点开始,OS 会因被告人的不作为而死去,还是说死亡结果会因被告人的干涉而不发生,完全取决于被告人的意志。被告人完全单独支配了这一行为的发生。[16]

在1963年的一个判决中,联邦法院谈到了如下要点:"在'单方失败的互相谋杀'情形中,活下来之人应当根据《刑法典》第216条处罚,如果他支配着导致死亡的流程(行为支配)。否则所存在的将只是对自杀不可罚的

---

[14] BGHSt 2, 150, 156.
[15] 在另一个1952年的判决中——该案涉及刑法上的公务员概念和贿赂——"行为支配"一词被提及:"因此这并不是法律错误,当州法院将 T 视作正犯,而不是帮助犯;他自主的地位显示,他有行为支配,因此根据州法院的观点,他将他的作为视作是自己的。"(BGHSt 2, 396, Urteil vom 13. 5. 1952)此外 BGHSt 13, 162 (Urteil vom 15. 5. 1959) 提到:"不作为实施的受嘱托杀人的正犯只有在那个时候才可以被处罚,当行为人想要支配导致死亡结果、由轻生者自主引起的事件流程时。当不作为人没有干涉的可能性时,这一正犯意志无论如何都不能被实施合乎法律义务之行为的意识所取代。"在此首先也检验正犯意志,其必须指向事件流程的控制,但这一主观视角也被客观标准所限制。进一步内容,参见联邦法院判决 das Urteil des BGH vom 17. 12. 1957, 5 StR 520/57。
[16] BGH MDR 1960, S. 939.

帮助。"[17]

2. 维蒂希医生案

维蒂希(Wittig)医生是 76 岁的 U 女士的家庭医生。U 女士有非常严重的心脏病,同时由于髋关节和膝关节骨关节炎,在行走时会备受疼痛煎熬。在她的丈夫于 1981 年 3 月去世后,她再也看不到生活的意义,一再表达想死的愿望。在她丈夫活着时,她就已经研究了自杀这一主题。因为她不想去医院或者护养院,也不想长时间生活在无助的状态中,在 1980 年 10 月她就写下了:"意愿说明。在意识完全清醒的情况下,我请求我的医生不要将我安排到医院、护养院以及重症监护室,也不要使用延长生命的药物。我想要有尊严地死去。不要使用医疗装备。不要器官移植。"她告知了她的医生关于这一书信的内容,并将其放在了医生的书桌上。在 1981 年 4 月,她又写了相同内容的书信,并且额外地附上了这一声明:"我已经超过76 岁了,我不想再活了。"[18]

在 1981 年 11 月 28 日,被告人根据先前的约定进行家庭访问。当他按门铃时无人来开门,他在 U 女士的熟人处拿到了钥匙。在房间里,他发现 U 女士昏迷不醒地躺在沙发上。在她的手边,被告人发现了附有手写内容的便签"给我的医生——请不要将我送到医院——解脱了"。维蒂希医生意识到,U 女士为了自杀而服用了过量的吗啡和安眠药。他认为,不可能在不造成严重的永久损害的情况下救活 U 女士。因为他知晓 U 女士的自杀意志,就没有采取任何救援措施,而是单纯地呆在她的屋子里,直到第二天 7 点左右才离开。[19]

根据联邦法院的观点,维蒂希医生不构成不作为的杀人。在该案中,不作为和结果发生之间的因果关系的证据是缺乏的,因为没有被证明的是,维蒂希医生若采取救援措施则可近乎确定地阻止死亡结果的发生。[20] 在此被考虑的是符合《刑法典》第 212 条、第 13 条第 1 款、第 22 条、第 23 条第 1 款的不作为未遂杀人,或者符合《刑法典》第 216 条、第 13 条第 1 款、第 22 条、第 23 条第 1 款的不作为未遂的受嘱托杀人。杀人故意首先被法庭所肯定。维蒂希医生虽然不是完全清楚可能救援行为之效果,但是他无论如何

---

[17] BGHSt 19, 135 (Urteil vom 14. 8. 1963).
[18] BGHSt 32, 367, 368 (Urteil vom 4. 7. 1984).
[19] BGHSt 32, 367, 368 f.
[20] BGHSt 32, 367, 369 f.

都不能排除,可能救援行为或许会有效果并可维持 U 女士的生命。尽管如此,他还是保持无所作为,而正如同法院所说的容忍死亡结果的发生。[21]

在此值得特别注意的是关于正犯与不可罚的帮助之区别的考量:联邦法院确定,在自杀的案件中,如果医生不采取救助病人生命的照顾行为,原则上是可罚的。当保证人接收到自杀的决定而无所作为时,可罚性的问题就至关重要了。对此,到目前为止并不存在统一的判决。因为自杀本身是不可罚的,所以参与自杀(帮助/教唆)也是不可罚的。而从第 216 条中又可以得出,对于自杀有正犯的共同作用则是可罚的。在早期的、上述已经汇报过的判决中,联邦法院已经确定,遇到陷入生命危险之中的无意识者而没有实施帮助行为的人,若作为配偶或者治疗医生有保证人义务,可能由于故意或者过失杀人罪而受到处罚。联邦法院在此还是遵循了这一观点。保证人从自杀者无意识状况出现开始,就不再仅仅是帮助犯了,而是变成了正犯,因为行为支配已经转到了他身上。联邦法院对此解释道:

> 当自杀者已经终局地丧失了实际影响事件流程的可能性(行为支配)时,因为他由于无意识而不再能撤回他自己的决定,此时死亡结果的发生仅依赖于保证人的行为。被害人是否被救助完全由保证人所决定。在这一通常持续数小时的死亡过程中,不是自杀者而是保证人有行为支配和正犯意志,如果他认识到进一步的流程仅仅依赖于他的决定。[22]

自杀者导致自己陷入到无意识中以及向医生表达了想死的愿望,并不会对上述结论有所影响。虽然有观点认为,行为支配的转让不是决定性的,因为不是这一点,而是仅仅由于干涉自杀的法律义务具有证成可罚性的作用。[23] 与此相反,联邦法院认为,不作为正犯以行为支配和保证人义务两者为前提。[24] 保证人义务在行为支配的转换前就已存在,但由于帮助自杀的不可罚而无法单独地证成可罚性。[25]

此外,在文献中,认为此中存在的一个矛盾是,为自杀者提供帮助措施

---

[21] BGHSt 32, 367, 370.
[22] BGHSt 32, 367, 374.
[23] Vgl. Jähnke, in: Leipziger Kommentar Strafgesetzbuch, 10 Aufl., Vor § 211 Rn. 24.
[24] BGHSt 32, 367, 374.
[25] BGHSt 32, 367, 374.

的人,在帮助措施起作用时,有义务采取干涉行为。[26] 联邦法院则认为此种矛盾并不存在。因为在行为支配转换前和保证人责任开始之前,根据§323c StGB 有关见危不救罪的规定,也存在阻止自杀的普遍法律义务。[27] 认为自我答责的自杀不是§323c StGB 意义上的"不幸事件"的观点,并没有得到联邦法院的认同,因为在需要实施救援行为的短暂的时间段中,在对自杀者没有精神病学—心理学认知的情况下,准确地判断自我答责性的问题是完全不可能的。[28]

再者,联邦法院还援引了当代有关自杀研究的知识。[29] 根据这一知识,在自杀行为实施之后,想法改变是经常发生的事,自杀者不再希望死亡结果的实际出现。在死亡结果还需要一段较长时间才会到来的情形中,自杀不再是不可动摇的死亡追求的表达,而是呼救。病人通常会在最后时刻后悔自杀,但是在那个时刻他不再能做出自我答责的决定了。[30] 联邦法院认为,由于医疗合同的存在,被告人存在救助病人的保证人地位。因为在那个晚上,他是作为家庭医生而造访病人的。[31]

尽管如此,在该案中,被告人还是不可罚的。根据法庭的观点,维蒂希医生处于特别的冲突情形之中。[32] 他认为,病人已经处于非常后期的中毒状态之中,如果要采取救援行为的话,会对病人造成严重的永久伤害。这一冲突不仅仅是这一普遍的问题,即医生是否必须无条件地尊重病人的死亡愿望。无论如何,在既定的模糊边界情形中,病人的自我决定权优先于医生的良心决定并非不合理。[33] 联邦法院也否定了根据§323c StGB 的可罚性。适用这一条的前提是,援助行为是可期待的。但由于上述所陈述的特别冲突情形,援助行为并不是可期待的。[34]

总之,可以确定的是,在维蒂希医生案中,行为支配是关键的、证成正犯的标准。除此之外,联邦法院也将正犯意志作为前提,正犯意志在那个时候

---

[26] Vgl. Das Gericht nennt Eser in: Auer/Menzel/Eser, Zwischen Heilauftrag und Sterbehilfe, 1977, S. 111 und Roxin, Täterschaft und Tatherrschaft, 4. Auflage 1984, S. 474.
[27] BGHSt 32, 367, 375.
[28] BGHSt 32, 367, 375 f.
[29] BGHSt 32, 367, 376.
[30] BGHSt 32, 367, 376.
[31] BGHSt 32, 367, 377.
[32] BGHSt 32, 367, 377.
[33] BGHSt 32, 367, 381. 这一方案的教义学基础还不甚清楚。
[34] BGHSt 32, 367, 381.

应当是存在的,即正犯将行为过程纳入他的行为"想象"之中。[35]

3. 肯普滕人案

在所谓"肯普滕人案"[36]中,涉及如下事实:从1990年9月开始,70岁的病人心脏停搏,在实施了成功的心肺复苏手术后,大脑遭受了不可逆的损伤。她通过胃管来进食,而且从1990年年底开始就不再能说话了。声音和光学的刺激会导致她发出咆哮声和面部抽搐。在1993年,治疗医生T向负责照顾事宜的病人儿子建议,停掉借助胃管的进食,只供给茶水,因为病人的情况不可能再有所改善了。儿子对此表示了同意。同意的一个原因是,在8~10年前,他的母亲在看到关于病人护理的新闻报道之后,曾说道,她不想以这种方式死去。儿子随后在医生T医嘱单中签署道:"我同意医生T的建议,只给我的母亲供给茶水。"护理主管随后联系了监护人法庭和检察院。

作为下级法院的肯普滕法院认为被告人构成杀人未遂。[37] 联邦法院推翻了这一判决,发回重审。停止供给营养,被联邦法院评价为不作为。医生T的保证人地位产生于医疗合同,而儿子的保证人地位则源于亲属关系和照料者的地位。根据联邦法院的观点,被告人构成间接正犯,因为最终实施中断营养供给的是护理人员,而他们根据医院的组织架构应当履行医生的指令。因此,被告人具有行为支配。间接正犯在那个时候也可以被考虑,行为人就行为的可容许性欺骗幕前者,而这一禁止错误对于幕前者而言是可避免的。[38] 联邦法院对此解释道:

> "在此关键的不是幕前者的错误是否可避免,而是在整个过程的评价视角中,幕后者是否为由正犯意志所支撑的正犯。"至于被告人是否处于禁止错误之中,在此并不重要。"毋宁说在此关键的是,被告人是否具有正犯意志和行为支配。而这一点可以被肯定。"[39]

联邦法院将医疗中断视为病人的一般决定自由和源于《基本法》第2条第2款第1句的身体完整权的表达,因为如若存在相应的病人意志,那么

---

[35] BGHSt 32, 367, 374.
[36] BGHSt 40, 257 (Urteil vom 13.9.1994).
[37] BGHSt 40, 257, 258, 265.
[38] BGHSt 40, 257, 265 ff.
[39] BGHSt 40, 257, 267.

医疗中断原则上是被容许的。[40] 而推测同意的成立则需要很高的要求。若不如此,便会存在这样的风险,即医生或者亲属根据自己关于不值得过的或者无意义的生活的想象,代替病人作出决定。处于照料者位置的儿子作出的同意是无效的,因为根据《德国民法典》第1904条,同意需要监护人法庭的批准。因为病人由于大脑受伤而不能自己作出决定,所能考虑的只有推测的同意。对此,联邦法院设置了严格的要件:

> 关键的是,在行为时点上,如果病人仔细权衡了所有情况后会有何种决定。在此,病人之前口头和书面的表达以及宗教信仰、他的个人价值观、他这个年龄的预期寿命或者所遭受的疼痛都要被考虑到(vgl. BGHSt 35, 246, 249)。客观的标准,尤其是"理性的"或者"正常的"以及一般符合"理智的"病人之利益之类的判断方法,并没有独立的意义;它们可能仅仅是确定个人假定意志的线索。[41]

仅当适用这些原则而无法确定个人的推测意志时,才可以动用一般的价值秩序。在此,存在疑问的是生命保护优先。医生对于死亡的临近程度的预测也会对结论产生影响。[42] 在该案中,联邦法院由于缺乏足够的依据而无法判断推测的同意是否存在。根据法庭的观点,8年前或者10年前的表达不是站得住脚的基础,因为这可能仅反映了内心的情绪,根据下级法院的说法也并没有在口头上或者书面上重复。[43] 这一情况,即生命对于受害者而言似乎已经毫无意义,对于肯定推测同意而言也是不足够的。[44] 儿子的禁止错误是可避免的,他本应该向监护人法庭打听相关事宜。[45] 医生T原本也可以并且必须征询法律专业意见。[46]

在间接正犯以及其和教唆犯的界分这一问题上,联邦法院提出了"由正犯意志所支撑的客观的正犯"。[47] 也就是说,关键的是正犯意志和行为支配。在联邦法院发回重审之后,肯普滕地方法院又对该案进行了重新审

---

[40] BGHSt 40, 257, 260.
[41] BGHSt 40, 257, 263.
[42] BGHSt 40, 257, 263.
[43] BGHSt 40, 257, 261.
[44] BGHSt 40, 257, 261.
[45] BGHSt 40, 257, 264.
[46] BGHSt 40, 257, 264 f.
[47] BGHSt 40, 257, 267.

理,最终的结果是无罪释放。[48]

4. Peter K. 案

原告 Peter K.,由其父亲作为代理人,其在 1998 年 7 月自杀未遂之后就陷入昏迷之中。Peter K. 在健康时就已经在其病人指示中确定,如果陷入到不可逆的昏迷之中,他不愿意医生通过创伤性的措施来阻止他的死亡。尽管如此,Peter K. 还是在护养院中通过插入腹壁的胃管人工地提供营养,来维持生命。2001 年 12 月,在照料人的同意下,主治医生 S 下令中断人工的营养供给。护养院拒绝实施这一指令。通过起诉,Peter K.(由其父亲作为代理人)想要中断任何形式的营养供给,如此他便可死去。在最初的两个审理法院中,诉讼请求都被驳回了。Peter K. 在 2004 年死于感染。[49] 因为随着原告的死亡,诉讼已经结束了,联邦法院只需要就诉讼的成本作出裁决,因而可以只是概括地判断原告胜诉的可能性。[50]

在此,联邦法院确定,通过胃管的人工营养供给是对病人的身体完整性的干涉,因此需要病人的同意。因此,一个违反病人已明确表明之意志的人工营养供给是违法的行为。病人可通过类比《民法典》第 1004 条第 1 款第 2 句结合第 823 条第 1 款,主张不作为。[51] 在如同上述案件中不作为会导致死亡结果的情况下,这一点也适用。因此,强制医疗是不被允许的,即使其致力于生命维持。

在该案中,人工的营养供给违背了病人的推测意志。他的父亲作为照料人承担着健康照料工作之责。[52] 采取或者不采取如同人工营养供给般的身体干涉之决定也属于健康照料的范畴。根据《民法典》第 1901 条,照料人必须使被照料人的意志生效。在此,监护人法庭的批准是不必要的。只有当主治医生想要采取维持生命的措施而照料人拒绝了这一点时,监护人法庭才需要过问。而在该案中,医生和照料人就不采取维持生命的措施这一点达成了一致。

与此相对,护养院领导层并没有源于养老服务合同或者基于以自己的价值秩序为基础的良心冲突的拒绝权。[53] 在此他们并没有损害病人的基

---

[48] LG Kempten 2 Ks 13 Js 12155/93 (Urteil vom 17.5.1995).
[49] BGHZ 163, 195, 196 f.
[50] BGHZ 163, 195 (Urteil vom 8.6.2005).
[51] BGHZ 163, 195, 198.
[52] BGHZ 163, 195, 198.
[53] BGHZ 163, 195, 199 f.

本权利:人的尊严并没有包含得如此之广,以至于包括保护自己的伦理想象在内。[54] 护理人员的自我决定权(Art. 2 GG)的界限在于,病人的相反意志和自我决定权。[55] 至于是否干涉了护养院工作人员的良心自由,联邦法院并未作出明确说明,因为良心自由无论如何都不会赋予护理人员通过积极的行为来略过病人的自我决定权以及干涉病人的身体完整性的权利。参与理论的作用:关于行为支配的参与理论/问题在此没有任何角色。在此涉及的是,联邦法院关于民事事实的判决。关于刑事的细节判决并没有详细展开。

5. 富尔达人案

该案例[56]事实如下:自脑出血之后,K女士从2002年10月起就处于昏迷之中。她失去了语言能力,在护养院中通过一根穿过腹侧的导管来人工输送营养。尽管如此,她到2007年12月的时候明显地消瘦下去了。健康状态的好转是不太可能了。根据她孩子的陈述,K女士在2002年曾经和他说过,如果她陷入昏迷状态,她不想要以人工输送营养和呼吸机的方式来延长生命。基于此,之后被起诉的律师和K女士的两个孩子一再地想要中断人工的营养供给。主治医生的相应指示,即认为不用再继续给予人工的营养供给,并没有被护理工作人员所遵循。在和护养院领导层协商之后,最终K女士的女儿G女士,停止了通过PEG导管的营养供给,并且减少了液体输入。然而,公司的管理层指示护养院领导层恢复人工的营养供给,并且如果K女士的孩子不同意的话,将会给他们一个家庭禁令。随后,律师打电话告诉了G女士自己的建议,即切断流食导管,G女士也这么做了。在护工发现了这件事之后,K女士被转移到了医院,并安装上了新的PEG导管。2008年1月5日,K女士自然死亡。

因为给予切断导管建议而被起诉的律师,被富尔达法院判定为,构成积极作为的未遂杀人。这一行为既不能通过假定的同意,也不能通过第32条的紧急救助或者第34条的紧急避险而得到正当化。第35条的排除罪责的紧急避险在上述案例中无法适用。相反,G女士被无罪释放,因为她由于律师的法律建议而处于不可避免的禁止错误之中,所以她的行为并无罪责。[57]

---

[54] BGHZ 163, 195, 200.
[55] BGHZ 163, 195, 200.
[56] BGHSt 55, 191 ff.
[57] BGHSt 55, 191, 194.

联邦法院第二刑事法庭宣告被起诉的律师无罪。[58] 人工营养供给的恢复被联邦法院评价为违法干涉身体完整性的行为。护养院领导层和护理工作人员,根据联邦法院的观点,并没有略过病人明确表达的意志的权利。合法的医疗中断的前提条件是存在的。在此,病人的推测意志并不重要,因为在其陷入昏迷之前所表达的是她的真实意志已经确定无疑了。[59]

根据法庭的观点,通过第 32 条正当防卫的正当化在此被排除了。[60] 虽然存在防卫情状,因为恢复人工的营养供给是侵犯身体完整性的违法行为,但是,防卫行为所指向的不是攻击者的法益,而是被攻击者自己的法益。对生命的干涉不能通过旨在防止对同一人的身体完整性的干涉而采取的紧急救助得到正当化。通过紧急避险的正当化在此也要被排除,因为生命法益相较于被威胁的身体的完整性法益位阶更高,并且干涉行为所指向的是正在遭受危险的受害者。根据联邦法院的观点,医疗中断可以通过同意得到正当化。之前的共同被告的行为根据《刑法典》第 25 条第 2 款可归属于被起诉的律师。判决仅在一个从句中说明了这一点[61],有关正犯证成的进一步论述在判决中并不存在。在这一判决中,参与理论并没有发挥明确的作用。

与之前的联邦法院的判决不同,结束生命的措施是一个积极的行为,因为流食导管被切断了。因此有疑问的是,病人的死亡意志如何被考虑。根据目前的通说观点,根据《刑法典》第 216 条,在积极的自杀中,同意是被排除的。[62] 在被联邦法院作为论证理由的于 2009 年 9 月 1 日生效的《病人指令法》中,立法者确定,一个于当下不具有同意能力的病人的实际的或者推测的例如关于治疗意愿的意志,不论其生病的阶段或者种类,都是有约束力的,照料人以及主治医生应当受其约束。[63] 这一规定也会对刑法有所影响,尤其是对作为和不作为的区分是否会决定可罚性这一点有所影响。

联邦法院并没有去触碰积极安乐死和消极安乐死的区分[64],而是指出,在《病人指令法》颁布之后,这一区分不再有意义[65]:通常人们是通过

---

[58] BGHSt 55, 191, 194.
[59] BGHSt 55, 191, 196.
[60] BGHSt 55, 191, 197.
[61] BGHSt 55, 191, 198.
[62] BGHSt 55, 191, 201.
[63] BGHSt 55, 191, 199 f.
[64] 主张联邦法院在安乐死语境中放弃区分作为和不作为之观点,偶然可以见到,但却是错误的。
[65] BGHSt 55, 191, 201 ff.

一系列的行为来实施医疗措施的中断,将其区分为作为或者不作为主要取决于意外。与中断医疗有关的所有行为,都被归属在医疗行为的中断这一上位概念之下,即病人病危时,不采取、限制或者停止维持或延长生命的医疗措施。[66]

富尔达人判决在法学上引起了相当大的轰动,因为尽管存在《刑法典》第216条,联邦法院还是将同意的正当化效果扩展到了自杀上。[67] 其中有许多教义学的细节问题有待澄清,首要的是,这一判决和《刑法典》第216条所蕴含的"同意封锁"的可兼容性。[68] 在此我们可以确定的是,参与理论在富尔达人判决之中并没有发挥突出的作用。毋宁说,在目前判决中被证成的区分和从中推导出来的结论是有点想当然的。

6. 联邦法院的新判决:维蒂希判决的放弃

在最新的判决中,联邦法院放弃了维蒂希判决。[69] 作为依据的是两个案例。在这两个案例中,医生为他的病人在自杀过程中提供协助。汉堡地方法院和柏林地方法院无罪释放了因为自杀提供支持和不采取救援措施而被以杀人罪和见危不救罪起诉的医生。[70] 联邦法院第五刑事法庭在2019年6月3日的两个判决中驳回了检察院就此提出的上诉。[71] 地方法院的判决因此具有最终效力。

联邦法院并没有在裁判中论证理由。在法庭的新闻发布会中提到被告人为其预先提供的自杀帮助承担刑法上的责任之前提是,自杀者没有能力形成自我答责的自杀意志。在两个案例中,地方法院在法律上正确无误地确定了没有限制自杀者的自我答责性的情况出现。毋宁说,她们的自杀意愿以随着时间而发展的"生活疲劳"为基础,而不是精神障碍的结果。因此,医生没有义务进行救援行动。基于《刑法典》第323c条的见危不救罪的可罚性也应当被否定。[72] 因此,通过维蒂希判决建立起来的判例[73]实际上已经被放

---

[66] BGHSt 55, 191, 204.
[67] 这一方向的判决参见 Urteil des BVerfG vom 26. Februar 2020, BVerfGE 153, 182 ff.（dazu unten 7b）。进一步,参见 Rostalski, JZ 2021, S. 477 ff.,该文作者正确地看到,《刑法典》第216条也因联邦宪法法院的这一判决成为被检视的对象。
[68] 这一规范的灵活解释,参见 Kindhäuser/Hilgendorf, LPK-StGB (Fn. 1),§216 Rn. 2。
[69] BGHSt 32, 367（Urteil vom 4.7.1984）, dazu oben II.2.
[70] LG Berlin 234 Js 339/13（Urteil vom 8.3.2018）; LG Hamburg 619 KLs 7/16（Urteil vom 8.11.2017）.
[71] BGH 5 StR 393/18; 5 StR 132/18.
[72] Pressemitteilung des Bundesgerichtshofes Nr. 90/2019.
[73] BGHSt 32, 367.

弃了。

7. 新的挑战

在前文中,我尝试根据联邦法院的关键判决来大致展示限制从属性对于安乐死可罚性的意义。在此可明确的是,许多问题一如既往没有被弄清楚;在联邦法院的判决中并不存在无矛盾的体系性,虽然一个明显朝着自由方向之趋势是可以确定的。接下来,还需指出一些参与理论影响安乐死处理的其他相关问题。

(1) 姑息性镇静治疗

在姑息性镇静治疗中,所涉及的是生命末期的镇静治疗;人们也通常将其称为"末期镇静"。[74] 在"末期镇静"中,给病人施用降低意识的药物,目的在于,减缓由疾病引起的、病人主观上认为不可忍受的疼痛,且此疼痛无法通过其他方式得到缓解。通过这一具有麻醉性的镇静治疗,给病人创造了"休息"的可能,其持续的时间长短需提前和病人约定好。此种类的镇静治疗在镇痛医疗中被视作"安抚性方案"。甚至还存在这样的案例,病人醒来后,内心生出了新的生存意愿。[75] 仅仅通过这一认识,即他们有权要求这样的帮助,病人在他们的死亡阶段中也会有控制感和更高的生命质量。[76]

姑息性镇静治疗可以以不同的强度实施,例如表层镇静的形式,在此种形式中意识仅仅被减少了,或者深度的镇静,在其中意识被完全排除了。通常而言,它是以间歇性的方式实施的,也就是持续特定的时间,例如 48 小时,时间到了之后病人再次苏醒,接下来进一步的措施要和病人再次商量。[77] 姑息性镇静医疗的目标在于症状减轻。例如,减缓疼痛、呼吸困难或者恐惧。但是,镇静也可能和严重的健康风险相连,包括致死性风险。与发生在病人身上的后果以及镇静的意图相关的是,相关的治疗行为可能被归入医生的康复治疗、间接(积极)安乐死或者直接积极安乐死。在此,后续的情形应当被区分对待:

> 如果镇静的实施并不会带来缩短病人生命的危险,那么镇静的实施便应当处在医生康复治疗的一般规则之下。[78] 意识的损害或排除

---

[74] Verrel Gutachten C für den 66. Deutschen Juristentag (DJT), 2006, S. 105 ff.
[75] Klasen/Klasen, jM 2016, 227, 231.
[76] Klinkhammer/Kuhlmann, Deutsches Ärzteblatt 2015, A 124.
[77] Klinkhammer/Kuhlmann, Deutsches Ärzteblatt 2015, A 124.
[78] Dazu Hilgendorf, Medizinstrafrecht, 2. Kap. Rn. 8 ff.

符合《刑法典》第 223 条身体伤害的构成要件，但可通过病人的同意而正当化，在这一点提前告知病人时。

但是，在一些案例中，由于镇静药物的副作用，病人的生命会被缩短。在此，死亡的引起并非镇静治疗的目的，而是不被希望的，但被容忍的副作用。这一情形被归入间接积极安乐死的子类型中。[79] 与间接积极安乐死的通常情形不同，在姑息性镇静治疗中，意识减少不仅仅是被容忍的，还是一个被追求的结果。最后，镇静医疗与那种目的是引起病人的死亡结果的镇静也是不同的。在那种情形中，存在的是积极的杀人行为，医生由于《刑法典》第 216 条的受嘱托杀人或者根据《刑法典》第 212 条的杀人而可能是可罚的。

在实践中，姑息性镇痛医疗时常和医疗中断一起发生，例如人工和流食供养被放弃，因为这在医学上不再有效。[80] 这一结合在死亡的最后阶段被视为原则上是被允许的，即便镇静仅仅服务于，使得通过医疗中断引起的疼痛变得可忍受些。[81] 但前提是，中断医疗行为自身是被容许的。

然而，当姑息性镇痛医疗不是为了减少症状且也不在末期被实施，而是为了让病人通过放弃人工流食喂养而使得自杀得以可能实现时，姑息性镇痛医疗是不被允许的。因为深度镇静的病人对于事件过程不再有支配，在此存在的不仅仅是单纯的自杀帮助，而是具有正犯性的杀人。[82]

在实践中，划定被容许的姑息性镇痛医疗和可罚的积极安乐死的明确界限，通常是困难的。故而末期镇静治疗的不可罚性可能会被利用来躲避受嘱托杀人的禁令。一般来说，间接安乐死和被禁止的积极安乐死的界分通常根据医生的目的来实现。如果症状减缓是重要的，而死亡结果的发生只是一个不被希望而被医生容忍的副作用，那么就是间接安乐死。对此，如果人们仅仅根据医生的主观意图来界定，那么便存在着高度的滥用危险。出于这一原因，额外的客观标准被要求遵守。姑息性镇静医疗的医学指示

---

[79] Vgl. Schneider in: Joecks/Miebach (Hrsg.), Münchener Kommentar zum Strafgesetzbuch, Band 4, 3. Auflage, 2017, Vor § 211 Rn. 136; Eser/Sternberg-Lieben in: Schönke/Schröder, Strafgesetzbuch, 30. Auflage, 2019, Vor § 211 Rn. 26a, Verrel DJT C 105 ff.

[80] Vgl. Sahm, Auf der Seite des Lebens. Ethische Herausforderungen in Palliativmedizin und-pflege, 2021, S. 76 ff., ferner Kränzle/Schmid/Seeger, Palliative Care. Handbuch für Pflege und Begleitung, 6. Aufl., 2018, S. 203 ff.

[81] Verrel DJT C 106.

[82] Verrel DJT C 106.

尤为必要。此外,具体所选择的医疗也要符合医学的规则。[83]

(2)业务性的安乐死

此外,还存在不仅仅是单次的,而是反复地、业务性地实施自杀的帮助。直到几年前,这一帮助自杀的形式还如同单次的帮助一样是不可罚的。德国的立法者改变了这一点,在2015年12月将业务性的帮助自杀作为独立的内容置于第217条的处罚之下。[84] 这在法律技术上是可能的,即立法者将帮助行为归为独立的犯罪行为。[85] 在内容上,这一新规范被批判的是,不具有不法属性的单次行为的重复实施同样也不可能具有不法属性。[86] 在我看来,这一理由不是特别具有说服力,因为一个反复的行为实现完全可能具有独立的性质,尤其是当对反复的行为附上了相应的故意时。

《刑法典》第217条的核心问题毋宁说,这一规范由于其过于宽泛的文义将属于临终关怀和止痛治疗的核心领域的行为也纳入其中,例如给予强效的和可能致死的止疼片以让病人回家后自我负责地服用,或者提供房间给自愿自杀的人。[87] 此外,这一规范将会使得自我答责的自杀在事实上变得不可能,自我决定的自杀基本权将会"落空"。[88] 因此,联邦宪法法院在2020年2月宣告此条款违宪。[89]

现在德国联邦议会正在商讨自杀帮助的新规则。这一波讨论又将会掀起新的高潮。应当被注意的是,从教义学的角度来讲,仅仅涉及的是自杀帮助,而不是正犯形式的(积极或消极)杀人。根据行为支配标准对正犯和参与的区分在自杀帮助的研究中也占据着特别重要的地位。

(3)唆使自杀

第三个现时的问题领域是唆使自杀的不可罚性。由于限制从属性的基本原则,不仅仅是帮助自杀,教唆自杀也是不可罚的。或者换句话说:不仅仅是给自主行为的、有自杀意愿之人弄到所需的毒药的人是不可罚的,而且催促他人自杀和导致其他人产生自杀意愿的人,也是不可罚的。因此这些

---

[83] Verrel DJT C 106.
[84] Bundesgesetzblatt Nr. 49 vom 09.12.2015.
[85] Brunhöfer in: MüKo-StGB (Fn. 82), § 217 Rn. 18.
[86] Vgl. Saliger in: Kindhäuser/Neumann/Paeffgen (Hrsg.), Strafgesetzbuch, 5. Auflage, 2017, § 217 Rn. 3; Roxin, NStZ 2016, 185, 189.
[87] Hilgendorf, Medizinstrafrecht, Kap. 5 Rn. 18 f.
[88] BVerfGE 2 BvR 2347/15 Rn. 278; ebenso schon Hilgendorf, JZ 2014, 545 (551), kritisch Hillenkamp, JZ 2020, 618 (625).
[89] BVerfGE 2 BvR 2347/15 (Urteil vom 26.2.2020).

案件变得众所周知,即行为人首先通过网络霸凌受害者,然后再要求他自杀。如果受害人按这一要求做了,那么根据德国的法律状况,行为人是不可罚的,只要受害人"自主"地实施了自杀行为。[90] 只有当对于被害人的压力达到了他的自我决定可能性被强烈限制或者完全排除的程度时,此时间接正犯形式的杀人才会被接受。[91]

这一法律状况不具有说服力。在自杀帮助的通常情形中,帮助所承载的都是利他的动机,而在教唆自杀的情形中则很难想象,存在与人道主义的(而不是和基督教教义相一致的)人类社会模式相一致的动机。要求他人自杀的人或者甚至驱使他人自杀的人,在一般情况下不是为了他人的利益,而是自己的利益。行为不法无论如何都是存在的。因此,许多人支持,在安乐死的新规则中,仿照瑞士的规定[92],将出于自利动机的教唆自杀纳入刑罚之下。

8. 总结和展望

①在德国,安乐死的可罚性在很大程度上由限制从属性理论确定。因为支持行为只有当其在法教义学上是"主行为"时才是可罚的,对于此一可罚性问题至关重要的是,支持行为被归为正犯行为还是仅仅是纯粹的"帮助"。这一区分在安乐死的语境中,根据通说观点,主要通过行为支配的标准来实现。

②安乐死的可罚性以限制从属性理论为依据是有疑问的,因为限制从属性理论是完全出于其他考量而被引入的。因此,缺乏法伦理论证的是,为什么限制从属性理论和正犯与共犯的区分会在安乐死的可罚性评价上扮演如此重要的角色。

③以限制从属性理论为依据之所以会存在疑问,还因为正犯和共犯的界分是不确定的。不论是司法中的"主观理论",还是在德国学界广受认可的"行为支配理论",都赋予法律工作者以很大的决定权,所以无论如何都无法在所有的案件中给出明确的答案。

---

[90] Sehr bekannt geworden ist der Fall der Michelle Carter, die 2014 ihren Freund Conrad Roy mittels SMS-Nachrichten in den Tod trieb, https://www.faz.net/aktuell/gesellschaft/kriminalitaet/suizid-anstiftung-bringt-michelle-carter-fuer-zweieinhalb-jahre-in-haft-15136223.html.

[91] Baumann/Weber/Mitsch/Eisele, AT (Fn.5), §25 Rn.112 f.

[92] 《瑞士刑法典》第115条提到:"出于自利动机诱导他人自杀的或者帮助他人自杀之人,如自杀完成或未遂时,将被判处五年以下有期徒刑或者罚金。"

④非常值得注意的是这一事实,即与在其他的司法实践中不同,在有关安乐死的判决中,行为支配理论扮演着重要的而且经常是决定性的角色。为何判决在此遵循行为支配理论,而不再主张主观理论,到目前为止尚未有充分的解释。

⑤在安乐死的语境中,以行为支配为依据意味着,病人意志的重要性下降了,因为有自杀意愿者通常没有行为支配。毋宁说,有行为支配的是支持者,例如主治医生。安乐死的裁判以行为支配理论为基础,这会导致支持者的可罚性范围的明显扩张。

⑥为了改善有自我决定能力之病人的利益,可以考虑的是,在决定存在的是正犯还是共犯时,更多地考虑病人意志的角色。但是,这可能导致,在安乐死语境中主观界分理论的增强。[93] 这一步与因许多原因而广受支持的行为支配理论是相矛盾的。因此,这一进路需要进一步的检视。

---

[93] So etwa Hilgendorf, in Arzt/Weber/Heinrich/Hilgendorf, BT (Fn. 1), § 3 Rn. 42; vgl. auch den Fall Diane Pretty, NJW 2002, 2851 ff. (Urteil vom 29.4.2002) und dazu Hilgendorf, in: Joerden/Szwarc (Hrsg.), Europäisierung des Strafrechts in Polen und Deutschland – rechtsstaatliche Grundlagen, 2007, S. 173 ff.

王 钢[*]

帮助自杀中的参与理论

近年来,自杀行为是否具有违法性以及帮助他人实施自杀的行为是否应当受到处罚等问题,引起了我国学者的关注。在德国,随着立法者于 2015 年底在《德国刑法典》中增设第 217 条业务性促进自杀罪,学界也围绕着帮助自杀等问题展开了讨论。这些学术争议均表明,帮助自杀中的参与问题并非简单的议题。本文尝试在有限的篇幅内对该问题进行梳理与探讨。下文将首先明确自杀的定义以及自杀行为本身是否具有违法性,然后再在此基础之上,讨论帮助自杀以及业务性促进自杀的问题。

一、自杀的定义

就字面意义而言,"自杀"是指"自己杀死自己"。这种理解虽然正确强调了自杀的客观要件,但却并不全面。我国刑法学者陈兴良教授正确地指出,"自杀"应当是指"基于意志自由,自我决定结束生命的行为"[1]。据此,"自杀"概念应该包含主客观两方面的内容,并且与自杀者自主决定的自由紧密相关。

在主观方面,认定自杀必然以自杀者有意识地自愿选择死亡为前提。这就要求自杀者认识到了死亡结果,并且自主决定地追求或者放任死亡结果的发生。首先,只有在自杀者认识到了死亡结果或者至少认识到了导致死亡的可能性时,才能认定其自愿选择了死亡。若自杀者没有认识到相应行为将会造成自己死亡,则不能被认定为自杀。[2] 其次,成立自杀还要求自杀者必须是追求或者放任死亡结果出现。若自杀者虽然认识到了发生死

---

[*] 清华大学法学院副教授,博士生导师。
[1] 陈兴良:《判例刑法学(下卷)》(第 2 版),中国人民大学出版社 2017 年版,第 156 页。
[2] Vgl. Kion, Die Beteiligung am Selbstmord, 1970, S. 14.

亡结果的可能,但是却相信或者希望死亡结果不会出现,也不能成立自杀。当然,这并不意味着自杀者必须将死亡结果本身视为最终目的。将自身死亡结果作为实现其他目的的必要中间步骤加以利用,或者以类似间接故意的心态放任自己死亡的,也可以成立自杀。[3] 最后,自杀还必须出于自杀者的自主决定,是其自由意志的真实体现。虽然现代医学研究表明,绝大部分自杀者都患有不同程度的精神或心理疾病或者受到抑郁情绪的影响,但却不应据此认为自主决定的自杀根本不可能存在。[4] 事实上,拥有健全自主决定能力的自杀者经过仔细权衡之后选择死亡的情形(Bilanz-Selbstmord)也并非罕见。[5] 因此应当认为,现代对自杀的流行病学研究本身并不能绝然否定自杀者自主决定选择死亡的可能性。[6] 在认定自杀者是否自愿实施自杀时的一个重要问题是,若自杀者是因受胁迫或欺骗而选择放弃生命,是否还能认定其构成自杀? 与责任排除说的立场[7]相反,本文认为,只有在自杀者具有充分的认知与判断能力并且其意思表示无重大瑕疵时,才能认定其自愿地选择了死亡。当自杀者对于死亡结果存在确切的认知,但却误认了自身死亡的目的和意义时,也不应认定其构成自杀。

在客观方面,自杀意味着自杀者自己终结了生命,其必须客观上亲自控制、支配了直接导致死亡结果的行为,从而"自己杀死了自己"。换言之,在将要不可逆转地造成死亡结果的最后关键时刻(the point of no return),必须是自杀者自己掌控着事态的发展,决定了是否以及以何种方式死亡。唯有如此,才能确保自杀者直到最后一刻都掌握着自己的生命,贯彻了自己的意志与意图,也才能认为死亡结果是其自主的抉择。[8] 据此,在自杀者独自通过自己的行为造成了自己死亡时,固然应当认定其"自己杀死了自己",但是,即便客观上是由行为人实施了导致死亡的行为,若自杀者利用

---

[3] Vgl. Simon, Die Suizidtat: Eine vergleichende Betrachtung, 1976, S. 83 f.
[4] Vgl. so aber Bringewat, Die Strafbarkeit der Beteiligung an fremder Selbsttötung als Grenzproblem der Strafrechtsdogmatik, ZStW 87 (1975), S. 625 ff.
[5] Vgl. Mielke, Heimtücke gegenüber Kindern: Anmerkung zum Begriff des erweiterten Suizids, NStZ 1996, S. 477 f.
[6] Vgl. Pohlmeier, Freiverantwortlichkeit des Suizids aus medizinisch-psychologischer Sicht, in: Pohlmeier/Schöch/Venzlaff (Hrsg.), Suizid zwischen Medizin und Recht, 1996, S. 38.
[7] Vgl. Roxin, Strafrecht AT, Band II, 2003, § 25 Rn. 54, 57; Jakobs, Strafrecht AT, 2. Aufl., 1991, 21/98.
[8] Vgl. Jakobs, Tötung auf Verlangen, Euthanasie und Strafrechtssystem, 1998, S. 22 ff.

自己相对于行为人的优势认知支配了整体情势,则仍然应当认定其构成自杀。[9] 同样,当自杀者和行为人共同实施了导致死亡的行为时,若自杀者的行为贡献是招致死亡结果必不可少的步骤,也应当认定其构成自杀。[10]

二、自杀行为的性质

(一) 见解分歧

关于自杀行为的性质,学界存在着违法行为说、法外空间说与合法行为说等多种见解。违法行为说认为,尽管自杀(未遂)者不应当受到刑事处罚,但这并不当然意味着自杀不能构成刑事不法。德国联邦最高法院在2001年的判决中强调:"人的生命在宪法价值秩序中……是最高级别的被保护的法益。因此法秩序认为自杀——除极端例外情形之外——也是违法的,只是对自杀……不加处罚。"[11] 类似地,我国也有诸多学者主张,自杀本身仍然是不法行为,只是因为刑罚无法有效地威慑自杀者或者不能期待自杀者违背意志继续生活,从而免除其刑事责任。[12] 法外空间说在我国[13]和德国[14]都获得了部分学者的支持。该说认为,自杀属于法外空间,法秩序不应对之进行评价,故其既不合法也不违法。合法行为说主张,自杀意味着自杀者自主决定地选择死亡,是体现了自杀者处分自身生命之自由的合法行为。众多德国学者均持该说[15],我国也有相似的见解。[16]

(二) 自杀行为合法性之提倡

本文支持合法行为说。前文对自杀的定义表明,只有在自杀者自主决定地选择死亡并且自己杀死了自己时,才能认定其构成刑法意义上的自杀。据此,自杀必然是自杀者自主决定的结果,其体现着自杀者对自身生命法益加以支配和处分的自由,并不构成对自杀者生命法益的损害。事实

---

[9] Vgl. Engländer, Anmerkung zu OLG Nürnberg, Beschluss v. 18. 9. 2002 – Ws 867/02, JZ 2003, S. 747.
[10] Vgl. Roxin, Täterschaft und Tatherrschaft, 9. Aufl., 2015, S. 570 f.
[11] Vgl. BGHSt 46, 279 (285).
[12] 参见马克昌主编:《犯罪通论》(第3版),武汉大学出版社1999年版,第831页。
[13] 参见周光权:《教唆、帮助自杀行为的定性》,载《中外法学》2014年第5期。
[14] Vgl. Roxin, Strafrecht AT, Band I, 4. Aufl., 2006, §14 Rn. 28.
[15] Vgl. Saliger, Selbstbestimmung bis zuletzt, 2015, S. 46 ff.
[16] 参见王钢:《自杀的认定及其相关行为的刑法评价》,载《法学研究》2012年第4期。

上，德国宪法学界当前的多数见解都肯定公民享有自主决定放弃自身生命的自由，将自杀视为生命权[17]、一般人格权[18]、一般行为自由[19]乃至人性尊严[20]的保障范畴。自杀的基本权利导致国家有义务尊重自杀者放弃生命的自主决定，其不能禁止自杀行为，也不得禁止他人应自杀者的要求为之提供建议和帮助，否则就构成对自杀者基本权利的干涉。[21] 德国宪法学界的立场也为欧洲人权法院的判决所印证。在 2002 年的"普雷蒂（Pretty）诉英国"案中，欧洲人权法院认为，《欧洲人权公约》第 8 条第 1 款规定，人人享有使自己的私人生活得到尊重的权利，故公民在特定时间以特定方式放弃生命的自主决定应当受到尊重。[22] 在 2011 年的"哈斯（Haas）诉瑞士"案中，欧洲人权法院明确指出，自杀者自主决定在何时以何种方式死亡的自由"不能只是停留在理论上的虚假权利"。[23] 在 2012 年的"科赫（Koch）诉德国"案[24]以及在 2013 年的"格罗斯（Gross）诉瑞士"案[25]中，欧洲人权法院也同样坚持了这种立场，将自主决定放弃生命的权利视为《欧洲人权公约》第 8 条规定的尊重私人生活权的固有内涵。

结合刑法中的个人法益概念，也应当得出相同的结论。刑法保护个人法益，正是旨在确保权利人能够充分享有对属于自己的法益客体进行支配和使用的自由，保障其实施自治的外在条件，使之可以自主决定地依据自己所享有的法益客体追求自我实现与人格的自由发展。因此，对于刑法中的个人法益，不能单纯从事实性的角度进行理解。个人法益并不仅指归属于权利人的相应对象物或客体得以保全和存续的客观状态，而是在这种静态要素之外，也包含有动态要素，即权利人自主决定地对归属于自身的法益客体加以利用的自由。这就恰如德国学者鲁道菲（Rudolphi）所指出的："法益

[17] Vgl. Pieroth/Schlink, Grundrechte, Staatsrecht II, 26. Aufl. , 2010, Rn. 419.
[18] Vgl. Möller, Selbstmordverhinderung im freiheitlichen Staat, KritV 2005, S. 233 f.
[19] Vgl. Epping, Grundrechte, 5. Aufl. , 2012, Rn. 106.
[20] Vgl. Herdegen, in: Maunz/Dürig Kommentar, GG, 75. Lieferung, 2015, Art. 1 Abs. 1 Rn. 89.
[21] Vgl. Lindner, Verfassungswidrigkeit des-kategorischen-Verbots ärztlicher Suizidassistenz, NJW 2013, S. 136 f.
[22] Vgl. EGMR, NJW 2002, 2851 (2853 ff.).
[23] Vgl. EGMR, NJW 2011, 3773 (3774 f.).
[24] Vgl. EGMR, NJW 2013, 2953 (2955 f.).
[25] See ECtHR, Case of Gross v. Switzerland (Appl. no. 67810/10), 14 May 2013, paras. 63–67.

和对法益的支配权不仅构成了一个整体,支配对象和支配权之间的相互结合本身更是形成了构成要件所保护的法益。"[26]据此,个人法益应当是静态要素与动态要素相结合的双层结构,相应地,对个人法益的侵害也就应当表现为对法益客体和权利人支配自由的双重侵犯。即行为人的行为不仅对权利人的法益客体造成了消极影响,还因此限缩了权利人对相应法益客体进行支配和使用的自由,限制了权利人用于自我实现和人格发展的外在条件。在涉及生命法益时,也同样如此。任何人的生命都处于不断的损耗之中,"所有的生命最终也不过是对生命的消耗"[27]。刑法作为人所设置的行为规范,自然不可能抑制生命的这种自然损耗的过程。既然如此,刑法对于生命法益的保护也就不可能体现为保障生命的延续,而只能是通过禁止他人缩短乃至终结权利人的生命,从而保障权利人对于自身生命的自由支配和使用。简言之,自主决定地对自身生命进行支配和使用的自由,原本就是生命法益的题中之义,故自杀者自愿选择放弃生命的,并不构成对生命法益的侵犯,应当认定其自杀举措属于合法行为。

(三) 对反对意见的回应

当然,对于本文此处的结论,学界也不乏反对意见。诸多论者基于不同的理由主张,自杀者并不享有处分自身生命的自由权利,故帮助自杀乃至自杀行为本身都具有违法性。在本文看来,这些理由均难以成立。

1. 社会危害性

出于社会本位的立场,有观点认为,自杀危及了社会共同体的存续[28]或者妨害了整体社会关系的稳定[29],故每个社会成员都负有继续生存的义务,不得处置自身生命。这种见解显失妥当。就现实后果而言,在高度发达的现代商品经济社会中,很难想象某些社会成员的自杀会影响社会的运转或者社会的整体关系。此外,恰如休谟所言,公民只有在享受社会共同体的益处时,才有义务促进社会的福祉;若其选择通过自杀退出社会共同体、断绝与社会的联系,就不应认为其仍然要受社会共同体的约束。所以,自杀

---

[26] Rudolphi, Literaturbericht, Strafrecht AT, ZStW 86 (1974), S. 87.
[27] Welzel, Studien zum System des Strafrechts, ZStW 58 (1939), S. 515.
[28] Vgl. Schmidhäuser, Selbstmord und Beteiligung am Selbstmord in strafrechtlicher Sicht, FS-Welzel, 1974, S. 814 ff.
[29] 参见张绍谦:《略论教唆、帮助他人自杀行为的定性及处理》,载《法学评论》1993 年第 6 期。

者最多只是停止对社会做出贡献,并未对社会共同体造成"损害"。[30] 即便认为自杀行为造成了潜在人力资源的损失,从而削弱了社会共同体,也不能据此限制个人处分自身生命的自由。因为,在现代以自由保障为主旨的法秩序中,法律的任务在于维护公民个人的自由权利,而非促成社会共同体利益的最大化。譬如,尽管永久移民国外的公民不仅不再为国家贡献人力资源,还会将自己的全部财产转移至国外,其对社会共同体所造成的损失更甚于自杀,但法律也并不禁止移民行为。既然如此,就没有理由基于社会利益的考量认定自杀行为违法。

2. 个人权益保护

更多的论者基于对自杀者个人权益的保护限制其处分自身生命的自由。这种见解认为,生命虽然属于个人法益,但是从保护本人利益的家长主义立场出发,应当否定法益主体对自己生命的处分自由。因为"生命法益有其特殊性",其是"一切权利或者价值的本源或者基础",是"绝对性价值",有必要对之给予"最为厚重的保护"。"生命的放弃意味着是对自由和自由权主体本身的彻底毁灭,是对包括自己决定权在内的一切价值和权利的永久剥夺。""以公民享有自己决定权为根据允许公民可自由地处分作为自己决定权的基础(生命)这一点,本身就与刑法保护个人自己决定权的宗旨相矛盾。"所以,"在生命的尊严面前,自己决定权也必须让步。"[31] 本文同样难以认同这种见解。

首先,在哲学上,这种硬家长主义的立场自其诞生之日起就饱受诟病。康德明确指出:"没有人可以强迫我通过他的方式(根据他所设想的别人的福祉)变得幸福","家长主义式的政府(imperium paternale)……是所能想见的最恶劣的专制政体"。[32] 密尔也认为,国家对公民自由进行家长式的干预是不明智的。因为最关切个人福祉的,正是其本人;而且相比社会或他人,其本人原则上能够更好地判断自身的情况和处境。[33] 硬家长主义的立场也难以与公民的自主决定权相协调。因为,自主决定原本就是指自由的自我创造,其首要意味着个人可以创设并且支配自己的生活。[34] 自主

---

[30] See Hume, Essays on Suicide and the Immortality of the Soul, 1799, p. 12.
[31] 钱叶六:《参与自杀的可罚性研究》,载《中国法学》2012年第4期。
[32] Kant, Über den Gemeinspruch: Das mag in der Theorie richtig sein, taugt aber nicht für die Praxis, 1793, in: Ebbinghaus (Hrsg.), Immanuel Kant, 5. Aufl., 1992, S. 41.
[33] 参见〔英〕约翰·密尔:《论自由》,程崇华译,商务印书馆1959年版,第61、82页。
[34] See Raz, The Morality of Freedom, Oxford: Clarendon Press, 1986, pp. 390、371-373.

决定是价值中性、"道德开放的概念"[35],其并不意味着个人应当进行"正确的"或者"好的"决定,而是承认个人根据自己的判断进行意思决定这一权利本身就具有独立的价值。[36] 与此相应,就也不能像硬家长主义那样,将推行理想的生活计划或者促进个人的自我完善作为限制个人自主决定的理由。

其次,鉴于刑法本身的特性,也难以在刑法中贯彻硬家长主义的立场。刑法的任务在于通过创设构成要件、禁止侵害行为从而保障公民个人自由发展所必需的外在条件和社会空间,而不是干涉公民处理自身事务的自由。"如果刑罚超过了保护集存的公共利益这一需要,它本质上就是不公正的。"[37]此外,刑事法律具有制裁手段严厉性的特征,刑罚总是体现着对行为人及其行为的谴责性评价,故刑法与意图维护行为人自身利益的硬家长主义之间存在着天然的矛盾:刑事处罚并不是在促进行为人的福祉,无法通过对行为人科处刑罚的方式保护其自身利益。因此,在刑法中贯彻家长主义必然导致刑罚功能的错位。

再次,在自杀的场合贯彻硬家长主义的立场,也颇为不当。生命法益固然具有重要意义,受到刑法的严格保护。但这并不意味着,公民不能偏离社会观念对自身生命给予较低的价值评价。[38] 事实上,刑法也不禁止公民为保护他人(即便是较为轻微的)利益而自愿地选择自我牺牲。只有将生命法益评价为脱离于个人的、抽象的绝对价值时,刑法才可能强求自杀者赋予自身生命以重大意义并恪守"生命的尊严"。然而,这种立场必然导致将生命法益视为超个人的国家或者社会利益,无法与自由主义的法秩序相契合。而且,死亡虽然是个人自我发展的终点,但是,对于是否死亡以及死亡方式的选择却仍然是个人人格自我实现的重要一步,对之加以干涉很可能会严重损害自杀者人格的完整性。[39] 因此,允许公民自主选择死亡与尊重其自主决定权并不矛盾,为公民保留选择死亡的自由,恰恰是尊重其自主决定权的表现。在现实生活中,自杀者往往是由于不堪忍受长期病痛折磨和艰难困苦的生活而选择放弃生命,否定其可以自由处分生命就意味着法

---

[35] Vgl. Seher, Liberalismus und Strafe, 2000, S. 131.
[36] Vgl. Möller, Paternalismus und Persönlichkeitsrecht, 2005, S. 157.
[37] 参见〔意〕贝卡里亚:《论犯罪与刑罚》,黄风译,中国法制出版社2002年版,第10页。
[38] Vgl. Neumann, Triplik auf die Duplik von der Pfordtens, in: v. Hirsch/Neumann/Seelmann (Hrsg.), Paternalismus im Strafrecht, 2010, S. 346 ff.
[39] See Kleinig, Paternalism, Manchester: Manchester University Press, 1983, pp. 100, 103-104.

律强制其在接下来的数年甚至数十年里必须忍受极度的、足以摧毁其人性尊严的痛楚。这恐怕也背离了硬家长主义维护自杀者自身福祉的理论出发点。

最后,生命确实具有重要意义,而且,生命法益一旦遭受损失,就不可能再予以恢复。因此,国家的确应当确保自杀者是自主决定地选择死亡,而不是由于欠缺认知或判断能力,基于不成熟的思虑而草率放弃自身生命。正因如此,在确定自杀的定义时,必须要求是自杀者直至最后的关键时刻都现实地掌控着造成死亡结果的行为,从而确保其一旦放弃死亡决意便可以毫无障碍地终止杀害行为、保全生命,确保死亡结果是其自由意志的真实体现。[40] 如此也能有效地避免自杀者草率地将生命交由他人处置,从而为其预留了反思、确证自己死亡决定的余地。[41] 这种对自杀行为的限制并未否定自杀者处分生命的自由,而是在保障这种自由,其是软家长主义在刑法中的具体表现。[42] 既然对自杀的定义已经可以确保死亡结果是自杀者真实意志的体现,就没有必要也不应该再站在硬家长主义的立场上认定自杀行为违法。

综上所述,无论是从维护社会利益还是从维护自杀者自身权益的角度,都没有理由否定自杀者处分自身生命的自由,更不应认定自杀行为具有违法性。既然如此,就也不能认为自杀行为属于法外空间,而应当肯定其合法性。

三、帮助自杀的可罚性

(一) 见解分歧

在确立了自杀的定义及其性质之后,就可以进而探讨帮助自杀是否应当构成犯罪的问题。我国司法判例原则上认为,帮助自杀应当受到刑事处罚。我国大部分学者也持相同的见解。其理由在于:帮助他人自杀的行为与自杀者死亡之间存在因果关系[43],是具有社会危害性[44]、侵害了他人

---

[40] Vgl. Jakobs, Tötung auf Verlangen, Euthanasie und Strafrechtssystem, 1998, S. 23.
[41] Vgl. von der Pfordten, Paternalismus und die Tötung auf Verlangen, in: v. Hirsch/Neumann/Seelmann (Hrsg.), Paternalismus im Strafrecht, 2010, S. 199 f.
[42] Vgl. Merkel, Früheuthanasie, 2001, S. 411 f.
[43] 参见谢望原、赫兴旺主编:《刑法分论》,中国人民大学出版社2008年版,第207页。
[44] 参见金子桐、小林:《试论对自杀案件的处理》,载《法学》1983年第11期。

生命法益[45]并且违反社会伦理规范[46]的行为,原则上应按照故意杀人罪[47]或者通过增设教唆、帮助自杀罪对之加以处罚[48]。与此相对,少数学者则提倡否定说。譬如,冯军教授从刑法中的自我答责理论出发,认为自杀是在法律上完全自由地处置自己生命的行为,而参与这种行为的,不是杀人行为。[49] 陈兴良教授则主张,自杀本身不是犯罪,其并不符合故意杀人罪的构成要件,因此,由于欠缺不法的主行为,帮助他人自杀也不是可罚的共犯行为;又由于我国没有特别规定帮助自杀罪,所以只能根据罪刑法定原则认定帮助自杀不具有刑事可罚性。[50] 此外,学界还存在各种折中说,譬如认为应当在个案中考察帮助者是否表现积极、起到了较大作用,从而确定是否应当对之科处刑罚,等等。[51] 本文赞同否定说的结论。在学理上,认定帮助自杀构成犯罪的路径主要有两条:部分学者认为,帮助他人实施自杀行为的,构成故意杀人罪的正犯,或者至少在自杀者不能再继续支配事态时,构成不作为的正犯;部分论者则主张,帮助自杀因构成对自杀行为的帮助犯而受到处罚。前种见解可以被称为"正犯说",后种见解则可以被称为"共犯说"。在本文看来,两种见解均不能成立。

(二)正犯说之否定

中国和德国学界均有论者认为,帮助他人实施自杀行为的,因构成故意杀人罪的正犯而受处罚。其中又有各种不同的见解。有论者主张扩张的正犯概念,认为一切可能造成法益侵害或者危险的行为都属于实行行为,故任何故意且非法地使他人的生命陷入危险状态或者造成死亡结果的行为都是故意杀人行为。帮助自杀的行为同样非法剥夺了他人的生命,也属于故意杀人的实行行为,故帮助者构成故意杀人罪的直接正犯。[52] 间接正犯

---

[45] 参见王志远:《论我国共犯制度存在的逻辑矛盾》,载《法学评论》2011年第5期。
[46] 参见于志刚、许成磊:《再论教唆他人自害行为的定性》,载《湖南省政法管理干部学院学报》2000年第6期。
[47] 参见高铭暄、马克昌主编:《刑法学》(第八版),北京大学出版社2017年版,第458页。
[48] 参见钟文彬:《教唆他人自杀定性新探》,载《现代法学》1988年第4期。
[49] 参见冯军:《刑法的规范化诠释》,载《法商研究》2005年第6期。
[50] 参见陈兴良:《判例刑法学(下卷)》(第2版),中国人民大学出版社2017年版,第157页以下。
[51] 参见陈兴良主编:《罪名指南(上册)》(第二版),中国人民大学出版社2008年版,第663页以下。
[52] 参见解兵:《将帮助自杀行为认定为杀人罪的法理根据》,载《检察日报》2010年10月22日,第3版。

说则认为,在帮助自杀的场合,由于只有杀害"他人"的行为才能符合故意杀人罪的构成要件,故自杀者本人没有实现该罪构成要件的可能。相反,只有对自杀者进行帮助的行为人才可能成立故意杀人罪的正犯,其对故意杀人罪构成要件的实现与否具有规范意义上的支配性。所以,故意帮助他人自杀的行为人都是故意杀人罪的间接正犯,而自杀者则是行为人用以实现构成要件的工具。[53] 此外还有论者主张,帮助他人实施自杀的,并不构成故意杀人罪的正犯,但是,若自杀者在自杀过程中丧失了自由意志,则之前实施了帮助行为的行为人就仍然有义务对自杀者施以救助,否则其就因不作为而构成故意杀人罪。[54]

本文反对这种见解。首先,刑法的目的在于保护法益,不论是将帮助自杀行为认定为直接正犯还是间接正犯,都只有在帮助自杀行为造成了对自杀者生命法益的损害或者威胁时,才能认定其具有法益侵害性,从而符合故意杀人罪的构成要件。然而,如前文所述,自杀行为体现着自杀者处分自身生命的自由,相应地,帮助他人实施自杀的,就也只是在协助自杀者实现其意志自由,并未对自杀者的生命法益造成损害或者威胁[55],故其因欠缺法益侵害性不能构成故意杀人罪的正犯。从客观归责的角度,也应当得出相同的结论。根据刑法中的自我答责原理,当存在被害人自负其责的自我损害时,也即当在损害结果中所实现的只是被害人自己有意识地所承受的风险时,他人就不应再对该损害结果负责。将这一原理运用在自杀案件中,就正如德国学者罗克辛(Roxin)指出的:"只有当被害人没有完全自我答责地杀死自己时,行为人才可能以可归责的方式杀害他。"[56] 相反,若将同一个杀害行为一方面评价为自杀者自负其责的自杀,另一方面又认定其对于帮助者而言是符合构成要件的杀人行为,就未免自相矛盾。[57]

其次,扩张的正犯概念本身存有明显缺陷,不能成为论证帮助自杀者构成故意杀人罪的理由。虽然德国联邦最高法院曾在其早期判决中体现出了

---

[53] Vgl. Schilling, Abschied vom Teilnahmeargument bei der Mitwirkung zur Selbsttötung, JZ 1979, S. 163 ff.
[54] Vgl. Lackner/Kühl, Strafgesetzbuch Kommentar, 29. Aufl., 2018, Vor § 211 Rn. 14.
[55] Vgl. Sax, Sterbehilfe durch vorzeitigen Abbruch einer Intensivbehandlung, JZ 1975, S. 146.
[56] Roxin, Täterschaft und Tatherrschaft, 9. Aufl., 2015, S. 573.
[57] Vgl. Engländer, Anmerkung zu OLG Nürnberg, Beschluss v. 18. 9. 2002 – Ws 867/02, JZ 2003, S. 748.

扩张的正犯概念的主旨[58],但时至今日,德国司法实务已不再支持这种见解。其原因在于,扩张的正犯概念将任何对于实现构成要件具有条件因果关系的行为均视为正犯行为,将教唆犯与帮助犯认定为刑罚限缩事由,从而导致了诸多不足。譬如,如此就以对行为与构成要件结果之间的因果关系的认定替代了对正犯的判断,抹杀了正犯与共犯在客观上的差异,只能凭借行为人的主观意思区分正犯和共犯,必然走上主观说的歧路。[59] 还如,其将任何与构成要件结果相关的行为均认定为正犯行为,就必然导致对身份犯的教唆、帮助行为也成了身份犯的实行行为,从而不当扩张身份犯的成立范围,违反罪刑法定原则。再如,基于扩张的正犯概念,在个案中就只能通过排除共犯的方式认定正犯,这也显然背离了以正犯为中心的共同犯罪理论。[60] 当然,在本文的范围内,无须对扩张的正犯概念进行更为深入的批判。因为,即便从扩张的正犯概念出发,其实也无法得出帮助自杀者应当构成故意杀人罪的结论:扩张的正犯概念只是认为,任何直接或间接地侵犯构成要件所保护之法益的,均为正犯。而自杀却意味着自杀者自主决定地选择死亡,自杀者的死亡结果并非对其生命法益的损害,因此,即便按照扩张的正犯概念,也同样会因欠缺法益侵害性而无法将帮助自杀的行为评价为故意杀人罪的正犯行为。

再次,基于相同的理由,也不能认为帮助自杀者构成故意杀人罪的间接正犯。虽然不能简单地以自杀者自主决定选择死亡为由否定行为人可能对犯罪行为具有支配性,因为即便在直接正犯自主实施犯罪行为时,幕后者也可能例外地成立间接正犯(譬如在"正犯后正犯"的场合)。但是,自杀者本人不能实现故意杀人罪的构成要件这一点却并不意味着帮助自杀的行为人就可以"自动地"符合这一构成要件。对于间接正犯的认定同样以行为人侵犯了其与被害人之间的外在自由关系,造成了被害人的法益损害为前提。既然自杀行为并不具有法益侵害性,自然就无从将帮助自杀的行为人认定为故意杀人罪的间接正犯。

最后,帮助者没有义务阻止他人自主决定的自杀,也没有义务对自杀者加以救助,故同样不能成为故意杀人罪的不作为的正犯。虽然德国联邦最

---

[58] Vgl. BGHSt 3, 4 (5).
[59] Vgl. Schünemann, in: Leipziger Kommentar, StGB, Band 1, 12. Aufl., 2007, Vor § 25 Rn. 13.
[60] Vgl. Roxin, Täterschaft und Tatherrschaft, 9. Aufl., 2015, S. 28 ff.

高法院曾在 1952 年的判决中指出:"帮助自杀不可罚。但是,负有法律义务尽力防范对他人生命之危险并且认识到了这种义务的行为人,在能够阻止自杀时却不加阻止……则原则上应当负担故意杀人……的刑事责任。"[61]但是,这种见解颇有疑问。既然肯定自杀是自杀者对自身生命的自由处分,就不应再认为他人有义务对之加以阻止。作为义务的目的与意义在于防止对被害人的法益侵害,而不是在被害人不愿意接受保护时干涉其意志自由。[62] 尤其不能将保护义务转化为对被保护者的约束和管制。[63] 因此,认为被害人的自主决定限制作为义务的成立范围才是正确的立场。[64]实际上,为自主决定的自杀者提供自杀工具等帮助行为也并不是可以导致作为义务的先前行为。奠定作为义务的先前行为至少应当造成了侵害法益的危险,若被害人自我答责地招致了危险,则先前行为不产生作为义务。[65] 在自杀的场合,自杀者恰恰是自主决定地选择了死亡,这种死亡结果也不能被认定为对其生命法益的侵犯。因此,帮助自杀行为本身并未威胁到自杀者的生命法益,从而也就难以据此认定帮助者负有义务救助自杀者。不仅如此,肯定帮助行为导致帮助者负有阻止自杀者死亡的作为义务,还将导致对案件的判断过度取决于偶然因素。譬如,行为人为决意的自杀者提供刀具,若自杀者直接将自己刺死或者造成没有救助可能的重伤,则行为人不成立不作为犯;相反,若自杀者虽然给自己造成了危及生命的重伤,但还有救助可能,则行为人必须对之加以救助,否则就成立不作为的故意杀人。这就使得自杀者实施自杀的"技术水平"和运气直接决定了行为人的刑事责任,显失妥当。

(三) 共犯说之否定

基于共犯的角度,也难以认为帮助自杀者应当受到处罚。根据当前在学界占据通说地位的从属惹起说(Die akzessorietätsorientierte Verursachungstheorie)和混合惹起说(Die Lehre vom akzessorischen Rechtsgutsangriff),教唆犯与帮助犯因引起或促进了正犯符合构成要件的违法主行为、间接造成了法益损害结果而受到处罚。从这些见解出发,在帮助自杀的场合,就只有在

---

[61] BGHSt 2, 150.
[62] Vgl. Schneider, in: Münchener Kommentar, StGB, Band 3, 4. Aufl., 2017, Vor §211 Rn. 74.
[63] Vgl. Otto, Grundkurs Strafrecht-Die einzelnen Delikte, 7. Aufl., 2005, §6 Rn. 53.
[64] Vgl. OLG München, NJW 1987, 2940 (2943).
[65] 参见张明楷:《不作为犯中的先前行为》,载《法学研究》2011 年第 6 期。

自杀者的行为本身能够被认定为符合故意杀人罪构成要件的违法行为时,对之予以帮助的行为人才能构成故意杀人罪的帮助犯。然而,如前所述,既然自杀是自杀者自主决定地放弃自身生命,便不能将之认定为对自杀者生命法益的损害。此时自杀者的自杀举动既不符合故意杀人罪的构成要件也不具有违法性,帮助自杀的行为人便因欠缺正犯(自杀者)的不法主行为而不能构成故意杀人罪的帮助犯。

需要进一步探讨的是纯粹惹起说(Die reine Verursachungstheorie)的立场。该说认为,共犯具有独立的法益侵害性,并因其自身的法益侵害性而受到处罚。因此,即便欠缺正犯的不法主行为,教唆或帮助者也完全可能因其教唆或帮助行为造成了法益损害而构成犯罪。事实上,德国学者吕德森(Lüderssen)即认为,自杀者虽然可以自由处分自身生命,但其生命相对于其他人仍然受到刑法保护,故自杀参与行为具有法益侵害性,应当予以处罚。[66] 我国也有论者基于类似的理由认为,帮助他人自杀的,应当构成故意杀人罪的帮助犯。[67] 本文认为,这种见解也不妥当。因为,首先,纯粹惹起说本身存在巨大缺陷。该说难以合理解释,为何在无身份者教唆或帮助有身份的行为人实施身份犯之行为时,虽然无身份者因欠缺构成要件所要求的身份而无法实现身份犯的不法,却也可以追究无身份者的刑事责任。该说也同样难以说明,为何帮助未遂不能像正犯未遂一样受到处罚。此外,依据我国《刑法》第29条第1款之规定,对教唆犯完全可以等同于正犯予以处罚。既然教唆者并未亲自实施犯罪行为,就只能以其还引起了正犯的不法为由论证其可能具有与正犯相同的不法程度。而纯粹惹起说仅以共犯行为本身作为对共犯的处罚依据,就难以解释为何可以对只是间接引起了法益损害的教唆者科处与正犯相同的刑罚。[68] 其次,具体到帮助自杀的场合,也无从依据纯粹惹起说肯定帮助者的刑事责任。因为,即便按照纯粹惹起说,也只有在帮助者间接地造成了法益损害时,才能追究其刑事责任。然而,前文已经多次提及,自杀体现着自杀者对自身生命进行支配和处分的自由,对之予以帮助的,并未侵犯自杀者的生命法益,故不能构成犯罪。

(四)业务性促进自杀

为遏制以帮助他人自杀为宗旨的死亡介助组织的发展和壮大,2015年11

---

[66] Vgl. Lüderssen, Zum Strafgrund der Teilnahme, 1967, S. 168, 214 f.
[67] 参见王志远:《论我国共犯制度存在的逻辑矛盾》,载《法学评论》2011年第5期。
[68] Vgl. Joecks, in: Münchener Kommentar, StGB, Band 1, 3. Aufl., 2017, Vor § 26 Rn. 9.

月6日,德国联邦议院(Bundestag)通过表决,将《德国刑法典》第217条修订为业务性促进自杀罪,处罚以促进他人自杀为目的,业务性地向其提供、创设或介绍自杀机会的行为。该罪的成立不以直接促进了他人的自杀行为为前提,也不要求行为人主观上具有获利目的。只要是向他人提供、创设或介绍具体的自杀机会,且主观上具有持续性或重复性地实施相应行为之意图的,就已经符合该罪的构成要件。此次刑法修订在德国引发了巨大争议,也遭到了德国学界的普遍反对。[69] 德国学界的反对意见不无道理。该条规定不仅在具体构成要件要素设置上存在诸多问题[70],其立法依据也存在严重的疑问。德国立法者虽然承认,该条规定"并非旨在将个案中基于困苦抉择或纯粹出于利他原因实施的自杀帮助行为犯罪化。以刑法全面禁止帮助自杀……不仅在法律体系上存有疑问,鉴于多元的伦理观念,其也会构成对意愿自杀者自主决定权的过度侵犯"[71]。但是,其却又认为,为了保护公民的"自主决定和生命权",必须以刑罚手段防止自杀帮助成为"健康护理中的普遍性的服务项目"。因为帮助自杀的服务可能诱使老年人和重病患者轻易放弃生命,甚至会使得其迫于不要成为他人累赘的心理压力或社会压力不情愿地选择死亡。据此,应当将业务性促进自杀罪作为对生命法益的抽象危险犯予以把握。[72] 然而,这种论证并不能令人信服:

首先,立法者虽然在抽象危险犯的刑事立法方面享有较大的自由裁量权,但这并不意味着其可以将任何行为评价为具有对法益的抽象危险并以刑法对之加以禁止。对行为的抽象危险性的认定也必须建立在事实基础之上,不能只是立法者的主观臆测。[73] 由于"自杀"总是以自杀者自己支配着导致死亡的关键步骤为前提,对于心智正常的成年人而言,自杀行为违反其真实意志的危险性极低。当前并没有任何事实依据证明,业务性的自杀促进行为相比一般的自杀帮助行为具有更高程度的危险。在德国和瑞士的死亡介助社团十余年的运营中,也并无迹象表明其不当干扰了自杀者的意志自由。

其次,若认定业务性促进自杀行为存在影响自杀者意志决定的、值得科

---

[69] 参见王钢:《德国业务性促进自杀罪评析》,载《比较法研究》2016年第5期。
[70] Vgl. Kühl, Absehbare Anwendungsprobleme des §217 StGB? ZStW 129 (2017), S. 704 ff.
[71] Vgl. BT-Drucks. 18/5373, S. 14.
[72] Vgl. BT-Drucks. 18/5373, S. 2 f., 8, 10 f., 12, 16.
[73] Vgl. Hoven, Für eine freie Entscheidung über den eigenen Tod, ZIS 2016, S. 4.

处刑罚的抽象危险,就难以与安乐死案件的处理方式相协调。[74] 相比"自己杀死自己"的自杀行为而言,安乐死意味着死者将自己的生命交由他人处置,由他人行为造成死亡结果,其违背死者真实意志的危险性明显更高。然而,当前德国学界与司法判例却普遍承认消极安乐死和间接安乐死不具有可罚性,根据德国联邦最高法院第二刑事审判庭较新的判决,甚至部分积极安乐死都可以因构成中断治疗而合法化。[75] 既然更可能损害被害人生命法益的安乐死经常都不违法,就难以以生命保护为由禁止公民实施危险性明显更低的自杀促进行为。

最后,从刑事政策的角度,《德国刑法典》第217条的立法也不无疑问。虽然德国立法者希望通过该条规定达到自杀预防的效果,但其却也不得不承认,"职业性的自杀促进行为究竟能在何种程度上影响自杀率,并无确凿的科学证明","迄今为止无法明确证实商业性地提供的自杀帮助与自杀的增长之间存在因果关联"。[76] 事实上,诸多国家的实践经验也表明,刑罚并非自杀预防的有效手段。譬如,虽然《日本刑法典》中规定了参与自杀罪,但是根据日本政府部门的统计,日本的自杀人数在1889年至2009年间总体上仍然呈现出持续增长的趋势。日本学者山中敬一认为,近几十年来,日本30岁至60岁之间的男性自杀者主要是出于经济问题选择死亡,并没有证据表明刑法有关参与自杀罪的规定对自杀起到了遏制作用。[77] 瑞士和奥地利等国的实践也得出了相同的结论。[78] 尽管《奥地利刑法典》第78条严格禁止自杀参与行为,但奥地利学者莫斯(Moos)却也不得不感慨道:该条"刑罚恐吓的实际效果极具疑问……以刑法手段进行自杀预防实际上毫无意义"[79]。

由此可见,从保护生命法益的角度无法为业务性促进自杀罪的刑事立法寻得正当化依据,《德国刑法典》第217条既不能被视为对自杀者生命法益的实害犯,也难以被解释为对自杀者生命法益的抽象危险犯。德国立法

---

[74] Vgl. Duttge, Die „geschäftsmäßige Suizidassistenz" (§217 StGB): Paradebeispiel für illegitimen Paternalismus! ZStW 129 (2017), S. 459 f.

[75] Vgl. BGHSt 55, 191 ff.

[76] BT-Drucks. 17/11126, S. 7.

[77] Vgl. Yamanaka, Die Modelle und Typologien des indirekten Paternalismus im Strafrecht, in: v. Hirsch/Neumann/Seelmann (Hrsg.), Paternalismus im Strafrecht, 2010, S. 62 ff.

[78] Vgl. Neumann/Saliger, Sterbehilfe zwischen Selbstbestimmung und Fremdbestimmung-Kritische Anmerkung zur aktuellen Sterbehilfedebatte, HRRS 2006, S. 288.

[79] Vgl. Moos, in: Wiener Kommentar, StGB, 2. Aufl. (35. Lfg.), 2002, §78 Rz. 5.

者在未能以事实证明业务性促进自杀行为存在对自杀者生命法益的(即便只是抽象的)损害危险的情况下,就通过第 217 条将可罚性大幅前置的做法,难言妥当。其也使得第 217 条难逃"嫌疑刑罚(Verdachtsstrafe)"或"疑罪从有"之咎。[80]

四、结论

综合全文所述,自杀意味着自杀者自主决定地放弃了自身生命法益,体现着自杀者支配和处分自身生命法益的自由,不具有违法性。相应地,帮助他人实施自杀的,就也只是在协助自杀者实现其意志自由,并未对自杀者的生命法益造成实质的威胁或损害,其既不能作为故意杀人罪的正犯也不能作为故意杀人罪的共犯受到处罚。在业务性促进自杀的场合,也同样如此。国家固然应当重视自杀预防,关注自杀者放弃生命的原因,关切其心理状况和需求,特别是应当通过各种措施防止公民过于草率地放弃生命。但是,笼统地通过刑法禁止自杀帮助行为,却忽视了公民处分自身生命法益的自由,更会导致饱受病痛折磨却又无力独自终结自己生命的患者被迫继续忍受痛楚,从而侵犯其基本权利。法国学者孟德斯鸠在 18 世纪时掷地有声的诘问今日言犹在耳:"当我被痛苦、贫困和屈辱压得心力交瘁时,人们为什么要阻止我结束自己的苦难,残忍地剥夺我自我解脱的手段呢?"[81] 在探讨帮助自杀的可罚性问题时,刑法学者们也应当对此警示予以充分的重视。

---

[80] Vgl. Duttge, Strafrechtlich reguliertes Sterben, NJW 2016, S. 123 f.
[81] 〔法〕孟德斯鸠:《波斯人信札》,罗国林译,译林出版社 2000 年版,第 94 页。

[单元评议]

〔德〕扬·C. 约尔登[*]

安乐死问题中的参与理论

译者:郑 童[**]

一

请允许我先简明扼要地评议一句:王钢教授的所有观点,我几乎都同意。只有一点想稍作补充,即这个议题在某种程度上所涉及的哲学根基问题。王钢教授在其论证中指出,(自我答责的试图)自杀行为不应当受到刑事处罚——与此同时,对自杀的帮助行为也不具备刑事可罚性——他借助康德理论阐释了自己反对家长主义的立场。这一论证表面上看完全合理,因为康德专门将其**《道德形而上学》**一书明确划分为**法权论**和**德行论**,在这种法与道德范式两分的背后,实则至少蕴含了支持公民个人自由的三层意旨。

二

第一层意旨在于:法的任务是划定公民彼此之间的自由边界并保障他们的自由领域,而不是追求其他的(声称是道德的)国家目标。这一点已经康德在"法的普遍原则"章节所写的内容得以验证,康德在书

---

[*] 法兰克福(奥德河畔)大学法学院刑法学、国际刑法学、法律比较和法哲学教席教授。
[**] 慕尼黑大学法学院博士研究生。

中表述道：

> 任何行为若能根据一项普遍法则而与每个人的自由共存，或是依照该行为准则，任何人任性的自由能根据一项普遍法则而与每个人的自由共存，这个行为便是正当的。[1]

假如一项特殊法则的目标和效果超出了这一框架，一定会不可避免地造成至少另一个人的自由受限，如此一来便**不能**像依照普遍法则那样确保所有其他人的自由；由此，上述特殊法则便有悖于"法的普遍原则"。

对于刑法而言，这意味着：禁止用法律手段强制执行一个单纯以某种方式满足立法者意愿和目标的具体行为（作为或不作为）。例如，不允许建立神权政体国家，因为在神权政体国家中，那些如有必要便可派生的（宗教）义务不利于在公民之间平等地划分自由领域，如此一来，这些义务便成了可强制执行的其他目标，而不再是可强制执行的**法义务**了。除此之外，康德的法概念还保障了国家管控的合比例性，因为只有那些对保障和限制自由而言是必需的且不超越这一目标的手段，才是允许国家采纳的干预手段。因此对刑法而言，亦要求所罚之罪与所做之行具有合比例性。

法与道德两分所蕴含的第二层意旨概言之为："国家并非道德的守卫者。"也就是说，法只可以要求公民行为与国家规则的外部一致性（**合法性**），不得试图强加一种明确的内部观念（**道德性**）。[2] 对刑法而言，这尤其意味着禁止思想刑法，因为在思想刑法中，一个人单纯的意见或态度就能成为国家采取强制措施的出发点。

法与道德两分所蕴含的第三层意旨在于：当公民有权支配自我法益时，禁止国家的专制做派，亦即上文提到的禁止家长主义。[3] 对此，康德至少在解释"法的概念"时写道[4]：

> ……只涉及**一个人**对于**另一个人**之外在的、（更确切来说）实践的关系，如果他们的行为作为事实能够（直接或间接地）互相影响的话。

---

[1] Kant, Metaphysik der Sitten (Rechtslehre), AA VI 230. 这里以及下文所涉及的所有康德作品，其引用的卷次和页码均出自 Preußischen Akademie 所编"Akademie‑Ausgabe"，简称 AA。

[2] 康德对合法性与道德性的区分，参见 Metaphysik der Sitten (Rechtslehre), AA VI 219。

[3] 反对家长主义，认为"父权统治"是最恶劣的专制类型，"像对待小孩一样对待公民"，参见 Kant, Metaphysik der Sitten (Rechtslehre), AA VI 317。

[4] Kant, Metaphysik der Sitten (Rechtslehre), AA VI 230。

因此,康德在这里预设了**两个人**,一个人自身的行为无论如何都会脱离法的概念,充其量只属于德行论的内容。与此相应,康德对法层面的提问只能表述为[5]:

> 一个人的行为能否根据一项普遍法则而与另一个人的自由统合起来。

从这个立场来看,无论如何不会要求一个人的行为和他自己的自由相统合或者存在类似的表述。

三

这种法与道德两分的视角,对现今的刑法有着重要意义,很多国家想要干预自己公民的私人事务,但上述视角对此提出了反对论证。如康德坚持认为的那样[6],如果制定和履行"对自己的义务"不是法所强制要求的,而最多只是道德或者美德的问题,那么这将会极大影响今天我们所讨论的议题,即(自我答责的试图)自杀行为的刑事可罚性问题,以及(自我答责的试图)自杀之帮助行为的刑事可罚性问题。

因为,它一方面排除了(试图)自杀行为的可罚性,同时也排除了所有形式的(辅助型)自杀帮助行为的可罚性。进而,亦会对所谓安乐死案件产生极为重要的影响。例如,此时禁止积极安乐死的理由至少不能再用求死者对自己的死无权有效同意来论证了,最多只能换个角度,用间接的风险而非求死者对积极安乐死的充分授权来论证。然而有必要指出的是,这种刑法自由化之中也存在应当予以审慎对待的风险,谋杀犯也有可能援引所谓被害人求死意愿而为自己成功脱罪,或者通过对他人造成某种程度的负面影响而使杀人禁忌失效。此时,所有假设可能都会指向《德国刑法典》第216条的规定,从第三者视角出发最多只能称其为一种抽象危险犯,但无论如何都不再是求死者自我保护方面的犯罪了。[7]

---

[5] Kant, Metaphysik der Sitten (Rechtslehre), AA VI 230。
[6] 参见 Kant, Grundlegung zur Metaphysik der Sitten, AA IV 421 以及 Metaphysik der Sitten, AA VI 239 ff.。很明显,法义务应当是"绝对义务",而道德义务应当是"非绝对义务"。
[7] 类似的结论也会出现在《德国刑法典》第 228 条的规定中,更多详细论证可参见 Joerden, Zur Einwilligung, insbesondere im Medizinstrafrecht, in: Eric Hilgendorf, Rechtswidrigkeit in der Diskussion, Tübingen 2018, S. 173 ff.。

此外，对同性性行为的惩罚禁令也会失效，因为当没有未成年人参与其中时，国家无论如何都不应该采取强制措施干预成年人在彼此同意情况下的所作所为。这同样也适用于自我答责的卖淫行为（前提当然是没有出现胁迫和剥削，胁迫和剥削始终会损害他人的权利）。

四

但是对康德本人而言，他可能并不认同**上述**结论，因为他（尤其在这个问题上）绝对不是一个明确反对家长主义的人。康德在其著作中除了区分法与道德，还透露出了同上述第三个层面反对家长主义立场完全背道而驰的倾向。尤其是这句"对自己的**法义务**"[8]之表述，这至少开启了如下可能，即将一些康德所说的"对自己的义务"建构为可以强制执行的**法义务**。

对此，康德论证的出发点是他对乌尔比安第一"公式"的解释：

> 一、做一个正直的人。法律上的正直在于：在和他人的关系中维护自己身为一个人的价值，而这项义务是由如下命题来表述的："不要让你自己成为他人纯粹的工具，而是要同时成为他们的目的。"在下文中，这项义务将被解释为：从我们自己人格中的人之权利而来的责任……[9]

但是，康德并没有真正兑现刚刚这段引文里最后一句话的承诺。虽然他将"自由（独立于另一个人的强制性恣意，就它能根据一项普遍法则而与其他每个人的自由共存而言）"定义为"一种唯一的、源始的、每个人凭借自己之所以为人而应当具有的权利"[10]。然而，为什么可以从中产生一个"人之权利"呢？这点并没有得到真正的解释。

无论如何，这项"人之权利"可以被解释为一种对自由而言必要的自我限制。对此，康德在其德行论部分详细讨论了"对自己的义务"[11]，他试图通过区分作为本体的赋予责任者（义务之发动者）和作为现象的被赋予责任者（义务之承担者），来解释在他自己看来都陷于自我矛盾的"对自己的

---

[8] Vgl. Kant, Metaphysik der Sitten, AA VI 240. 这项义务被解释为"我们自己人格中的人之权利"，具体内容可见下文。
[9] Kant, Metaphysik der Sitten (Rechtslehre) unter Bezugnahme auf Ulpian, AA VI 236.
[10] Kant, Metaphysik der Sitten (Rechtslehre), AA VI 237.
[11] Kant, Metaphysik der Sitten (Tugendlehre), AA VI 417 ff.

义务"这一概念。[12]

五

上述论点至少说明,人之"在其人格中的人性"应当承担本体之人的角色以及由此而来的"对自己的义务"范畴中的赋予责任者(义务发动者)的角色。虽然这里说清楚了义务的发动者[13]是谁,但这并不能解决为什么应该有"对自己的法义务"这个问题。同样,在上述引用的德行论部分,也没有通过德行论对此作出前后一致的说明。[14] 显然,这种允许被强制执行的法义务其实本质上是道德义务,但是按照康德之前的说法,道德义务并不应该被强制执行(参见上文)。[15]

论及相关问题时,在部分刑法文献[16]中可以见到这样的主张:"对自己的法义务"至少在下列情形中可以允许被强制执行,即有人要"自愿"并永久地放弃自己的法律人格,尤其是通过(试图)自杀或者自愿贩卖为奴的方式,也包括授权同意他人杀死自己(基于要求的杀人)。康德也绝对主张禁止自杀(但很有意思的是,这个主张最初是在德行论部分提出的),并把

---

[12] "现在,人作为有理性的自然存在者(作为现象的人,homo phaenomenon)可以被其理性作为原因来决定而做出感性世界中的行动,而在此尚未考虑到一种责任的概念。但是,同一个人按照其人格性,亦即作为赋有内在自由的存在者(作为本体的人,homo nomenon)来设想,则被视为一个有能力承担义务的存在者,更确切地说,是对自己(其人格中的人性)承担义务,这样的人(在两种意义上来看)就可以承认一种对自己的义务,而不陷于自我矛盾(因为关于人的概念并不是在同一个意思上被设想的)。" Kant, Metaphysik der Sitten (Tugendlehre), AA VI 418.

[13] 同样参见 Kant, Über ein vermeintes Recht aus Menschenliebe zu lügen, AA VIII 426:"因为它(谎言)在任何时候都会伤害其他人,即便不是另一个具体的人,也是人类整体,因此不具备合法性。"

[14] 在德行论的其他地方,法义务来源都很充分(下文也有涉及),但上文引用的部分与此无关。

[15] 更多针对这一问题的讨论,参见 Joerden, Kants Lehre von der „Rechtspflicht gegen sich selbst" und ihre möglichen Konsequenzen für das Strafrecht, in: Heiner F. Klemme (Hrsg.), Kant und die Zukunft der europäischen Aufklärung, Berlin u. a. 2009, 448 ff.。

[16] 该观点可参见 Asmus Maatsch, Selbstverfügung als intrapersonaler Rechtsverstoß. Zum Strafunrecht einverständlicher Sterbehilfe, Berlin 1999; Michael Köhler, Die Rechtspflicht gegen sich selbst, in: Jahrbuch für Recht und Ethik, Bd. 14, 425 ff.; 还可参见 Georg Geismann, Recht und Moral in der Philosophie Kants, in: Jahrbuch für Recht und Ethik, Bd. 14, 3 ff., 118。

这种主张归纳到"对自己的义务"中。[17]

然而,一旦走上康德建构的"对自己的法义务"这条道路,至少会显现的危险在于,**所有**的个人对自己之行为或者经他人授权同意而对他人所做之行为都将面临国家的一般管控。因而,国家便可以阻止甚至动用刑法手段来惩治相关行为,尤其是(试图)自杀的行为、自残的行为、被害人自愿的SM(性虐恋)行为以及成人之间的同性性行为。如此一来,上文提及的法与道德两分所包含的第三层面反对家长主义之立场便会走向末路,而家长主义的大门与此同时却将会被敞开。

六

同今天议题密切相关的一个基础性问题是:每个人都享有的基本自由之中是否包含最终放弃自由的选项。[18] 例如,约翰·斯图尔特·密尔在其(事实上强烈反对家长主义的)《论自由》一书中就具体分析了自愿卖身为奴能否与自由相容。对此,密尔进行了否定论证,他指出:

> ……人一旦自卖为奴,就是放弃了一己自由;并且除此一举之外,也彻底丧失了今后使用自由的机会。如此一来,他就以自身情形,辜负了那个本来要为其自我处置正当化的良苦用心。他不再是自由的,而是从此处于一种料想对他不会再有利的境遇之中,如果他自愿继续维持这种状态的话。这说明,自由原则不允许一个人有不要自由的自由,而允许一个人让渡自己的自由,也不是真正的自由。[19]

但是在我看来,密尔的上述论证最后就是循环论证:他把自己想论证的结论放在了假设的前提中,更确切地说,他否定人有放弃自由的权利,原因是放弃之后就不自由了。这种论证方式同样可以否定人有自杀的权利。因为"如此一来,他就以自身情形,辜负了那个本来要为其自我处置正当化的良苦用心。(自杀之后)[20]他不再是自由的,而是从此处于一种料想对他

---

[17] Kant, Grundlegung zur Metaphysik der Sitten, AA VI 421; Metaphysik der Sitten, AA IV, 240.
[18] 该部分所用的一些表述具体可参见 Joerden, Zeitabhängige Paradoxien in Recht und Ethik, in: Frank Dietrich, Johannes Müller-Salo, Reinold Schmücker (Hrsg.), Zeit-eine normative Ressource?, Frankfurt a. M. 2018, 247 ff., 261 f.。
[19] Mill, Über Freiheit (Original: On Liberty, London 1859), Frankfurt am Main 1987, 123 f.
[20] 括号里的内容是我自己补充的。

不会再有利的境遇之中,如果他自愿继续维持这种状态的话"。

相应地,接下来还可以反对焚烧自己的物品:人一旦通过焚烧的方式放弃了自己的物品,也就再也不能拥有对于该物的所有权了;并且如果损失是不可挽回的(例如烧的是毕加索的某一幅画),那么也就彻底丧失了今后取回所有权的机会。如此一来,他"不再是自由的(支配这一物品),而是从此处于一种料想对他不会再有利的境遇之中,如果他自愿继续维持这种状态的话"。[21] 但是,因此就要对放弃具体所有权的行为进行一般性禁止吗?

不久前,克劳斯·君特对我的观点提出了如下反对意见[22]:

> **约尔登**批判**密尔**只是主张却没有论证自由的不可支配性,但我并不同意。**密尔**运用的应该是语义论证的方式。出于自由使自己成为奴隶,放弃自我决定的自由,这意味着,用一种言语行为同时行使了自由也放弃了自由。由此导致了一个自相矛盾的宣言,一个行为既是自由的同时也是不自由的。对于一个主动使自己脱离为人状态的行动者而言,这应该是一种以言行事的自我矛盾……[23] 自愿为奴的人用宣言的行使获得了一种状态,这种状态为宣言提供了之后的法律效力,与此同时,他又用宣称的内容否定了这一状态。

但我并未被说服的是,这怎么就是一个(以言行事的)自我矛盾呢?在第一个时间点说人是自由的,可从第二个时间点开始就不再承认其自由了。同理,如下论点也不能令人信服:(欲自杀者)现在活着,但又想要立刻终结(自己)的生命(理所当然,只有活着的人才能做此事),这是自相矛盾。与之相反,一个与道德(也有可能是法律)相关的自我矛盾指的是,主张自己拥有一项权利(如生存权),但却反对他人在类似情形中拥有同样的权利。起码在适用平等原则的前提下,这肯定是自我矛盾的,并且也可以因此而被认为是违反道德(也有可能是违反法律)的立场。此处悬而未决的是,究竟

---

[21] 他可以说,在第二个时间点,他自己自愿放弃画的所有权,但这并没有任何意义,因为此时无论如何他都没有其他别的选择了。因此,还有一种(外部)假设,除非有人指出他在第二个时间点(通过焚烧行为)自愿放弃了对该物品的所有权,那么他没有任何实质性的理由,自愿处于当时的情形。后面这种论据在"自愿贩卖为奴"和自杀行为中同样可以适用。

[22] Günther, Extreme Notsituationen und die Selbstaufhebung des Rechts, in: Frank Saliger (Hrsg.), Rechtsstaatliches Strafrecht, FS für Ulfrid Neumann, Heidelberg, 2017, 837; 粗体是其原文中就有的。

[23] 我省略了君特详细介绍奥斯丁(Austin)和瑟尔(Searle)的部分,因为这里我主要关注与密尔有关的论证。

是否存在自我矛盾的行为,如果答案是肯定的,那么是否允许得出一个道德违反行为的结论。

七

无论康德"对自己的(法)义务"的概念以及由此推论出的自杀禁止,还是克劳斯·君特通过自愿为奴导致以言行事的自我矛盾所阐释的密尔理论,都无法充分论证的是,至少在那些特别严重的(自我答责的)自伤案件中,国家为何有权借助刑法对行为个体自身进行保护。当然,在那些不太严重的自伤案件中,更加难以用这种方式对国家的干预权予以证成。毋宁说,每一次对刑法的适用都必须能够合法地证明,其适用可以并且应当保护一个**其他人**而不是"**行为人**"自己免受损害的影响。此外,这些思考附带还发现,无论康德还是密尔最终都不能被称为明确的反家长主义者。

付玉明[*]

体系构建与问题思考:帮助自杀行为的法理诠释

生命是人类赖以存在和繁衍的活动形式,也是一切自由、价值和权利的生物载体,对生命权的尊重和保护直接关系到人的自由和人格尊严的实现。生命是人类社会的永恒话题,其中针对自杀及帮助自杀的问题,古今中外在立法和司法上的态度和处理方式各有不同,学术理论上的探讨更是持续不断。

王钢教授近些年来一直持续关注并着力研究"自杀以及自杀参与领域中的行为问题",撰写并发表了一系列相关论著,观点独立鲜明,与学界诸多观点并立争锋,自成一家之言,成果引人瞩目。《帮助自杀中的参与理论》一文(以下简称"王文")围绕"自杀行为是否具有违法性以及帮助他人实施自杀的行为是否应当受到处罚等问题"展开讨论,问题讨论集中,观点与其一贯主张相承,本人拜读之后深获启发,赞同王钢教授独立思考以及维持体系性观点的统一而对现实立法所持有的批判性立场和层层递进、条分缕析的论证方法,文章很有说服力,但是,学说上亦存在需要予以认真关注的不同于"王文"的立场观点。此处,围绕本文并适当参照作者其他相关论文内容展开评述与后续思考。

一、"王文"的基本立场与观点梳理

王钢教授关于"自杀行为的性质和参与自杀行为的可罚性"问题的观

---

[*] 西北政法大学刑事法学院教授。

点[1],是一贯而且明确的,就是主张:自杀并不违法,具有合法性,参与自杀行为不具有违法性。引述"王文"内容,具体析出如下:

(1)关于自杀的定义。作者认为,"自杀"概念应该包含主客观两方面的内容,并且与自杀者自主决定的自由紧密相关。在主观方面,认定自杀必然以自杀者有意识地自愿选择死亡为前提。在客观方面,自杀意味着自杀者自己终结了生命,其必须客观上亲自控制、支配了直接导致死亡结果的行为,从而"自己杀死了自己"。

根据作者的学术立场,自杀的主观方面要件中还需要具备:认识因素、意志因素和自愿性因素;对于自愿性的判断,应当以有效承诺的主观要件为标准。重大的动机错误同样导致不能成立自杀。此外,还必须客观上事实性地支配着直接导致死亡的行为,在将不可逆转地造成死亡结果的最后关键时刻自己控制着事态的发展。不符合其中任意一条的,不能成立自杀。[2]

(2)关于自杀的性质。作者认为自杀是合法行为,因为自杀必然是自杀者自主决定的结果,其体现着自杀者对自身生命法益加以支配和处分的自由,并不构成对自杀者生命法益的损害。自主决定地对自身生命进行支配和使用的自由,原本就是生命法益的题中之义,故自杀者自愿选择放弃生命的,并不构成对生命法益的侵犯,应当认定其自杀举措属于合法行为。

(3)对于帮助自杀的可罚性。"王文"持否定说的观点,认为在"认定帮助自杀构成犯罪"的两条路径中,无论是"正犯说"还是"共犯说",均不能成立。也就是说,帮助自杀的行为不具有可罚性。

(4)关于业务性促进自杀。作者持批判性立场,认为:对行为的抽象危险性的认定必须建立在事实基础之上,不能只是立法者的主观臆测;认定业务性促进自杀行为存在影响自杀者意志决定的、值得科处刑罚的抽象危险,就难以与安乐死案件的处理方式相协调;从刑事政策的角度,《德国刑法典》第217条的立法也不无疑问。

---

[1] 王钢老师通过一系列论著阐述并论证其"自杀合法性"以及"参与自杀行为不具有违法"的论断。诸如王钢:《自杀的认定及其相关行为的刑法评价》,载《法学研究》2012年第4期;王钢:《法外空间及其范围——侧重刑法的考察》,载《中外法学》2015年第6期;王钢:《德国业务性促进自杀罪评析》,载《比较法研究》2016年第5期;王钢:《德国判例刑法(分则)》,北京大学出版社2016年版。

[2] 参见王钢:《自杀的认定及其相关行为的刑法评价》,载《法学研究》2012年第4期。

二、"王文"的论证逻辑与观点述评

(一)问题意识与思考难点

"自杀以及参与自杀行为"问题,之所以成为刑法学研究中的难点问题,主要在于如何将"自杀行为的定性"与刑法学中"犯罪参与理论"结合并统一起来。具体来说,产生了如下三个问题:

(1)关于自杀行为的定性,千百年来哲学家和法学家一直争论不一。但是在法治史上,存在着从"犯罪"到"权利"的演变过程,直到20世纪60年代,英国颁布"自杀法案"最后废除"自杀罪"。[3] 在当代,自杀行为被当成责任主体的一项权利获得政治学上较为普遍的认可。但是,自杀行为在法律上的属性问题,仍然具有较大争议,各派学术观点林立;同时,围绕"安乐死合法化"问题的深入讨论演变成了世界性的法律之争。

(2)现代国家或地区普遍针对参与自杀(教唆或者帮助自杀)行为制定了独立的犯罪类型并单独立法予以规制。例如,《德国刑法典》第216条规定了受嘱托杀人、第217条规定了业务性促进自杀罪;《日本刑法典》第202条规定了参与杀人罪、同意杀人罪;我国台湾地区"刑法"第275条规定了教唆或帮助杀人罪。此外,《奥地利刑法典》第78条、《西班牙刑法典》第143条、《意大利刑法典》第580条、《法国刑法典》第223-13条、《瑞士刑法典》第115条、《丹麦刑法典》第240条及英国《1961年自杀罪法》第2条均将参与自杀行为的全部或者部分作为犯罪加以明文规定。

(3)"自杀参与行为"在当代刑法学理论中,往往是通过"犯罪参与理论"或者"共同犯罪理论"予以解读,进而适用于司法裁判。在目前,无论是德国还是中国刑法学界,犯罪参与理论中"共犯从属性说"(内部观点又有区分)占有通说地位,是绝大多数学者所持有的观点。

基于如上三个问题,司法实践中和学术理论遭遇的难题在于:①在多国立法普遍支持"参与自杀行为"构成犯罪的情况下,如果持有"自杀合法性"观点,如何解读自杀帮助者的"违法性和可罚性"问题,理论上如何自圆其说?②囿于现行刑事立法制度,基于"共犯从属性中违法连带"理论往回倒推,进而判断"自杀行为"的刑法定性。学界对于以上问题的争议,主要存

---

[3] 参见李建军:《自杀行为在西方法律史上从"犯罪"到"权利"的演变探析》,载《政治与法律》2007年第2期。

在以不符合构成要件、自杀合法、自我答责、法外空间等为由主张帮助自杀无罪的观点,与基于自杀违法、帮助自杀可罚而认为帮助自杀有罪的观点。

(二)"王文"观点统一,理论自洽,推论精细,体系完整

(1)对于以上问题,"王文"作者给出了明确的、体系化的观点。作者认为:自杀意味着自杀者自主决定地放弃了自身生命法益,体现着自杀者支配和处分自身生命法益的自由,不具有违法性。帮助他人实施自杀的,就也只是在协助自杀者实现其意志自由,并未对自杀者的生命法益造成实质的威胁或损害,其既不能作为故意杀人罪的正犯也不能作为故意杀人罪的共犯受到处罚。在业务性促进自杀的场合,也同样如此。

(2)概括来说,作者的论证思路是:自杀行为合法→基于共犯从属性,自杀参与行为合法→"业务性促进自杀罪"的刑事立法不符合刑事法理。

"王文"作者极富学术理性,追求构造一整套关于"自杀以及参与自杀行为"的判断体系和认定标准,旗帜鲜明,坚定固守自杀行为合法性的立场,进而通过犯罪参与理论推及认定"自杀参与行为合法"。在自杀行为合法性的论证中,作者从"社会危害性""个人法益保护"等角度批驳了"社会本位的立场"和"刑法家长主义",推论有据,思考深入。在自杀参与行为合法性的论证中,作者从刑法的保护法益、扩张正犯的概念缺陷入手否定"帮助自杀构成故意杀人罪的间接正犯"——否定正犯说;从共犯理论的从属惹起说和混合惹起说入手否定"共犯说"。行文之中,推论精细,层层析理,具有很强的说理性。

(三)体系思考与问题思考

如前所述,"王文"作者的论证思路是:自杀行为合法→基于共犯从属性,自杀参与行为合法→"业务性促进自杀罪"的刑事立法不符合刑事法理。

问题在于,当体系化的理论诠释遭遇刑事立法(比如,《德国刑法典》第217条)的障碍时,应当如何取舍:是批判立法,还是修正学说?"王文"作者是坚定的体系论者,为了维护逻辑自洽和观点统一,批判立法的盲目性和冲动性。"王文"中,作者从"行为的抽象危险性的认定""刑事政策"和"与安乐死案件相协调"三个角度,论证业务性促进自杀罪的不合理性。有关思考和研究,值得立法学界整体反思和统合应对。

在刑法学理论研究中,体系构建与问题思考都是重要的研究方法。但是值得思考的是:①刑法学者在宏大叙事构建自身刑法理论体系的过程中,如何对待局部问题的解释不能?也就是理论体系与现行立法制度出现龃龉时,如何取向?②在刑法教义学被奉为刑法信条而通行天下的时代,刑法理论的自我完善如何实现,是否允许对刑法条文的合理批判?

(四)个人法益保护与刑法家长主义

"王文"主题内容围绕"自杀以及自杀参与行为"展开,但是内容涉及广阔,包括个人法益与社会法益、自由主义和社群主义、刑法家长主义、自我答责等问题关联讨论,但是纵观全文,**作者坚守的是:以自由主义为哲学基底的个人法益保护**。

自由主义追求保护个人思想自由、以法律限制政府对权力的运用、保障自由贸易、支持透明的政治体制以保障公民权利。自由主义从思想到制度的建构逻辑是:自由主义思想→政治权利内容→法律规范内容→刑法规范(个人法益)。刑法的任务在于通过创设构成要件、禁止侵害行为从而保障公民个人自由发展所必需的外在条件和社会空间,而不是干涉公民处理自身事务的自由。刑事处罚并不是在促进行为人的福祉,无法通过对行为人科处刑罚的方式保护其自身利益。因此,在刑法中贯彻家长主义必然导致刑罚功能的错位。

因此,作者认为,自杀行为合法。国家在此问题上的立场应当是:重视自杀预防,关注自杀者放弃生命的原因,关切其心理状况和需求,特别是应当通过各种措施防止公民过于草率地放弃生命。但是,笼统地通过刑法禁止自杀帮助行为,却忽视了公民处分自身生命法益的自由,更会导致饱受病痛折磨却又无力独自终结自己生命的患者被迫继续忍受痛楚,侵犯其基本权利。

但问题在于,当代社会中生命法益是否仅仅指向单方面的"个人法益",值得思考;"保护本人利益的家长主义"的立场和观点在学界仍然具有较大市场。

如果采"自杀合法说",制止自杀的行为出罪只能从"紧急避险""推定承诺"等角度寻找根据,但因为"自杀合法说"以自主决定权为理论根据,通过阻却违法出罪并不可行。同时基于"自杀合法说"的立场,阻止他人自杀可能构成妨害他人行使权利。在逻辑上就会产生如下悖论:①在因阻止行为导致自杀者的身体受到伤害的场合,即便成功地阻止了他人的自杀,行为人也要承担故意伤害罪的刑事责任。②针对阻止他人自杀的人,自杀者或者第三人可以进行正当防卫。但这些结论似乎让人难以接受。实际上,自杀本身并非有价值的行为,而是无价值的违法行为,所以阻止自杀者自杀的行为就属于为了救助自杀者的生命法益的正当防卫。

(五)自杀行为的性质认定和刑事政策的现实取向

刑事法治是刑事政策的藩篱,刑事政策对刑法理论的构造以及刑法规范的适用在解释论上具有一定意义上的指导意义,甚至从社会效果上可以对刑法解释的结果进行纠偏,以免出现违反社会常识的奇葩判决,但是不能逾越罪刑法定原则的边界,突破刑事法治的底线。

"自杀行为以及参与自杀行为"的刑法定性需要结合当下社会具体的问题语境以及刑事政策。迪尔凯姆在《自杀论》中将自杀分为三种类型:利己型、利他型和动乱型。利己型自杀是由于个人与社会联系脱节,缺乏集体的支持和温暖以至于滋生孤独感、空虚感和生存的悲剧感而造成的;利他型自杀是由于个人为某种主义和团体竭尽忠诚而舍身的结果;动乱型自杀主要发生在社会大动荡时期,因这时个人觉得失去改造社会、适应新的社会要求的能力,失去与社会的联系,继而产生极大的恐慌和困惑而自杀。[4] 根据统计观察,现实中的自杀者大多是具有精神疾病的人(自知或者不知)——实践中很多精神疾病患者恰恰不认为自己具有精神疾病。[5] 因此社会存在一种担心:"自杀合法性理论"是否会导致陷入"自杀意志"心理困境中的精神障碍者,忽略或者忽视疾病本身,不去积极面对心理矫正治疗,仅仅基于眼前一时的困顿,而草率做出自杀决定和行为。

(六)问题场域与写作方法

王钢教授具有德国刑法学和中国刑法学的双重知识背景,视野开阔,嗅觉敏锐,能够跨越两国不同的法律传统、犯罪构造和司法实践去发现具有研究价值的前沿问题。在行文论述中,问题讨论集中,对两国相关问题的发掘整理以及对相关学说和立法制度的介绍梳理都非常详尽精确,分析深入,论证充分,展现了深厚的学术涵养。唯一美中不足的是:①问题的设定场域具有跨越性,没有具体定位于一个固定的讨论语境(比如中国,或者德国),导致文中讨论的问题,既有中国场域的内容,也有德国场域的内容(《德国刑法典》第 217 条业务性促进自杀罪),没有表明"王文"具体所要解决的核心问题。②基于同样问题,两个场域来回轮换,导致行文论述中既有中国问题的表达方式,比如"社会危险性""追求或者放任"等语词的表述,也有德国语境的表达方式。但根据文末的总结,似乎更倾向于针对德国的立法和实践得出判断结论。

---

[4] 参见车犇、吴菲:《自杀的国家干预浅析——以〈自杀论〉为视角》,载《学理论》2012 年第 1 期。

[5] 参见孙秀丽等:《河北省 18 岁及以上人群自杀未遂流行病学调查》,载《中国心理卫生杂志》2010 年第 5 期。

第五单元

犯罪参与理论面临的新挑战
——数字化与互联网

[单元报告]

〔德〕苏珊娜·贝克[*]

数字化进程中的正犯和参与理论[1]

译者:刘 畅[**]

一、导论

如今接入互联网的终端设备已经约有 200 亿台——到 2030 年这个数字将会上升到 5000 亿。[2] 据估算,早在十年前,全球 94% 的技术信息就已经是数字化的。[3] 我们生活在数字化的时代——这无疑也改变了我们的沟通模式、互动方式和个体所处的地位。数字化时代正在形成新的秩序体系。

当然,这一系列变化也会对法律造成影响。法律必须适应技术的发展并引导技术的发展。由于网络犯罪类型的不断增多,刑法也面临着全新的挑战。

本文旨在分析、梳理数字化进程中德国刑法的正犯与犯罪参与理论。本文的第二部分会对与德国正犯、犯罪参与相关的基本教义学结构进行梳

---

[*] 德国汉诺威大学刑法学、刑事诉讼法学、法律比较和法哲学教席教授。
[1] 作者注:谨在此对马克西米利安·努斯鲍姆(Maximilian Nussbaum)先生致以最诚挚的感谢。他杰出的想法、详尽的研究和渊博的知识为本文的写作提供了无可替代的支持。
[**] 德国维尔茨堡大学博士研究生,刑法学、刑事诉讼法学、法理学、信息法学与法律信息学教席科研助理。
[2] 参见 https://www.bmwi.de/Redaktion/DE/Publikationen/Digitale-Welt/global-innovativ-fair.pdf?__blob=publicationFile&v=14,最后访问时间:2019 年 9 月 13 日。
[3] Vgl. Hartin Hilbert/Priscila López, The world's technological capacity to store, communicate, and compute information, Science 2011, 60 ff.

理,随后将会结合数字化进程中的两种特别现象进行分析,阐释其究竟对正犯理论造成了何种影响。进一步将会结合相应的现象对正犯和参与的教义学理论进行深入分析。当然,本文会尽量避免卷入相关领域的一些繁复而细枝末节的讨论,而聚焦于正犯与参与中的一些经典问题在如今的全新表现形式,以及由此产生的新问题:以社交网络中的侮辱为例,刑法应当在多大程度上介入一些内涵较为模糊的网络交际行为?又如网络平台运营者和匿名化服务提供者的责任问题,由此可以看出数字空间内社会一般行为和违法行为界限的模糊程度。

二、正犯和参与的基本理论

(一)正犯和参与体系

《德国刑法典》采用了二元模式构建其正犯和参与体系。区分依据主要是行为人在共同犯罪中的作用大小。依《德国刑法典》第 25 条第 1 款第 1 种情形之规定,完全独立实现犯罪构成要件者为正犯。《德国刑法典》第 25 条第 1 款第 2 项和第 25 条第 2 款对可罚性进行了扩张,在单独正犯的概念之外又延伸出了共同正犯和间接正犯。[4]

与之相对,依《德国刑法典》第 26 条"教唆犯"、第 27 条"帮助犯"之规定,使他人实施犯罪行为、帮助他人实施犯罪行为者,作为参与者被科处刑罚。这种区分制共犯体系的目的在于对犯罪行为依犯罪中的作用大小进行形式上的分类,从而实现刑罚框架上的初步限制。

与区分制共犯体系相对的是单一制共犯体系,德国的《秩序违反法》(Ordnungswidrigkeitengesetz)以及奥地利刑法都采用了这样的体系。在单一制体系下并不对正犯和犯罪参与者进行区分,而是在罪责的范围内寻找与行为人犯罪贡献程度相适应的刑罚。[5]

(二)正犯和参与的界限

一直以来都存在这样的问题:区分正犯和参与的标准是什么?大量学

---

[4] 限缩的正犯概念和将《德国刑法典》第 25 条第 1 款第 2 项、第 25 条第 2 款解读为刑罚扩张的观点,参见 Günter Heine/Bettina Weißer, in: Schönke/Schröder Strafgesetzbuch Kommentar, Vorbem. §§25 ff. Rn. 6 ff., Claus Roxin, Täterschaft und Tatherrschaft, 34 ff. 中有更详细的阐述。

[5] Vgl. Wolfgang Joecks, in: Münchener Kommentar zum Strafgesetzbuch, Vorbem. §25 ff. Rn. 4.

者主张,正犯对结果存在支配——即有计划地掌控犯罪行为的实施。[6] 司法实践中则采取主观说,即行为人是否正犯取决于其本人认为犯罪行为是他自己的行为抑或是他人的行为。[7] 而同时,为了确定是否存在行为人意愿(Täterwille),判例中又采用了客观标准,如犯罪贡献的范围、其贡献对于结果产生的重要性以及对犯罪支配的参与。[8]

所谓的犯罪支配标准主要来源于罗克辛(Roxin)的理论,而他本人将其视为一种灵活性很高的理论。[9] 例如,如果参与者在犯罪计划和犯罪预备阶段的贡献被认为对于犯罪行为的实施至关重要,那么即使其并未亲自参加犯罪行为的具体实施亦可成立共同正犯。[10] 在间接正犯中也可以看到支配概念的扩张:可以通过优势认知(überlegenes Wissen)形成支配,如直接实施犯罪者缺乏故意的情形;也可以通过优势意愿(überlegenes Wollen)形成支配,如直接实施犯罪者因受到胁迫而被排除罪责的情形。[11] 除前述支配类型外,还发展出了所谓"规范性支配",即仅仅处罚间接正犯,而不处罚犯罪工具的类型。[12]

---

[6] Hans-Heinrich Jescheck/Thomas Weigend, Strafrecht Allgemeiner Teil, 651; Volker Krey/Robert Esser, Strafrecht Allgemeiner Teil, Rn. 827 ff.; Johannes Wessels/Werner Beulke/Helmut Satzger, Strafrecht Allgemeienr Teil, Rn. 518; Claus Roxin, Strafrecht Allgemeiner Teil II, § 25 Rn. 13, 27 ff.

[7] 即所谓的"意志公式(Animus-Formel)",参见 RGSt 37, 58; 66, 240; 74, 84; BGHSt 2, 170; 4, 21, 42; 6, 228, 248。

[8] 这些标准来自诸多判例,如 BGHSt 37, 291; BGH NJW 1987, 2881; BGH NStZ 1984, 413, 931; BGH NJW 1994, 670; BGH NStZ 1997, 604; BGH NStZ 2003, 253; BGH StraFo 2012, 194。

[9] 犯罪支配理论的发展,参见 Claus Roxin, Täterschaft und Tatherrschaft, S. 60 ff.; 而在 Claus Roxin, Täterschaft und Tatherrschaft, S. 122 ff. 中将其描述为一个开放的概念。

[10] Jescheck/Weigend, Strafrecht Allgemeiner Teil, 680; Kristian Kühl, Strafrecht Allgemeiner Teil, § 20 Rn. 114; Karl Lackner/Kristian Kühl, § 25 Rn. 11; Claus Roxin, Täterschaft und Tatherrschaft, 275 ff.; Claus Roxin, Strafrecht Allgemeiner Teil II, § 25 Rn. 251 其中包含大量前提; Günther Stratenwerth/Lothar Kuhlen, Strafrecht Allgemeiner Teil, § 12 Rn. 93 f.

[11] Heine/Weißer, in: Schönke/Schröder, § 25 Rn. 7 ff.; Roxin, Täterschaft und Tatherrschaft, 131 ff., 142 ff.

[12] Heine/Weißer, in: Schönke/Schröder, § 25 Rn. 20, 49; Jescheck/Weigend, Strafrecht Allgemeiner Teil, 670; Kühl, Strafrecht Allgemeiner Teil, § 20 Rn. 56b. 罗克辛通过义务犯的理论证立了正犯责任的成立:Roxin, Täterschaft und Tatherrschaft, 352 ff.。

三、现象:多义的交流

(一)现象的表征

第一个需要在此讨论的现象是数字化空间中交流的多义性,这无疑对正犯和参与理论具有重大影响。很长一段时间以来,可以看到人与人之间——特别是在私人领域——交流的主要形式不再局限于谈话、书信或者电子邮件,取而代之的是更为简化的交流形式。例如在快速书面交流中,所谓"表情"就大量取代了较长的对话。正在发生变化的也不仅仅是交流的媒介,在某些领域中,交流行为的目的似乎也在发生转变。在现实世界中,除媒体报道之外,交流行为的目的通常是双边的信息交换。然而值得注意的是,在网络空间内,特别是在社交媒体中,交流行为往往旨在实现更为广泛的交互。大量的互联网用户希望他们所发表的内容有尽可能多的接收者,或者至少让"关注"了他的联系人有可能注意并接触到其发布的内容。[13] 这同时也导致了用户被动接收他人信息的可能性。用户的这种大范围交流的目的通常仅在其联系人也积极使用社交网络的时候才可能实现,因而特定的网络平台,如脸书(Facebook),也致力于不断对交流渠道进行合理化和集中化。

用户的这种希望让广泛群体注意到他人所发信息的强烈动机引发了对社交媒体的一种需求,即拥有快速的、基本不受限的沟通渠道。为满足这样的需求,出现了诸如脸书所提供的对他人信息进行"评论""点赞"[14]或"转发"[15]等功能。而被"点赞""评论"或"转发"的内容则会出现在用户的"时间线(主页)"上。[16] 不管是上述哪种行为,都会形成对内容的传播。

---

[13] Vgl. Philipp Schulte/Kristina-Maria Kanz, Daumen hoch?! - Die Like-Funktion im sozialen Netzwerk Facebook aus strafrechtlicher Perspektive, ZJS 2013, 24, 26 f.

[14] 点赞(Like)在德语中表示作出"我很满意(Gefällt mir)"的声明。具体表现为,用户按下帖子下方的对应按键表示给一个帖子"点赞"。原则上,它是一种简化的评论形式。原帖以及用户表示"点赞"的信息会被一并显示给用户的"好友"。这样一来,原帖就突破了发帖人的社交界限,被传播到与发帖者没有联系的用户。

[15] 在使用"分享"功能时,原帖也会和用户分享这一帖子的信息一并显示在分享者好友的新消息列表中。该功能与"点赞"的主要区别是,被"分享"的帖子也会被添加到分享者的个人界面中,也就是说它被永久性地显示在某种形式的"公告栏"上。

[16] 通常情况下,用户通过这种机制了解其好友的动向。同时也可以拒绝这种机制,即"取消关注"某位用户,这样一来,被取消关注的用户所发表的内容和反应就不会再显示在自己的消息列表中。

(二) 问题概述

由此就产生了这样的问题：前述交流方式的变化会对社交网络中的表意犯（Äußerungsdelikt）和传播犯（Verbreitungsdelikt）产生何种影响？

例如我们可以描绘出这样的情景：A 在自己的脸书主页上发布了一条相当无礼的价值判断。200 个关注了他的脸书用户都在自己的"新消息列表"中看到了这条消息。A 的"好友"B 看到了这条消息，他没有发表评论，但给这条消息点了个"赞"（或者无评论地转发了这条消息）。借此又有另外 100 个用户看到了这条消息。

对于本案，将侮辱行为归属于内容的创作者 A，并依据《德国刑法典》第 185 条侮辱罪对其科处刑罚是没有问题的。[17] 比较困难的问题则是作为互联网平台运营商的脸书的可罚性。这就涉及本次会议第二个板块所讨论的问题。因此本文将着重讨论，仅仅"点赞"或者"转发"的 B 在多大程度上具有可罚性。

(三) 解决方案

1. 正犯

首先需要分析，点赞者、评论者、转发者是否有成立正犯的可能性。如前文所述，成立正犯的前提是存在犯罪支配，即必须能够有计划地掌控犯罪行为的进程。[18] 在网络语境下，犯罪支配可以通过数据主权（Datenhoheit）得以体现，但在社交网络中，拥有数据主权的是内容创作者而非传播者。[19] 从技术角度来看传播行为是具有从属性的：如果原帖被内容创作者自行删除，那么作为转帖的评论、点赞抑或是分享都会随之消失。[20] 如果采用判例的"混合主观说"（gemischt subjektive Theorie）标准，则需要依据传播者是否具有"掌控犯罪行为的意志"、是否通过结果获利、参与犯罪行为的程度及其加功在整个行为进程中的作用大小等标准进

---

[17] 参见对德国《电信媒体法》（TMG）第 7 条第 1 款的解释。
[18] Vgl. Wolfgang Joecks, in: Münchener Kommentar zum Strafgesetzbuch, Vorbem. § 25 ff. Rn. 4.
[19] 参见 Sven Krischker, "Gefällt mir", "Geteilt", "Beleidigt"? – Die Internetbeleidigung in sozialen Netzwerken, JA 2013, 488, 490；链接到非法内容是犯罪支配问题，参见 Eric Hilgendorf, Computerstrafrecht, Rn. 246f; Klaus Malek/Andreas Popp, Strafsachen im Internet, Rn. 130f; Irini E. Vassilaki, Strafrechtliche Verantwortlichkeit durch Einrichten und Aufrechterhalten von elektronischen Verweisen (Hyperlinks) – Anwendbarkeit der allgemeinen Strafrechtsdogmatik auf neue Verhaltensformen, CR 1999, 85, 86 f. 。
[20] Vgl. Hilgendorf, Computerstrafrecht, Rn. 246f; Malek/Popp, Strafsachen im Internet, Rn. 130f; Vassilaki, CR 1999, 85, 86 f.

行判断。[21]

对于侮辱类犯罪而言,判断是否构成正犯的一个至关重要的标准是,行为人所表达的轻蔑(Missachtung)是源于自身的还是他人对于对象的轻蔑。[22] 为此需要回答,内容的传播者是否希望将其传播的内涵视为自己的,即对他人内容表示认可,并与其不法保持一致。[23] 从法益保护的视角来看,参考这种标准可能会得出令人困惑的结论,因为无论传播者是否支持其所传播的轻蔑表述,侵犯名誉的内容都被传递出去并让更多人看到了。[24] 对此,伯泽(Boese)建议区分传播犯(Verbreitungsdelikt)和表意犯(Äußerungsdelikt),这是更为妥当的处理方式。[25] 依照伯泽的理论,对传播犯而言,如果转发者对其传播的非法内容存在支配便足以成立正犯。而对于诸如《德国刑法典》第185条这类表意犯而言,则取决于传播者是否将内容视为己有。因为对于此类犯罪而言,个人对于轻蔑的表达是至关重要的。[26] 下文将主要聚焦于对表意犯的讨论。

"视为己有"这一前提条件凸显了社交网络中交流行为的特别之处。如果说对原内容明确作出肯定或否定的评价,给出了较为明显的信号的话,单纯地点赞或者不加评论地转发就显得比较微妙了。当然可以说,直观

---

[21] 即所谓的"意志公式(Animus-Formel)",参见 RGSt 37, 58; 66, 240; 74, 84; BGHSt 2, 170; 4, 21, 42; 6, 228, 248。

[22] BVerfG NJW 1990, 1980, 1981; Jörg Eisele/Ulrike Schnittenhelm, in: Schönke/Schröder Strafgesetzbuch Kommentar, §185 Rn. 17; Eric Hilgendorf, in: Strafgesetzbuch Leipziger Kommentar, §185, Rn. 40; Philipp Regge/Christian Pegel, in: Münchener Kommentar zum Strafgesetzbuch, §185, Rn. 46.

[23] Norbert P. Flechsig/ Detlev Gabel, Strafrechtliche Verantwortlichkeit im Netz durch Einrichten und Vorhalten von Hyperlinks CR 1998, 351, 355; Krischker, JA 2013, 488, 490; Brian Valerius, in: Beck'scher Online-Kommentar-StGB, §185 Rn. 23;问题在于,目前理论和判例中关于设置链接的观点在多大程度上可以被移植适用到社交网络的行为模式中。Tassis, Die Kommentierung von Statusmeldungen auf sozialen Netzwerken aus strafrechtlicher Perspektive(待出版),认为,相较于适用网络平台提供的快速回应机制,设置链接的技术门槛显然要更高。然而在最终结论上,作者仍认为应当参考为设置链接行为发展出的标准。设置链接行为的刑事责任问题,可参见 Hoffmann/Volkmann, in: Spindler/Schuster, Recht der elektronischen Medien, TMG §7 Rn. 16。

[24] Vgl. Ulrich Wahlers, Außerordentliche Kündigung wegen Kundenbeleidigung auf privater Facebook-Pinnwand, jurisPR-ITR 12/2012, Anm 2.

[25] Oliver Boese, Strafrechtliche Verantwortlichkeit für Verweisungen durch Links im Internet, 2000, 214 ff.

[26] Boese, Strafrechtliche Verantwortlichkeit fur Verweisungen durch Links im Internet, 2000, 214 ff.

地看,"点赞"通过竖起拇指的图形表达了一种认可,甚至是与之同流的倾向。但是必须注意的是,在真实的社交媒体环境中,"点赞"实际上是在以一种近乎条件反射的方式被过度使用的,其表达的含义并不一致。[27] 尽管作为最大社交网络的脸书还引入了其他"快速反应选项"[28],但实际上如果用户的目的仅仅在于传播内容,而并不想发表相应的评论,依然可能会"使用点赞功能表达不喜欢",例如可能用以表示对原文的愤慨。因而把点赞解释为一种对他人陈述进行纯粹的强调也完全可行。[29]

对无评论的转发也可以进行类似的解读。唯一的区别在于,转发的内容会出现在自己的主页,并形成一种"微型博客"。相较于纯粹的点赞,用户这种将原文贴入自己主页的行为更加近似于表示与原作同流之意,此外也形成了更为强大的支配。[30] 然而这些事实并不能帮助我们完全摆脱由交流行为的多义性和对原文的从属性[31]所引发的问题。[32] 点赞和无评论转发的例子说明,在对社交媒体中的表意犯进行判断时,应当批判性地看待"视为己有"这一标准,因为作为一个主观标准,在对其进行证明时必定面对极大的困难。传播行为通常欠缺一个明确的表示认同的节点,因而最终必须根据整体情状推断出行为人是否同意相应言论。然而脸书中的个人资料和用户行为——即使不是虚假的个人资料——所能提供的信息量差异也是巨大的,往往难以提供线索来确认用户是否赞同特定的内容,这无疑加大了根据整体情状进行判断的难度。唯一可以确定的是,现实世界中的交流行为并不具有如此的多义性。如在散发传单或宣传册时,派发者基本不会是因为对传单或宣传册的内容感到愤怒而实施这样的行为,这种现象应当归因于现实世界中的交流行为所存在的限制以及交流必须付出的成本。总而言之,"视为己有"的标准在确定性上存在疑问,而当存在疑问时应当否认正犯的成立。

---

[27] Schulte/Kanz, ZJS 2013, 24, 27; Tassis, Die Kommentierung von Statusmeldungen auf sozialen Netzwerken aus strafrechtlicher Perspektive (待出版)。
[28] 2016 年脸书引入了"心""笑脸""生气""伤心"和"惊讶"的表情符号。
[29] Krischker, JA 2013, 488, 490.
[30] Krischker, JA 2013, 488, 492f; Tassis, Die Kommentierung von Statusmeldungen auf sozialen Netzwerken aus strafrechtlicher Perspektive (待出版);不同观点参见 OLG Frankfurt a. M. MMR 2016, 489 f. 。
[31] 如果原帖被删除,被转发的帖子也同样会被删除。
[32] OLG Frankfurt a. M. MMR 2016, 489 f.

2. 表意犯中的犯罪参与

在社交网络中传播损害他人名誉的言论会导致的另一个问题是能否成立犯罪参与。首先可以排除构成教唆犯的可能性,因为从逻辑上来看,内容创作者的犯罪决意显然早于传播行为产生。然而因传播行为成立帮助犯是完全有可能的。

对此,有两种进路值得加以考量:第一,可以考虑通过点赞、评论或转发进行传播的,构成对于不作为的精神性帮助。其理由在于,这样的传播强化了内容创作者对其所作内容的信心,并由此阻碍内容创作者删除其作出的表述。而内容创作者的保证人地位来源于其此前的内容陈述构成了违法的先行行为。这里就又体现出社交媒体中交流行为多义性所造成的困难了。虽然行为人通过转发或点赞行为可能表达了各种不同的意思,但对于内容创作者而言则意味着更大的影响范围,这样的效果通常是积极的,甚至可能是令人鼓舞的。

此外,行为人也可能因其传播行为强化不法而直接成立帮助犯。因为每多让一个人看到可能导致名誉损害的原始内容,就意味着法益损害增强了一分。[33]

无论采用何种进路都存在一个长久以来争议不断的问题,即提供的帮助与结果的产生之间是否必须存在因果关系。主流学说认为帮助行为对正犯行为产生影响,进而(共同)作用于结果的产生[34];而判例则认为只要促进了犯罪行为的实施就足够了,即至少要让犯罪行为更容易实现或强化、保证其实现。[35]

对于第一种进路而言,在前述案例中难以确定因果关系。如果认为内容创作者只有在没有得到回应的时候才会删除他的言论,听上去有点荒谬。为此必须承认这样的前提:如果发表的内容没有得到回应,内容创作者的心理压力就会增加,会愈加想要检查其言论是否有问题。

而对于第二种进路而言,在处理因果关系时不存在任何问题。如果认为传播行为是对原始内容不法的强化,那么无论如何都存在因果关系。[36]

---

[33] Krischker, JA 2013, 488, 491. 也同样采用了这一观点。
[34] Joecks, in: MüKo-StGB, § 27 Rn. 33; 及 Bernd Schünemann, in: Strafgesetzbuch Leipziger Kommentar, § 27 Rn. 2 ff. 中有更多的论述。
[35] 类似的判例有很多:BGH NJW 1956, 477; BGH NStZ 1996, 488; BGH NJW 2000, 3010。
[36] Vgl. Krischker, JA 2013, 488, 491.

四、现象:违法行为和社会一般行为界限的模糊化

与此同时,很明显,大范围交流的技术可能性不仅仅是为了满足用户需求,它实际上与社交网络的商业模式共同发展,以将乘数效应(Multiplikationswirkung)最大化。* 本文以处于联网交流核心地位的互联网平台运营商的刑事责任为例说明第二个问题,即数字化空间中的违法行为和社会一般行为的界限可以变得多么模糊。

(一)现象的表征

在数字化空间中高度网络化的交流需要以相应的网络平台为基础。一方面,这是联网交流和零散商业行为的必要条件;另一方面,网络平台也需要大量的用户流量。[37] 至少在网络平台追求盈利时这是必需的。因为只有这样才能产生足够广泛的交流并实现足够的供求关系。

网络平台的表现形式十分多样,例如社交网络平台、拥有特定兴趣的群体进行讨论的论坛、商品交易平台、提供服务的虚拟交易平台,等等。这些不同形式的网络平台也具有相似之处,即高度自动化,正是基于此才得以承载大量的访问。通常网络平台只有在接到用户举报才会对其内容加以审查,或随机对内容加以审查。[38]

(二)问题概述

前述网络平台被用于进行犯罪预备甚至被用于实施犯罪的情形屡见不鲜。社交网络平台和论坛常被用于实施表意犯和传播犯的犯罪行为[39],而虚拟交

---

* 译者注:乘数效应是一种宏观的经济效应,也是一种宏观经济控制手段,是指经济活动中某一变量的增减所引起的经济总量变化的连锁反应程度。

[37] 例如 2019 年脸书在全球范围内有 24 亿活跃用户,在德国有 3200 万活跃用户:https://allfacebook.de/toll/state-of-facebook,最后访问时间:2019 年 9 月 14 日;Ebay 作为最知名的数字交易平台之一,在 2017 年全年在德国总共有一千七百万次交易:https://www.heise.de/newsticker/meldung/eBay-gibt-einen-kleinen-Einblick-3888416.html,最后访问时间:2019 年 9 月 14 日。

[38] 例如脸书处理非法内容的方式由用户举报,然后由所谓的版面负责人审:https://www.zeit.de/digital/internet/2017-05/facebook-regeln-inhalte-loeschen-interne-dokumente/seite-1,最后访问时间:2019 年 9 月 13 日。

[39] Nikolaus Bosch, Hassbotschaften und Hetze im Internet als Aufforderung zu Straftaten? Jura 2016, 381.

易平台则经常被用于非法麻醉品和武器交易[40]。这类在线交易平台通常需要借助搭载洋葱路由技术*的浏览器(TOR-Browser)登录。简单地说,这是一种加密登录技术,它使得用户可以匿名登录网页,而特定的网页——例如所谓的暗网(DarkNet)只有通过这种技术才能登录。[41]

问题在于,多数的平台,包括多数匿名化服务提供者的初衷都并非支持犯罪行为的实施。[42]然而,明显可以看到,数字化空间的出现会导致某些根本范式上的改变。一些在现实空间中很常见的事物,在数字空间中就会成为例外。例如在现实空间中使用现金支付当然是正常的情形。这可能是因为消费者习惯使用这种支付模式,或者也可能是因为购买行为应当是不可追踪的。然而在数字化空间中情况则截然相反,所有的交易都可以通过IP地址进行追踪。通过诸如洋葱路由技术这样的匿名化服务则可以阻断这样的追踪,因为用户并非直接登录网站,而是通过不同网络节点进行访问。

这样的匿名服务当然不仅仅被用于匿名交易或者匿名社交活动。不同政见者或者告密者同样会使用这样的技术以确保其通信渠道的安全性。[43]

所以由此产生了这样的问题:是否应当追究诸如此类的匿名服务提供者的刑事责任,如果应当,那么应当在什么情况下追究其刑事责任。同样地,应当在多大程度上追究暗网的平台运营商的刑事责任?或者当平台被用作实施表意犯和传播犯的犯罪行为时,是否应当追究脸书这样的社交网络平台运营者的刑事责任?这些都是必须得到解答的问题。

(三)解决方案

网络平台运营商的例子表明,违法行为和社会习惯行为在数字空间中可能变得模糊不清。首先应当考虑的是借助正犯和犯罪参与理论对行为人一般的刑事责任加以分析;随后应当聚焦于德国《电信媒体法》第7条及以

---

[40] Mario Bachmann/Nergiz Arslan, NZWiSt 2019, 241, 242 f.
   * 译者注:一种通过多次加密实现匿名化的技术。
[41] 更详细的介绍参见 Bachmann/Arslan, „Darknet"-Handelsplätze für kriminelle Waren und Dienstleistungen: Ein Fall für den Strafgesetzgeber?, NZWiSt 2019, 241, 242。
[42] Helmut Fünfsinn/Georg Ungefuk/Benjamin Krause, Das Darknet aus Sicht der Strafverfolgungsbehörden, Kriminalistik 2017, 440, 441.
[43] Daniel Moßbrucker, Netz der Dessidenten-Die helle Seite des Darknets, 载 http://www.bpb.de/apuz/259139/netzder-dissidenten?p=all,最后访问时间:2019年9月23日。

下数条规定的运营商责任;最后本文将对旨在打击暗网中刑事犯罪的立法草案加以分析。

1. 一般刑事责任

首先需要回答的问题是,网络平台运营者的什么行为可以作为刑法上非难的切入点。

(1)提供数据存储构成积极的作为

最先需要加以讨论的是运营平台这一行为本身是否具有违法性。如果采纳对传播犯和表意犯进行区分的观点,那么就运营平台本身是否能构成正犯可以得出如下结论:对表意犯而言,单纯运营网站的平台运营者欠缺犯罪支配,只有发帖人,或者说内容创作者具有犯罪支配。对于如《德国刑法典》第130条"煽动民众罪"这样的传播犯而言,可以承认网络平台运营者具有犯罪支配,然而网络平台运营者在运营平台之时是否具有支配意思(Tatherrschaftswille)则存在很大疑问。

更加难以判断的是,能否认定网络平台运营者成立表意犯[44]的帮助犯。尽管相应的平台,如社交网络平台被正犯作为犯罪工具加以使用,且正犯通过使用这样的工具获得了很大的利益,如匿名性或强大的传播能力。[45] 但是对于纯粹的运营行为而言,其行为时欠缺支持某个违法行为的认识。

这里同样可以与现实世界进行比较:传统的纸质媒体出版者在出版前完全可以对其内容进行彻底的检查。因此如果某个出版物内含非法内容,则可以基于内容的可检查性认定发行者的支配故意[46]或帮助故意[47]。然而网络平台运营者不具备这样的审查可能性,因为其内容的上传通道永远对潜在的内容提供者保持开放。而数据的上传是自动进行的,运营者通常不会立即意识到非法内容的存在。[48]

也正是基于这样的现实,对中立帮助行为的讨论愈加火热,以确定究竟何时可以认定帮助故意。[49] 问题可以主要归结为:行为人的贡献对于犯

---

[44] 这里的结论也可以延伸至其他犯罪类型,例如网站被用于武器交易,而被交易的武器被用于杀人。
[45] 也参见 Tobias Ceffinato, Die strafrechtliche Verantwortlichkeit von Internetplattformbetreibern, Jus 2017, 403, 406。
[46] 传播犯的情形。
[47] 表意犯的情形。
[48] Ceffinato, Jus 2017, 403, 404.
[49] 篇幅所限,本文难以对相关理论进行全面梳理,相关争议和教义学体系中的定位参见 Heine/Weißer, in: Schönke/Schröder-StGB, § 27 Rn. 9 ff.。

罪行为起到了积极的促进作用[50],然而与正犯的犯罪行为关联度则十分有限。这也常见于业务行为和具有社会相当性的行为。[51] 基本上该问题可以被转化为:帮助者是否能够认识到犯罪行为的实施是极为可能的[52],继而可以认为其目的在于为具有犯罪倾向(tatgeneigt)者提供支持。[53] 如果存在这样的情形,那么行为就丧失了其日常性,而帮助者也与正犯的不法同流。[54] 由此可以形成"服务于非法目的的平台"和"与其原有目的不符地被滥用的平台"之间的界限。当然在个案中可能会出现这样的情形,即平台本身并非服务于非法目的,然而其特别适合被当作违法行为的犯罪工具使用、或者大量用户为实施违法行为而滥用平台。在此语境下可以将平台的危险性作为判断帮助行为中立性的标准。此外利用平台实施非法行为与合法行为的用户比例,及借助该平台所实施的不法行为的严重程度亦可作为重要参考标准。基于这样的考量可以认定,诸如脸书这样的社交网络平台是具有中立性的,而暗网中服务于毒品、武器交易的虚拟市场则可以否认其中立性。至于暗网中的部分平台在提供免遭审查、不受监督的信息交换渠道的同时也服务于武器交易这样的非法交易的,在判断上则可能会比较困难。[55]

特别有趣的是,前述标准如何应用于匿名化服务的运营商。例如搭载洋葱路由技术的浏览器以一种极为简便的方式使得用户可以改变其访问路径,以阻断通过 IP 地址对其进行追踪的可能性。尽管这里不存在物质性帮助,因为犯罪行为的实施并没有被简化。然而匿名性可以给行为人以极大的安全感,使其更倾向于实施犯罪行为。[56] 因此这里讨论的是提前阻碍刑罚实现的精神性帮助,因为行为人知道经由匿名化处理,其将更难受到

---

[50] 因果性方面的要求,参见前注[33]文。
[51] Heine/Weißer, in: Schönke/Schröder-StGB, §27 Rn. 9.
[52] Heine/Weißer, in: Schönke/Schröder-StGB, §27 Rn. 10.
[53] Vgl. Roxin, Strafrecht Allgemeiner Teil II, §26 Rn. 218 ff.; Roxin, in: LK-StGB, §27 Rn. 19; BGH StV 2000, 492, 493; BGH NJW 2001, 2409, 2410.
[54] BGH NJW 2000, 3010, 3011; Roxin, in: LK-StGB, §27 Rn. 19.
[55] Vgl. LG Karlsruhe StV 2019, 400.
[56] 犯罪学角度的分析,参见 Bernd-Dieter Meier, Kriminologie und Internet: ein ungeklärtes Verhältnis, in: Susanne Beck/Bernd-Dieter Meier/Carsten Momsen, Cybercrime und Cyberinvestigations, 93, 95 ff. 。

刑事追诉。[57]

此处所涉及的依然是帮助故意,以及中立帮助的问题。这里当然可以援引前述危险性标准,即认为即使不存在匿名化服务,用户仍然可以访问相应网站,匿名化服务只是使得用户对网站的登录"复杂化"了。同样,库德里希(Kudlich)[58]也指出,这样的软件也可以被用于合法目的。例如用户匿名浏览网站可能是为了避免其个人偏好受到分析,由此避免被投送定向广告。使用这样的匿名化软件同样可以降低遭受基于 IP 地址选择被害者的网络攻击的风险。此外,库德里希还从较为私密的网络交互,或者是涉及敏感信息的网络交互的角度推导出希望得到匿名化处理的合理性。[59] 最后,在涉及匿名举报的场景中,同样可以使用这样的匿名化软件。[60] 因此很难将匿名化软件归于"完全被用于非法用途"一类。所以,必须在个案中进行判断,运营商究竟只是一般性地提供服务,还是基于特定线索认为其用户有可能利用匿名化服务实施犯罪行为。[61] 在这方面,库德里希的建议是,如果运营商在存在嫌疑时与执法部门合作,就可以免受谴责,本文同意这一观点。[62]

匿名化服务的例子和帮助犯责任在中立帮助的范畴内加以分析的事实表明,在一些基本价值判断上仍缺乏足够的明确性:在前述案件中,究竟用户是否有在互联网中匿名行动的权利? 或者说不是每一个选择匿名的人都在刻意隐瞒些什么。

(2)拒不删除构成不作为犯罪

运营商的行为与刑事责任之间的另一个连接点可能存在于拒不删除非法内容的情形。当然,对于其行为已经可以被视为积极的作为而成立帮

---

[57] 参见 Hans Kudlich, Das „Grundrecht auf anonymes Surfen im Internet" und das Strafrecht, in: Eric Hilgendorf, Informationsstrafrecht und Rechtsinformatik, 1, 10;通过妨碍司法活动进行的精神帮助,参见 Roxin, Strafrecht Allgemeiner Teil II, § 26 Rn. 199 ff. 。

[58] 库德利希在这里提到的并不是洋葱路由,而是 AN. ON. 项目(匿名服务)。但其背后的思想同样可以用于分析洋葱路由的问题。对 AN. ON. 的分析也可参见 Annette Marbeth-Kubicki, Computer- und Internetstrafrecht, 2009, Rn. 32 f. 。

[59] Kudlich, in: Hilgendorf, Informationsstrafrecht und Rechtsinformatik, 1, 14.

[60] Moßbrucker, Netz der Dessidenten – Die helle Seite des Darknets, http://www.bpb.de/apuz/259139/netzder-dissidenten? p=all(Zuletzt abgerufen am 13. 09. 2019)。

[61] Kudlich, in: Hilgendorf, Informationsstrafrecht und Rechtsinformatik, 1, 20; Marbeth-Kubicki, Computer- und Internetstrafrecht, 2009, Rn. 389.

[62] Kudlich, in: Hilgendorf, Informationsstrafrecht und Rechtsinformatik, 1, 15.

助犯时,考虑到可谴责性的重点所在,不应再因不删除非法内容而构成不作为犯。

若想证立不作为犯的成立,首先要说明的是,平台运营商的保证人地位来源何在。尽管原则上认为,运营商没有阻止他人实施犯罪行为的义务[63],但认为其因为对危险源拥有事实上的支配而具有监管保证人义务(Überwachungsgarantenpflicht)是一个可以被接受的结论。[64] 以纯粹的事实为基础对控制领域进行这样的责任分配无疑将会带来广泛的不作为责任。因此,这样的责任应以《德国刑法典》第323c条的一般性规定为界限,且在个案中应对其进行规范上的限制。[65]

保证人义务的产生是由于其与受到威胁的法益具有法律上或者社会上的联系,或者其与危险源之间具有这样的关联。[66] 具体到现实空间的保证人义务,需要回答的问题是:犯罪实施的空间是否是实施犯罪本身的决定性因素。[67] 现实世界中的犯罪实施空间通常是可以被替换的,对犯罪行为的实施或对结果的实现都不具有特别的必要性。很少见到犯罪场所作为犯罪手段出现。[68] 然而在网络平台的语境下,情况就截然不同了。匿名实施犯罪的可能性、巨大的传播潜力,或者是作为某些犯罪模式成为可能的前提条件,这些都使得网络平台本身成犯罪手段,因而可以按照一般性的规则证立运营者的特别责任。[69]

在证立保证人义务之后,需要回答的问题是:这里涉及的是作为正犯的不作为犯罪还是作为帮助犯的不作为犯罪。对于表意犯而言,可以排除运营商成立正犯的可能性,因其没有将内容创作者的言论视为己有。反之,对传播犯而言成立正犯是完全可能的。进一步,在故意层面需要讨论的是,运营商在多大程度上对传播行为具有间接故意。

---

[63] Vgl. Roxin, Strafrecht Allgemeiner Teil II, § 32 Rn. 126.

[64] 从事实上的支配地位推导出保证人义务的观点,参见 Bernd Schünemann, Grund und Grenzen des unechten Unterlassungsdelikts, 1971, 231 ff.; 也可参见 Ulrich Sieber, Die Verantwortlichkeit von Internet-Providern im Rechtsvergleich, ZUM 1999, 196, 198 f.

[65] Vgl. Ceffinato, Legitimation und Grenzen der strafrechtlichen Vertreterhaftung nach § 14 StGB, 2012, 142 ff.

[66] Vgl. Nicolaus Bosch, in: Schönke/Schröder Strafgesetzbuch Kommentar, § 13 Rn. 15.

[67] BGH NStZ-RR, 2003, 184; Schünemann, Grund und Grenzen des unechten Unterlassungsdelikts, 1971, 361.

[68] Bosch, in: Schönke/Schröder-StGB, § 13 Rn. 54.

[69] 也可参见 Ceffinato, Jus 2017, 403, 406.

2. 运营商责任(Provider-Haftung)

德国《电信媒体法》第 7 条及以下几条规定了运营商责任,这里的运营商不仅仅包括平台运营者、所谓"主机服务提供者(HSP)",也包括内容提供者。《电信媒体法》对其进行了立体性的责任划分,既规定了刑事责任,亦有民法和公法上的责任,而对于运营商不应对特定内容承担责任的情形也规定了免责条款。[70] 例如《电信媒体法》第 7 条第 1 款的一般性规定并没有对内容供应者应承担的责任加以限制,而第 10 条则规定了主机服务供应商对于用户存储内容的免责条款。主机服务提供者仅当对违法行为知情,或基于已知事实明显可以认识到违法行为时方可承担责任(第 10 条第 1 句第 1 项)。而主机服务提供者知悉违法信息的存在后立即删除的,也不承担责任(第 10 条第 1 句第 2 项)。此外,由于该规定在法律领域划分方面是中立的,因此其教义学上的体系性地位也存在争议。[71] 争议的核心在于,免责条款应当以何种形式被整合于构成要件中。[72] 不考虑其他因素,《电信媒体法》第 10 条第 1 句的规定被认为至少是一个故意限缩条款(vorsatzmodifizierende Regelung)。[73] 如果进行这样的理解,那么对故意既要结合《电信媒体法》中的规定又要借助中立帮助的概念进行认定。[74] 在立法论的层面,《电信媒体法》第 10 条[75] 基于这样的考量,即主机服务提供者仅仅扮演了技术性的中间人的角色,因而将主观归责的界限限制在了一个比一般帮助规范更为狭窄的范围内。[76] 因此相对其他各种规范而言,在对主观构成要件进行评价时应当优先适用包含内容更多的《电信媒体法》第 10 条之规定。[77] 结合前文中探讨的不作为犯进行讨论时,似乎

---

[70] Kersten Altenhein, in: Münchener Kommentar zum StGB -TMG, Vor §7 ff. Rn. 3 f.
[71] 参见 Altenhein, in: MüKO-TMG, Vor §7 ff., Rn. 5 ff. 中更详细的论述;以及 Eric Hilgendorf/Brian Valerius, Computer- und Internetstrafrecht, 186 ff.
[72] 参见 Altenhein, in: MüKO-TMG, Vor §7 ff., Rn. 5 ff. 中更详细的论述。
[73] Jörg Eisele, in: Schönke/Schröder Strafgesetzbuch Kommentar, §184, Rn. 84; Hilgendorf/Valerius, Computer-und Internetstrafrecht, Rn. 192; Malek/Popp, Strafsachen im Internet, Rn. 88.
[74] 《电信媒体法》的适用(当时还有《远程服务法(TDG)》)问题参见 Kudlich, in: Hilgendorf, Informationsstrafrecht und Rechtsinformatik, 1, 10 ff. 。
[75] 这里的知悉指对具体违法内容及内容所在位置的认知,因为服务提供者没有监管和调查义务: BGH CR, 2004, 48, 50; Hilgendorf/Valerius, Computer- und Internetstrafrecht, Rn. 208 中有更详细的论述。
[76] Altenhein, in: MüKO-TMG, §10 Rn. 2.
[77] 也参见 Kudlich, in: Hilgendorf, Informationsstrafrecht und Rechtsinformatik, 1, 16。

可以很直观地得出《电信媒体法》规定了运营者的保证人地位这一结论。然而立法者使用了在法律领域上处于中立状态的"责任（Verantwortlichkeit）"这一术语，因此在存在免责条款的情况下，承认保证人地位也并非必然。[78]

3.《德国刑法典》第 126a 条（草案）

对刑法的一般性规定和《电信媒体法》的特别规定进行了解后，有必要继续将目光投向将来法（lege ferenda）。联邦参议院提供的《德国刑法典》第 126a 条草案是一个极具话题性的例子，值得在此进行探讨。该条规定"提供以互联网技术为基础的服务、通过特别的技术手段对其准入和可访问性加以限制，其目的在于为（特定）违法行为的实施提供必要条件或支持，或其本身即构成对（特定）违法行为的实施提供必要条件或支持的"应当被科处刑罚。

该罪构成要件主要意在涵盖前文中所述暗网运营商，即从事武器、毒品、色情物品交易的虚拟交易平台。而"提供以互联网技术为基础的服务、通过特别的技术手段对其准入和可访问性加以限制"的表述则将所有以使用洋葱路由技术为准入条件的网站包含在内。[79] "其目的在于为（特定）违法行为的实施提供必要条件或支持"一句就值得反复推敲了，因为依该句之规定，平台运营者的目标并不需要指向平台作为特定犯罪的犯罪工具被使用，仅仅是有目的地创造一个很可能被用以实施犯罪的环境就足以构成该罪了。[80]

按照刑事责任的一般规则，此类平台的运营者在特定情形下本就可以因提供物质性、精神性帮助而构成帮助犯。[81] 草案试图作出特别规定的原因在于，现实中对于帮助犯的证明具有极大困难。因为对于正犯行为的协商通常是通过加密通信进行的，而这些平台往往也并非自始便以实施相应犯罪行为为目的建立的。[82] 因此草案的说明中明确表示：

---

[78] Vgl. Ralf Eschelbach, in: Matt/Renzikowski-StGB, §184 Rn. 73; Eva Billmeier, in: Gerrit Manssen, Telekommunikations- und Multimediarecht - §7 TMG Rn. 51.

[79] 更进一步：Bachmann/Arslan, NZWiSt 2019, 241, 246 中认为可以涵盖所有此类网站中的内容，因为原则上认为，技术决定了这些内容只有通过此类浏览器才可以访问。

[80] 参见 https://verfassungsblog.de/strafrecht-in-der-finsternis-zu-dem-vorhaben-eines-darknet-tatbestands/,最后访问日期：2019 年 9 月 13 日。

[81] Vgl. Bachmann/Arslan, NZWiSt 2019, 241, 243 f.

[82] Bundesrat Drucksache 33/19 (Beschluss), 4 f.

"……此外,实践经验表明,传统的有组织犯罪理论,以及长期以来立法活动中对正犯与犯罪参与的认识已经很难适应现代的、以网络为基础的犯罪模式……"[83]

当然,司法实践中的证明困难是否真的意味着传统的正犯和犯罪参与理论体系在应对这类新兴犯罪模式时已经不堪重负仍有疑问,有待进一步的研究。[84]

五、结　论

毋庸置疑的是,数字化对正犯和犯罪参与理论构成了新的挑战。数字化空间正在以极快的速度发展,而刑法体系也需要持续进步以与之相适应。跨国的数据传输产生了刑法适用的问题[85];全新的社会合作模式导致了责任的不断分散[86]——不仅仅是人与人的全新合作模式,甚至也包括全新的人—机交互模式。

法学理论应当对社会一般性行为和违法行为界限的模糊问题加以特别关注。尤其需要明确,哪些行为模式是值得为法律所保护的。对匿名服务者是否因其服务构成帮助犯的判断就是很好的事例:我们能否认定,匿名上网原则上是一种值得法律保护的利益。此外,如果没有很好地解释交流的意义和内涵,一些典型的法学判断标准很难发挥其作用,例如"视为己有"之于正犯与犯罪参与。在交流领域也存在社会一般性行为和可罚性行为界限的模糊。因此,存在不确定性就不显得奇怪了。对于因一般的归责理论在应对网络犯罪时捉襟见肘即主张大量将刑法前置化的做法应当格外警惕。

---

[83] Bundesrat Drucksache 33/19 (Beschluss), 4.
[84] Vgl. Bachmann/Arslan, NZWiSt 2019, 241, 248.
[85] Vgl. Eric Hilgendorf, Die Neuen Medien und das Strafrecht, ZStW 2001, 650.
[86] Vgl. Susanne Beck, The problem of ascribing legal responsibility in the case of robotics, AI & Society 2016, 473 ff.

于改之[*]

互联网时代共犯理论的新挑战
——以网络帮助行为的刑事归责为例

随着信息技术的发展与互联网时代的到来,传统犯罪趋向网络化及网络犯罪趋向常态化不仅正在改变着中国的基本犯罪态势与结构,也在相当程度上给传统刑法理论带来了诸多挑战。其中,共犯理论受到的挑战尤甚。"网络共同犯罪的特殊性,使得网络共同犯罪的认定成为刑法理论与实务难以逾越的一个困境。"[1]本文拟以网络帮助行为的刑事归责为例,分析网络帮助行为给传统共犯理论带来的新挑战;在此基础上,以《刑法修正案(九)》出台为分水岭,就司法实践、学说争议以及相应立法进行梳理,对网络帮助行为的刑事归责模式进行评析,略述浅见。

一、网络帮助行为对传统共犯理论的挑战

传统观点认为,共同犯罪不是单个犯罪人行为的简单相加,"首先从客观上来看,相互之间可以通过功能与作用的分担,而使犯罪更容易实现;其次,从主观上看,参与者互为依托这种'群众心理'发挥作用,可以强化犯意"[2]。因此,通过共同犯罪人之间的密切配合,可以产生一种新的集体力量,从而使犯罪更容易实现。[3] 正是着眼于此,一些学者甚至认为共同犯罪是基于共同的犯罪目的形成的"具有特殊的社会心理现象的共同意思

---

[*] 华东政法大学教授。
[1] 梁根林:《传统犯罪网络化:归责障碍、刑法应对与教义限缩》,载《法学》2017年第2期。
[2] 〔日〕西田典之:《日本刑法总论》,刘明祥、王昭武译,中国人民大学出版社2007年版,第265页。
[3] 参见马克昌主编:《犯罪通论》,武汉大学出版社2001年版,第504页。

主体的活动"[4],而共同犯罪的因果关系是解释这种共同意思主体活动的关键。"共同犯罪的因果关系包括物理的因果关系与心理的因果关系,前者是指物理地或客观上促进了犯罪的实行与结果的发生;后者是指引发犯意、激励犯行等从精神上、心理上促进犯罪的实行与结果的发生。"[5]物理性因果关系和心理性因果关系并非毫无关联的并列。在很多场合下,正是基于心理上的因果关系,共同犯罪人之间才形成共同的犯罪目的,并因此而相互鼓励、相互分工配合,共同促成特定犯罪的实施。[6] 然而,在互联网时代,不仅帮助者和正犯人之间的意思联络方式发生了变化,共同犯罪人之间的因果关系类型也发生改变,传统的共犯参与原理受到了极大挑战。

(一)网络帮助犯与正犯的意思联络方式发生改变

按照传统共犯理论,各共同犯罪人之间应当具有双向或者多向的意思联络,然而,这在互联网空间发生了改变。虽然网络服务提供者客观上可能为正犯行为的实现提供了便利,但对于网络帮助者而言,"无论交易行为的对手方是犯罪者还是其他任何行为主体,业务的实施者都会以本人独立的目的,按照典型的业务要求从事相关行为或者交易"[7]。因此,即使网络服务提供者不像传统的共犯者一样配合正犯人,但其同样能够实现自己的目的。特别值得注意的是,网络空间体现为一种"资源和信息共享机制,网络空间中充斥着大量的有助于实施犯罪的技术、数据和平台,而利用上述技术支持的实行行为人与提供上述技术支持的帮助行为人之间并不需要意思联络"[8]。由此可见,以往的共犯理论所强调的网络服务提供者、正犯人间的双向的意思联络或者通谋这种"共同故意"[9],不再是实现共同犯罪人各自目的的不可或缺的手段。如果网络帮助犯基于自己的"片面故意"为他人犯罪提供技术支持、广告推广、支付服务等帮助行为,或者直接参与他人犯罪的,不啻为"片面共犯",其可罚性不免受到诘问。

---

[4] 〔日〕西原春夫:《刑法の総論》,成文堂1998年版,第374—375页。
[5] 张明楷:《刑法学》(第5版),法律出版社2016年版,第435页。
[6] 参见〔日〕町野朔:《惹起说的整备·点检—共犯における违法从属と因果性》,载〔日〕松尾浩也、芝原邦尔编:《刑事法学的现代状况:内藤谦先生古稀祝贺》,有斐阁1994年版,第131页。
[7] 刘宪权:《论信息网络技术滥用行为的刑事责任——〈刑法修正案(九)〉相关条款的理解与适用》,载《政法论坛》2015年第5期,第102页。
[8] 于志刚:《网络空间中犯罪帮助行为的制裁体系与完善思路》,载《中国法学》2016年第2期。
[9] 高铭暄主编:《刑法专论》(上),高等教育出版社2002年版,第340页。

(二) 物理性因果关系主导着共同犯罪的实现

由于帮助犯与正犯之间的意思联络方式发生巨大改变,共同犯罪人之间的物理性因果关系正取代心理上的因果关系,成为主导共同犯罪实现的因果关系。一方面,网络技术、网络服务本身具有独立的价值,并不像传统的帮助行为那样附属于正犯行为,并通过正犯行为实现其行为目的。另一方面,特定网络服务提供者的技术支持对"网络的实行行为人获得帮助并不具有必然性,有时实行行为人是同时寻找多种技术帮助,获取特定的技术帮助具有偶然性,并且可能同时利用了多种技术支持来实现犯罪的实行行为"[10]。再者,网络信息、技术的共享性、涉众性特征,使得"利用信息网络从事犯罪活动的实行者作为互联网用户,分散在全球各个地方,具体实施着不同类型的侵害"[11],由此导致网络服务提供者的技术支持,一旦被用于支持犯罪行为,将会产生传统的帮助行为不可能产生的叠加性后果和蝴蝶效应,使得损害后果具有不可预测性和重大性。这种因果关系类型的变化,对于传统共同犯罪中所要求的帮助犯角色的工作辅助性、作用次要性、损害可预测性等定位构成了挑战。

(三) 共犯从属性理论面临挑战

根据区分制犯罪参与体系,一般认为只有正犯的实行行为才是定罪量刑的依据,帮助犯的帮助行为对于正犯的实行行为具有从属性,共犯的成立及可罚性从属于正犯的成立与可罚性,"没有正犯就没有共犯"是共犯从属性的应有之义。

然而,在网络共同犯罪中,为正犯实施犯罪提供网络连接、网络存储空间、服务器托管、通讯传输通道、广告推广或者费用结算的帮助者,由于相对容易确定,从而被追诉;而被帮助的正犯作为犯罪的直接实行行为人,由于服务器可能设置在境外,并且人也可能躲避在境外,从而逍遥法外逃避刑事处罚。[12] 其结果是,共同犯罪中的正犯不受刑事处罚,而帮助犯却受到了处罚。换言之,面对网络帮助行为的异化,如果继续坚持传统的共犯从属性理论,将不可避免地出现可罚性漏洞或者处罚失衡现象。

---

[10] 于志刚:《网络空间中犯罪帮助行为的制裁体系与完善思路》,载《中国法学》2016 年第 2 期。

[11] 刘宪权:《论信息网络技术滥用行为的刑事责任——〈刑法修正案(九)〉相关条款的理解与适用》,载《政法论坛》2015 年第 5 期。

[12] 参见梁根林:《传统犯罪网络化:归责障碍、刑法应对与教义限缩》,载《法学》2017 年第 2 期。

1. 共犯从属性理论可能导致可罚性漏洞

根据共犯从属性理论,正犯行为具有刑事不法性是共犯成立的前提。然而,网络空间所具有的虚拟性和匿名性特征,"不断吞噬和颠覆传统现实物理社会关于可视性、可知性和可追索性等基本认识与观念"[13],这使得"利用信息网络实施犯罪的主体很可能永远也无法在实体上被认定为犯罪、在程序上予以处罚"[14]。特别是,在程序上"倘若没有查明正犯是何许人也,就不可能知道……帮助者与正犯是否具有共同的犯罪故意"[15]。因此,在不能确定被帮助者是否实施了犯罪行为,具体实施了何种犯罪行为,还是仅停留于实施普通违法行为时,如果继续根据共犯从属性理论评价网络帮助行为,不得不因为疑罪从无原则的要求,放弃对网络帮助行为的处罚。然而,由于网络空间的涉众性特征,"在网络空间中,网络技术帮助犯与组织犯非常类似,其对网络空间中分散的众多的点(被帮助者)起到组织、聚拢作用,其对网络秩序的危害已经远超各个点(被帮助者)"[16]。对于网络帮助行为不予处罚,不利于对法益进行充分保护。

2. 共犯从属性理论不能实现处罚的均衡性

我国刑法虽然采取了作用为主兼顾分工的共犯分类体系,但是,在解释论层面,学界逐渐接受了将主犯等同于正犯,将从犯、胁从犯等同于帮助犯的实质化的正犯立场。[17] 根据这种划分,从犯、胁从犯以及教唆犯的犯罪性从属于主犯,在刑事责任上,从犯、胁从犯以及教唆犯的处罚也大体依附于主犯。[18] 然而,网络空间是技术为王的空间,"在网络共同犯罪中,帮助犯作为提供网络技术支持的主体在整个犯罪链条中起到主要作用,在刑法的规范评价中应当被评价为主犯。帮助行为在犯罪中起到主要作用,帮助行为的社会危害性大于实行行为的社会危害性"[19]。在这种理解方式下,如果网络帮助行为继续被按照共犯定罪处罚,必然不能完全反映该网络帮助行为的法益侵害性,不利于实现处罚均衡。

---

[13] 孙道萃:《应对网络共同犯罪还需要完善立法》,载《检察日报》2015年10月12日,第3版。
[14] 刘宪权:《论信息网络技术滥用行为的刑事责任——〈刑法修正案(九)〉相关条款的理解与适用》,载《政法论坛》2015年第5期。
[15] 张明楷:《网络时代的刑事立法》,载《法律科学(西北政法大学学报)》2017年第3期。
[16] 孙运梁:《帮助信息网络活动犯罪的核心问题研究》,载《政法论坛》2019年第2期。
[17] 参见张明楷:《刑法学》(第5版),法律出版社2016年版,第389页。
[18] 参见黎宏:《刑法学总论》(第2版),法律出版社2016年版,第255页。
[19] 于志刚:《网络空间中犯罪帮助行为的制裁体系与完善思路》,载《中国法学》2016年第2期。

二、网络帮助行为的刑事归责(一):《刑法修正案(九)》出台之前

(一) 司法实践对传统共犯理论的突破

司法实践尝试通过修正或者放弃共犯从属性的方式,应对网络帮助行为对传统共犯从属性理论的冲击,以避免可罚性漏洞并实现处罚均衡。

首先,通过为网络帮助行为设定独立于正犯的定罪、量刑标准,司法实践对共犯从属性理论作出了一些修正,使得对网络帮助行为的评价越来越具有独立性。例如,最高人民法院、最高人民检察院、公安部《关于办理网络赌博犯罪案件适用法律若干问题的意见》第二部分第1款规定了为开设赌场的正犯行为提供网络帮助的帮助者的独立定罪情节;第2款规定了为开设赌场的正犯行为提供网络帮助的帮助者的独立的量刑情节。这种做法使得对网络帮助行为的定罪、量刑,不再依赖于开设赌场行为本身是否达到构成犯罪的标准以及相应的法定刑升格条件。

其次,司法解释和司法实践通过共犯正犯化的方式,也使得对网络帮助行为的评价独立于实行犯。根据最高人民法院、最高人民检察院《关于办理利用互联网、移动通讯终端、声讯台制作、复制、出版、贩卖、传播淫秽电子信息刑事案件具体应用法律若干问题的解释(二)》第3条的规定,"利用互联网建立主要用于传播淫秽电子信息的群组,成员达三十人以上或者造成严重后果的,对建立者、管理者和主要传播者"以传播淫秽物品罪定罪处罚。此外,该司法解释的第4条、第5条以及第6条都属于类似的规定。当然,对于沸沸扬扬的"快播案"的判决,一些学者认为,该判决是"把拒不履行管理义务等于传播淫秽物品牟利罪(法定最高刑为无期徒刑),把传播淫秽物品牟利罪看作一种不纯正不作为犯,将王欣拒不履行管理义务的不作为,评价为传统的作为犯"[20]。司法判决最终追究的是快播公司以不作为的形式实现的传播淫秽物品罪。如果这样理解快播案的判决,直接以不作为犯追究网络帮助行为的正犯责任,同样体现了将网络帮助行为正犯化的立场。

最后,还有一些司法解释不再要求共同犯罪人之间必须存在"意思联络",转而认为,网络帮助者只要"明知"正犯实施相应的犯罪,就可以肯定共犯人和正犯人之间具有"共同故意"。例如,根据最高人民法院、最高人

---

[20] 高艳东:《不纯正不作为犯的中国命运:从快播案说起》,载《中外法学》2017年第1期。

民检察院《关于办理利用信息网络实施诽谤等刑事案件适用法律若干问题的解释》第 8 条的规定,"明知他人利用信息网络实施诽谤、寻衅滋事、敲诈勒索、非法经营等犯罪,为其提供资金、场所、技术支持等帮助的",以相应犯罪行为的共同犯罪论处。

(二)学说对司法实践立场的回应

对于司法实践中出现的修正或放弃共犯从属性立场的做法,一些学者持赞同态度,并进一步指出,"在网络空间中,技术帮助行为在整个共同犯罪中的地位凸显,在共同犯罪中的实际作用和占有的'社会危害性'的比重超越了传统的犯罪行为"[21],以至于"传统刑法无法满足此类行为的规范评价要求"[22]。因此,与其诉诸法律解释或者司法造法的方式解决该问题,不如"将网络空间中危害严重的帮助行为入罪化,通过'共犯行为正犯化'方式,将其设定为独立的新罪,使帮助行为摆脱对于被帮助者所实施犯罪的依附作用,应当成立刑事立法应对网络共同犯罪挑战的最佳回应方式"[23]。

但是,认为只有通过网络帮助行为正犯化的方式,才能应对网络帮助行为异化的立场,受到一些学者的质疑。首先,我国共犯立法采取的是作用为主兼顾分工的分类方式,在这种共同分类体系下,定罪和量刑是分开的。即使将网络帮助行为认定为相应犯罪的共犯行为,在其起到主导作用时将其评价为主犯,"完全可以做到罚当其罪,而不会罪刑失衡"[24]。其次,通过采纳最小从属性的方式,完全可以弥补因网络帮助行为异化而产生的可罚性漏洞,网络帮助行为正犯化的立法并无存在的价值。因为,根据最小从属性原理,"共犯的成立以正犯具备构成要件该当性为前提,而不需正犯具备违法性与有责性的要件,将此种观点贯彻至网络共犯的场合,当上传淫秽电子信息的个人因'量'不足构罪标准而不能构成犯罪时,允许或者放任其发布电子信息的网站建立者、管理者仍然可以成立帮助犯"[25]。对于采纳最小从属性可以避免共犯从属性理论所引发的处罚漏洞的观点,批评意见指出,在正犯行为是"纯粹违法而不犯罪的行为如卖淫时,因为完全不可能该

---

[21] 于志刚:《网络犯罪与中国刑法应对》,载《中国社会科学》2010 年第 3 期。
[22] 于志刚:《网络犯罪与中国刑法应对》,载《中国社会科学》2010 年第 3 期。
[23] 于志刚:《网络犯罪与中国刑法应对》,载《中国社会科学》2010 年第 3 期。
[24] 阎二鹏:《共犯行为正犯化及其反思》,载《国家检察官学院学报》2013 年第 3 期。
[25] 阎二鹏:《共犯行为正犯化及其反思》,载《国家检察官学院学报》2013 年第 3 期。

当刑法分则规定的构成要件,此时就仍然无法入罪处理"[26]。

有鉴于网络帮助行为完全正犯化的立场忽视了我国共犯立法的特殊性,且形式客观说立场下的最小从属性说不能够完全避免可罚性漏洞,一些学者提出了折中的见解。其核心观点是,应当根据网络帮助行为的帮助对象是否属于刑法分则规定的正犯行为,决定应否将网络帮助行为正犯化。在帮助对象是刑法分则规定的正犯行为时,基于最小从属性说或者限制从属性说,完全可以避免处罚漏洞的出现。即使网络帮助行为因此被认定为帮助犯,基于我国特殊的共犯立法分类方式,"根据主从犯的作用标准对其准确量刑,做到罪责刑相适应,而且可以避免立法正犯化带来的资源浪费和不协调的问题"[27]。同时,在帮助对象仅是一般违法行为或者正犯行为难以发现或者不能追究其刑事责任的情形,为了避免出现处罚漏洞,"如果网络帮助行为具有严重社会危害性和处罚的必要性,则可适当采用网络帮助行为正犯化的路径"[28]。

(三)对司法解释立场以及学说争议之整理

尽管以"快播案"为契机,我国一些学者开始反思网络帮助作为技术中立行为的可罚性的问题。但是,在网络帮助行为正犯化之立法通过之前,学界、司法实践争议的中心问题仍然是,传统的共犯理论是否足以应对网络帮助行为的异质性带来的挑战。亦即,对于网络帮助行为的评价,是继续维持传统的共犯评价模式,还是修正既有共犯评价模式,或者放弃传统的共犯评价模式,直接采取共犯正犯化的立法从而系统解决相关难题。基于以上的讨论可以看出,究竟采取何种评价路径,最终取决于哪种评价模式能在避免刑事政策上出现具有可罚性的处罚漏洞的同时实现处罚均衡。

三、网络帮助行为的刑事归责(二):《刑法修正案(九)》出台以后

在《刑法修正案(九)》中,立法者增设了"拒不履行信息网络安全管理义务罪""帮助信息网络犯罪活动罪"。一般认为,这两个罪名属于网络帮助行为正犯化,其意义在于"至少可以化解司法实务过于能动所引发的合

---

[26] 于志刚:《共犯行为正犯化的立法探索与理论梳理——以"帮助信息网络犯罪活动罪"立法定位为角度的分析》,载《法律科学(西北政法大学学报)》2017年第3期。
[27] 罗世龙:《网络帮助行为的刑事归责路径选择》,载《甘肃政法学院学报》2018年第4期。
[28] 罗世龙:《网络帮助行为的刑事归责路径选择》,载《甘肃政法学院学报》2018年第4期。

法性争议,因而是相对妥当和可取的立法选择"[29]。然而,"拒不履行信息网络安全管理义务罪""帮助信息网络犯罪活动罪",并没有完全解决网络帮助行为的处罚漏洞和处罚不均衡等传统问题,反而带来了一系列新的问题。

(一)网络帮助行为正犯化之立法与可罚性漏洞的弥补

根据《刑法》第286条之一的规定,"网络服务提供者不履行法律、行政法规规定的信息网络安全管理义务,经监管部门责令采取改正措施而拒不改正",并造成违法损害后果或者相应的情节的,构成"拒不履行信息网络安全管理义务罪"。根据《刑法》第287条之二的规定,犯罪人"明知他人利用信息网络实施犯罪,为其犯罪提供互联网接入、服务器托管、网络存储、通讯传输等技术支持,或者提供广告推广、支付结算等帮助,情节严重的",构成"帮助信息网络犯罪活动罪"。如前所论,适用传统的共犯从属性理论评价网络帮助行为会产生三类处罚漏洞。依照学说的见解,网络帮助行为的正犯化旨在避免这三类具有刑事可罚性的漏洞。以下我将要检讨,网络帮助行为正犯化的立法究竟能否实现该目的。

第一类具有刑事可罚性的漏洞是,正犯行为是刑法没有规定的一般违法行为时,由于正犯行为不是犯罪行为,将无法按照共犯从属性理论,处罚网络帮助行为。"拒不履行信息网络安全管理义务罪"是对不履行网络安全管理行为的犯罪化,立法者"强行通过不纯正不作为犯的原理,将信息网络服务提供者置于保证人地位,科以对信息网络使用者所传输的信息进行审查并阻止犯罪信息内容传播的积极作为义务"[30]。网络服务提供者不履行审查信息内容的义务的放任行为,必然为违法行为提供了客观上的便利,以致违法行为人利用这种状态实施违法行为。因此,就客观效果而言,通过适用该罪可以回避这类可罚性漏洞。

第二类具有刑事可罚性的漏洞是,正犯行为虽然是刑法规定的犯罪行为,但是,正犯行为不具有可罚的违法性,根据共犯从属性理论中的限制从属性说,同样无法处罚网络帮助行为。"帮助信息网络犯罪活动罪"的客观行为是,网络帮助人"明知他人利用信息网络实施犯罪,为其犯罪"提供帮助,也就是说,帮助的对象必须是"犯罪"行为。如果像一些学者认为的那样,该处的"犯罪"是指"符合我国刑法相应规定犯罪构成的、应当被认定为

---

[29] 梁根林:《刑法修正:维度、策略、评价与反思》,载《法学研究》2017年第1期。
[30] 梁根林:《刑法修正:维度、策略、评价与反思》,载《法学研究》2017年第1期。

相应罪名的犯罪行为"[31]或者说是"正犯实施了符合构成要件的不法行为"[32],对"犯罪"的内涵作如此严格理解将导致这类可罚性漏洞,无法通过适用"帮助信息网络犯罪活动罪"的方式加以回避。因此,一些学者认为,应将该处的"犯罪"解释为"符合刑法分则客观构成要件特征的行为"[33]。还有观点放弃了对行为"符合刑法分则客观构成要件特征"的形式限制,进一步将该处的"犯罪"扩大为一般的违法行为。[34] 对"犯罪"概念作扩大解释后,适用"帮助信息网络犯罪活动罪",确实可以避免这类可罚性漏洞的产生。

第三类具有刑事可罚性的漏洞是,根据传统的观点,共同犯罪人之间具有双向或者多向意思疏通是成立共同犯罪的主观要件。立法者接受了司法实践提出的解决方案,在《刑法》第287条之二中,仅要求网络服务提供者"明知"其所帮助的对象是"犯罪"即可,因此,这类可罚性漏洞也得以避免。

(二) 网络帮助行为正犯化的立法规定与量刑均衡的实现

在法定刑设置上,构成"拒不履行信息网络安全管理义务罪"的,处3年以下有期徒刑、拘役或者管制,并处或者单处罚金。构成"帮助信息网络犯罪活动罪"的,处三年以下有期徒刑或者拘役,并处或者单处罚金。此外,两罪都是单位犯罪。立法者对以上两个罪名都规定了"同时构成其他犯罪的,依照处罚较重的规定定罪处罚"的条款。

本来支持网络帮助行为共犯化立场的学者,除了希望避免上文提及的可罚性漏洞,正是希望通过将网络帮助行为正犯化,实现对网络帮助行为独立定罪量刑。特别是,持网络帮助行为正犯化立场的学者,一般认为,网络帮助行为的社会危害性高于其所帮助的实行行为,是促成网络帮助行为正犯化的内在动力之一。按照这种理解,正犯化后的网络帮助行为的法定刑,应当高于其所帮助的正犯的法定刑。

但现实的情况是,"在'共犯行为'作为'正犯'入罪之前,作为帮助犯定性的行为,原本可以基于和多个正犯构成多个共同犯罪,进而按照数罪并罚规则达到可能非常高的总和刑期。但是,在'共犯行为正犯化'之后,'帮助

---

[31] 刘宪权:《论信息网络技术滥用行为的刑事责任——〈刑法修正案(九)〉相关条款的理解与适用》,载《政法论坛》2015年第5期。

[32] 张明楷:《论帮助信息网络犯罪活动罪》,载《政治与法律》2016年第2期。

[33] 孙运梁:《帮助信息网络活动犯罪的核心问题研究》,载《政法论坛》2019年第2期。

[34] 参见于志刚:《共犯行为正犯化的立法探索与理论梳理——以"帮助信息网络犯罪活动罪"立法定位为角度的分析》,载《法律科学(西北政法大学学报)》2017年第3期。

信息网络犯罪活动罪'作为新罪名独立入罪的情况下,按照这一独立罪名进行处罚,则最高刑只有三年有期刑期,罪刑失衡的问题瞬间显现"[35]。此时,为了实现处罚均衡,只能适用《刑法》第286条之一第3款或者《刑法》第287条之二第3款"同时构成其他犯罪的,依照处罚较重的规定定罪处罚"的规定。但是,这一规定意味着正犯化后的网络帮助行为的法定刑反而低于作为相应正犯的共犯的法定刑,通过网络帮助行为正犯实现量刑均衡的目的也没能达成。因此,一些学者提出质疑,被认为是网络帮助行为正犯化的立法恰恰显示出,"通过立法路径应对帮助网络犯罪的行为,完全没有必要"[36]。

(三)网络帮助行为正犯化带来的新问题

将网络帮助行为正犯化的立法还引发其他一系列问题。尤其是,如何协调网络帮助行为正犯化的立法和限制处罚中立帮助行为的立场,成为学界重点关注的问题。

很多学者认为,"将网络技术中立(片面)帮助行为予以正犯化并独立成罪,客观上为追究网络信息服务者的刑事责任提供直接依据"[37]。然而,"生活在一个全球化的世代,互联网已经成为公认的最充满想象力和创造性的新产业"[38]。"如果将针对不特定人的帮助行为一律正犯化(犯罪化),那么将会赋予网络管理者和使用者诸多不恰当的义务,从而阻滞互联网科技的发展。"[39]因此,很多学者主张,应当严格限制该罪的成立范围。但究竟是应当在主观层面[40]限制该罪的成立范围还是在客观层面[41]限制该罪的成立范围[42],在学界存在不同的主张。

此外,《刑法》第286条之一规定的"拒不履行信息网络安全管理义务罪"与《刑法》第287条之二规定的"帮助信息网络犯罪活动罪",都是网络帮助行为正犯化的立法。由于网络服务提供者不履行审查信息内容的义务

---

[35] 于志刚:《共犯行为正犯化的立法探索与理论梳理》,《法律科学》2017年第3期。
[36] 张明楷:《网络时代的刑事立法》,载《法律科学(西北政法大学学报)》2017年第3期。
[37] 孙道萃:《网络平台犯罪的刑事制裁思维与路径》,载《东方法学》2017年第3期。
[38] 车浩:《刑事立法的法教义学反思——基于〈刑法修正案(九)〉的分析》,载《法学》2015年第10期。
[39] 刘艳红:《网络犯罪帮助行为正犯化之批判》,载《法商研究》2016年第3期。
[40] 参见车浩:《刑事立法的法教义学反思——基于〈刑法修正案(九)〉的分析》,载《法学》2015年第10期。
[41] 参见张明楷:《论帮助信息网络犯罪活动罪》,载《政治与法律》2016年第2期。
[42] 张明楷:《论帮助信息网络犯罪活动罪》,载《政治与法律》2016年第2期。

的放任行为，必然为违法行为提供了客观上的便利，以致违法行为人利用这种状态实施违法行为。因此，行为构成《刑法》第287条之二规定的"帮助信息网络犯罪活动罪"所设定的客观不法，必然同时符合《刑法》第286条之一规定的"拒不履行信息网络安全管理义务罪"。正因如此，一些学者指出"网络服务提供者如仅知网络上可能会有违法犯罪行为发生，但并不知正犯的计划或用途"，可以构成"拒不履行信息网络安全管理义务罪"。[43] 由于两罪的法定刑几乎完全相同，立法者对于两罪也同样规定了"同时构成其他犯罪的，依照处罚较重的规定定罪处罚"的条款。因此，这两个罪名之间是否具有同时存在的价值，同样值得深究。

四、网络帮助行为刑事归责之再思考

（一）网络帮助行为刑事归责涉及的问题

传统观点认为，网络帮助行为的正犯化有助于避免处罚漏洞并能有效实现处罚均衡性。如上所论，就《刑法修正案（九）》规定的相关罪名的犯罪构成和法定刑来看：网络帮助行为正犯化的立法，最多只是解决了避免处罚漏洞的问题；对于处罚均衡性的实现，立法者最终仍然诉诸共犯的评价模式。不仅如此，学说上更是指出，为了避免立法规定束缚网络技术的发展和应用，应当从主观和客观的角度限制网络帮助行为被定罪的范围。因此，我们可以将针对网络帮助行为正犯化立法之学说争点，作如下归纳：（1）网络帮助行为正犯化的立法究竟能否实现对网络帮助行为的处罚均衡性；（2）应如何解释网络帮助行为正犯化罪名的犯罪构成，才能妥当限制中立的帮助行为被犯罪化的范围；（3）如《刑法》第286条之一规定的"拒不履行信息网络安全管理义务罪"与《刑法》第287条之二规定的"帮助信息网络犯罪活动罪"所显示的那样，网络帮助行为正犯化的归责模式，又可以被区分为将网络帮助行为直接予以正犯化的归责模式，以及通过设定网络服务提供者作为义务，制定真正不作为犯条款的方式将网络帮助行为间接地正犯化。但这两种不同网络帮助行为正犯化的模式之间存在什么样的适用关系，同样值得被进一步讨论。

---

[43] 涂龙科：《网络服务提供者的刑事责任模式及其关系辨析》，载《政治与法律》2016年第4期。

(二)网络帮助行为刑事归责的模式

第一,共犯评价模式和正犯评价模式的关系。对于网络帮助行为的定罪和量刑评价而言,共犯的评价立场和正犯化的评价立场,并非绝对对立的。具体而言:

在避免处罚漏洞层面,两者之间存在互补关系。共犯从属性理论使得共犯的可罚性不得不在一定程度上依赖于正犯。这使得共犯对正犯从属性的程度越高,越容易导致可罚性漏洞。因此,无论是采取限制从属性的立场还是采取最小从属性的立场,只要坚持共犯从属性的立场评价网络帮助行为,就不可避免地会产生处罚漏洞。因此,为了弥补因共犯评价模式可能导致的处罚漏洞,网络帮助行为正犯化的立法模式就不可避免。唯一有争议的是,究竟应该基于限制从属性的立场确定共犯正犯化的范围还是基于最小从属性的立场确定共犯正犯化的范围。

在实现处罚均衡性层面,共犯的评价方式优于正犯的评价方式。从单纯扰乱社会秩序的轻微犯罪行为到严重危害国家安全、人身法益的严重犯罪行为,网络帮助行为可以为刑法规定的任一犯罪提供技术支持。由于不同的犯罪的不法和责任内涵千差万别,因此,对于正犯化的网络帮助行为,立法者不可能详细地配置可以满足各种情形的法定刑。如果强行配置能适用各种情形的法定刑、量刑情节,为了尽可能照顾个案量刑的正当性以实现处罚均衡,立法者将不得不抽象地设定法定刑的种类或者幅度,并将具体适用权限交给司法者。然而,这显然违背了罪刑法定原则所要求的禁止绝对不确定刑。[44] 因此,在将网络帮助行为正犯化后,为了实现处罚均衡性,立法者最终仍不得不求助于共犯从属性理论,将网络帮助行为作为特定犯罪的共犯加以处罚。因此,立法者在《刑法》第286条之一规定的"拒不履行信息网络安全管理义务罪"与《刑法》第287条之二规定的"帮助信息网络犯罪活动罪"等网络帮助行为正犯化的立法中,设置"同时构成其他犯罪的,依照处罚较重的规定定罪处罚"的规定,是立法者为实现处罚均衡性,不得不采取的立法技术。

第二,必须权衡立法者的主观目的和法秩序所应当实现的客观目的,才能确定限制中立的帮助行为被犯罪化的范围的妥当方式。尽管一般观点认为,《刑法》第287条之二的规定是片面帮助行为的正犯化,但是尝试从主观角度限制中立帮助行为入罪的学者,拒绝了该种对立法目的的解读,转而

---

[44] 参见张明楷:《刑法学》(第5版),法律出版社2016年版,第52页。

认为,要想成立帮助信息网络活动罪,"必须认定帮助行为人存在'犯罪意思联系',否则帮助犯就会被不加限制地扩张"[45]。其实质理由在于,提供网络支持的行为"都是属于现代社会生活中非常普遍的、大量存在的日常行为。提供此类帮助者必须事先与他人有通谋"[46],才能使帮助者明确认识到自己行为的意义,从而不过度限制网络帮助者的行动自由。

但是,立法者通过《刑法》第287条之二将片面的帮助行为正犯化的原因在于:对于网络帮助行为,"如果要按照共犯处理,一般需要查明帮助者的共同犯罪故意,但网络犯罪不同环节人员之间往往互不相识,没有明确的犯意联络。如窃取公民个人信息者、倒卖公民个人信息者,并不确切了解从其手中购买信息的人具体是要实施诈骗、盗窃等犯罪行为,还是要发放小广告,很难按照诈骗、盗窃的共犯处理。还有一些搜索引擎公司、支付结算平台、互联网介入服务商等,常常以不知道他人实施犯罪为由逃避法律追究"[47]。基于以上的立法目的,我们可以得出如下的结论:成立《刑法》第287条之二所规定的"帮助信息网络活动罪"并不要求网络帮助者和正犯人之间具有意思联络。

因此,基于限制中立帮助行为入罪的考虑,将《刑法》第287条之二"明知"的内涵扩张解读为"双向意思联络"的做法,将明显损害立法者将网络帮助行为正犯化的立法目的。在面临立法者主观目的和法秩序应当予以实现的客观目的的冲突时,为了协调立法者的主观目的和法秩序应当实现的客观目的,应当认为,协调网络帮助行为正犯化的立法和限制处罚中立帮助行为的妥当方式是,从客观的角度设定限制中立的网络帮助行为被犯罪化的标准。从客观角度限制该罪成立范围的学者提出了各种不同的限缩性标准。有观点认为,应将该罪的行为限制在"那些专门帮助他人实施信息网络犯罪的行为,或者提供专门供他人用于信息网络犯罪的技术或者手段的行为"[48]。因为,在行为被专门用于帮助他人实施犯罪时,"这种行为已经丧失了业务行为的中立性而与犯罪关联"[49]。还有观点认为,为了限制该

---

[45] 刘艳红:《网络犯罪帮助行为正犯化之批判》,载《法商研究》2016年第3期。
[46] 车浩:《刑事立法的法教义学反思——基于〈刑法修正案(九)〉的分析》,载《法学》2015年第10期。
[47] 全国人大常委会法制工作委员会编:《中华人民共和国刑法释义》(第6版),法律出版社2015年版,第506页。
[48] 张明楷:《论帮助信息网络犯罪活动罪》,载《政治与法律》2016年第2期。
[49] 杨彩霞:《多元化网络共犯行为的刑法规制路径体系之重构》,载《法学家》2019年第2期。

罪的成立范围,避免中立帮助行为被无限制地入罪,应当对构成《刑法》第287条之二的"情节严重"作出妥当解释。具体而言,应当从客观不法和主观责任的角度,限制网络帮助行为被入罪的范围。在客观不法认定上,在能将损害结果归责于帮助者时,如果互联网技术支持的行为带来的利益大于其间接造成的损害,或者要求其停止提供帮助行为缺乏期待可能性,就应当否定构成该罪。[50] 还有观点指出,"不能盲目地将没有可罚性的行为进行正犯化规定,事实上,一般只要网络服务提供者不具有合理的可控性,没有施加'额外的行为'或者'额外的服务',其提供网络服务的作为就不具有可罚性"[51]。

第三,无论是以作为犯的方式实现的正犯评价模式还是以不作为犯的方式实现的正犯评价模式,在可能规制的事实范围层面,不存在实质的区别。如前所论,立法者制定《刑法》第287条之二还要实现避免证明帮助者是否存在帮助故意的困境。为了避免这种证明上的困难,《刑法》第287条之二所要求的"明知"不仅包括已然知道其所帮助的行为是"犯罪",还包括网络帮助者"应当知道"其所帮助的行为是"犯罪"。再者,立法者制定《刑法》第287条之二的另一个重要目的是避免传统"共同犯罪故意"理论造成的实践困境。传统观点认为,"共同犯罪故意要求各共同犯罪人都明知自己与他人共同犯罪行为的性质,会发生危害社会的结果"[52]。但在片面帮助的场合,由于网络帮助者与正犯人之间缺乏有效的意思沟通,因此,网络帮助者往往只能抽象地认识到帮助者可能实施犯罪,或者概括地认识到正犯人会实施犯罪,而不能认识到正犯人具体会实施何种犯罪。因此,如果按照传统的"共同犯罪故意",对正犯者所可能实施的行为性质只具有抽象认知的片面帮助行为将无法处罚。正是基于这样的考虑,立法者制定《刑法》第287条之二,意味着立法者放松了对片面的帮助故意内涵的要求。因此,一些学者指出"只有在对具体涉罪信息内容具有认识而提供网络服务时,才成立本罪"[53]的观点,并不符合立法者原意。

如果从这样的立场出发,行为人的行为构成《刑法》第287条之二规定的"帮助信息网络犯罪活动罪",仅需确实认识到或者应当认识到其提供的网络服务可能客观上为他人实施犯罪行为提供便利即可。因此,"帮助信

---

[50] 参见张明楷:《论帮助信息网络犯罪活动罪》,载《政治与法律》2016年第2期。
[51] 罗世龙:《网络帮助行为的刑事归责路径选择》,载《甘肃政法学院学报》2018年第4期。
[52] 高铭暄主编:《刑法专论(上)》,高等教育出版社2002年版,第340页。
[53] 王莹:《网络信息犯罪归责模式研究》,载《中外法学》2018年第5期。

息网络犯罪活动罪"既可以由故意构成也可以由过失构成。而根据《刑法》第286条之一的规定,"网络服务提供者不履行法律、行政法规规定的信息网络安全管理义务,经监管部门责令采取改正措施而拒不改正",并造成违法损害后果或者相应的情节的,构成"拒不履行信息网络安全管理义务罪"。可见,行为人的行为构成"拒不履行信息网络安全管理义务罪",仅需要对拒不履行信息网络安全管理义务有认识即可,并不需要行为人现实认识到其行为可能造成的损害结果。因此,《刑法》第287条之二规定的"帮助信息网络犯罪活动罪"与《刑法》第286条之一规定的"拒不履行信息网络安全管理义务罪"所覆盖的违法事实,完全具有重合性。两者唯一的区别可能是保护的法益的侧重点有所不同。为了使立法更具有针对性,应当在立法阶段化解这种潜在的冲突。

[单元评议]

〔德〕布里安·瓦勒留斯*

参与理论的新挑战:数字化与网络

译者:邓卓行**

一、导言:中国法与德国法的差异

在详细探讨《中华人民共和国刑法》(以下简称《中国刑法》)第286条之一和第287条之二的构成要件之前,有必要首先指出《中国刑法》和《德国刑法典》的一些差异,这些差异出自于改之教授那富有启发性的报告。为了说明这些差异,可以用不同的眼光去审视《中国刑法》第286条之一和第287条之二的规则,并从德国的视角出发,以便容易理解对它们的评价。

一方面,对于参与理论,可以认为,虽然中国和德国的法秩序都区分了不同的参与形式,而且根据流行的观点,在中国的法学中,《中国刑法》第25条及以下条款规定的肯定是区分正犯与共犯的二元参与形式[1],但是帮助犯却明显被视为《中国刑法》第27条所规定的从犯的下位形式,此外——尽管不无争议——所有的共同犯罪形式都以精神上的沟通为前提。虽然,特别是对共同正犯来说,这种要求的必要性在德国乃是无可争议的。所谓共同正犯,是指通过有意识有意志的通力合作来共同实现刑法的构成要件,并且尤以共同的行为决意或者共同

---

* 德国拜罗伊特大学教授。
** 清华大学法学院博士后研究人员,法学博士。
[1] 细节问题参见本书中周光权教授的论文。

的行为计划为前提。[2] 但是,对于帮助犯而言,德国却有一致的意见,即正犯和帮助犯不必合议,无须任何方式的沟通。详言之,尽管正犯在行为时完全不知道他人的帮助,有必要的话,他也永远不会获悉此事,但是这个帮助他的人却依然能够作为帮助犯被处罚。[3] 那种"秘密地"或者"片面帮助"[4]的案例或许会说明暗中帮手提供帮助的情况,这个暗中的帮手在不知情的小偷夜间在博物馆行窃时,通过分散值夜班者的注意力或者击倒值夜班者来帮助他。

照此来看,由于正犯和帮助犯之间不需要心理上的相互影响,更谈不上共同的行为决意,因此在德国原则上不会反对只将网络服务提供者归类为正犯的帮助犯,此处的正犯,是指利用提供者的服务去犯罪的人。在具体的案件中,服务提供者究竟应当被归类为核心人物,即正犯,还是应当只被归类为事件的边缘人物,即共犯,取决于个案的情况。由于不知道更详细的事实,因此在中国有争议的"快播案"[5]在德国会如何处理,就很难做出评判。不过,倘若提供者的行为只限于提供聊天室和聊天服务器,就可以更多地支持帮助地位的主张。[6]

另一方面,作为中国与德国法秩序的差异,还应该注意德国从来就没有单位犯罪。最后,按照最主流的观点,根据罪责原则,只有当所提到的犯罪是对行为人个人的谴责时,才能施加刑罚。[7] 其中,在像企业这种法人,就要直接排除刑法的适用。[8]

---

[2] Vgl. Heinrich, AT, 6. Aufl. 2019, Rn. 1223 f.; Hilgendorf/Valerius, AT, 2. Aufl. 2015, § 9 Rn. 70; Kühl, AT, 8. Aufl. 2017, § 20 Rn. 104.

[3] Vgl. Kühl, AT, 8. Aufl. 2017, § 20 Rn. 106; Rengier, AT, 11. Aufl. 2019, § 45 Rn. 83.

[4] 对于这个概念,重新参见注释 1 中周光权教授的论文。

[5] 在此,参见本书中于改之教授的论文。

[6] 比如,对主机服务商而言,尽管它有明知,但依然没有删掉违法内容: Hilgendorf/Valerius, Computer- und Internetstrafrecht, 2. Aufl. 2012, Rn. 247; a. A. Hörnle, MüKo-StGB, 3. Aufl. 2017, § 184d Rn. 21: Täterschaft。

[7] Vgl. Heinrich, AT, 6. Aufl. 2019, Rn. 525; Hilgendorf/Valerius, AT, 2. Aufl. 2015, § 1 Rn. 36; Kühl, AT, 8. Aufl. 2017, § 10 Rn. 2.

[8] 并不多的文献: Rengier, AT, 11. Aufl. 2019, § 7 Rn. 9; 此处还有, Kühl, AT, 8. Aufl. 2017, § 10 Rn. 7.

二、《中国刑法》第 286 条之一和 287 条之二的新规则

上述两种差异可以导出这样的结论,即从我们的视角来看,《中国刑法》于 2015 年引入的第 286 条之一和第 287 条之二的新规则显得很不同寻常。[9] 一方面,由于缺少对正犯与帮助犯之间的共同行为决意要求,因此在德国并不会产生处罚漏洞,这可以和中国法秩序的状况形成对比。另一方面,《中国刑法》第 286 条之一和第 287 条之二的引入本质上可能会为这样一种情况负责,也就是当主责任人自身无法被追究责任时,(任何)某个人都可以对网络上的犯罪承担责任。出于这一目的,即使某个人根本没有参与过这类具体犯罪,也会被新的构成要件所包含,如果这个"某个人"并不是自然人,而"仅仅"是企业的话,那就更容易了。

(一)新规则的细节

目前,在《中国刑法》第 286 条之一和第 287 条之二中,提供者的(不)行为会直接受到刑事处罚,因此提供者本人就会成为(主)正犯。《中国刑法》第 286 条之一涉及的也许是纯正的不作为犯,该条要制裁的,便是不履行法律、行政法规规定的义务,因而不去审查网络上的违法信息或者不去阻止其传播的行为。通过此种方式,网络服务提供者就基本上被确定为"网络"这一危险源的监管保证人。该想法在德国也需要受到关注,尽管不是在讨论关于引入独自的不作为构成要件之时,而是在不纯正不作为犯的一般原则的框架下。[10] 但是,这些方法却是要反对的,只有自己直接控制的危险源所产生的风险,才与这样的监管义务有关,由独立第三人的行为所产生的风险,则与之无关。[11]

---

[9] 但是,2019 年 3 月,德国联邦政府内政部的旨在提升信息技术系统安全性的第二次法律审议草案(IT-Sicherheitsgesetz 2.0-IT-SiG 2.0)规定,在《德国刑法典》中增设第 126a 条,将提供用来实施犯罪的访问服务的行为列为犯罪(这里还可以参见本书中苏珊娜·贝克的论文)。根据这一规定,为第三人提供可访问的以网络为基础的服务,其目的或者行为旨在使实施违法行为具有可能,对之有促进作用或者使之更加容易的,处 5 年以下自由刑或者罚金刑。这一立法建议的根据类似于《中国刑法》第 287 条之二的方案。但是,应当认为,该草案着眼的是所谓暗网(Darknet)中的网络平台运营者,并没有指向所有的提供者。

[10] Vgl. Lackner/Kühl/Heger, StGB, 29. Aufl. 2018, §184 Rn. 7; Hörnle, MüKo-StGB, 3. Aufl. 2017, §184d Rn. 21 für Host-Service-Provider.

[11] Vgl. Hilgendorf/Valerius, Computer- und Internetstrafrecht, 2. Aufl. 2012, Rn. 242; Malek/Popp, Strafsachen im Internet, 2. Aufl. 2015, Rn. 116.

《中国刑法》第 287 条之二处罚的,乃是明知他人利用信息网络实施犯罪而为其提供网络服务的行为,对于该规定,看起来有争议的是,正犯是否以及在多大程度上必须实现法定构成要件所说的"犯罪"。由于该规定提及的是帮助犯对正犯行为的贡献,因此对"犯罪"这一独立构成要件要素的解释并不一定要与从属性原则相一致,此原则在其他情况下对共犯是有效的。对"犯罪"这一构成要件要素每次的理解是什么,在德国也同样是一个解释上的问题[12];《德国刑法典》(dStGB)第 11 条第 1 款第 5 项的法定定义写的只是"违法行为"。倘若在实质法的意义上理解这一概念,那么每种行为的构成要件符合性就无论如何都是必要的。此外,关于他人的犯罪,网络服务提供者必须根据一般原则故意为之。不过,与该犯罪之正犯的共同行为决意则不必要。

(二)《中国刑法》第 286 条之一和第 287 条之二背后的基础思考

1. 严重的法益侵害

从于改之教授主报告的论述中可以提炼出,在引入《中国刑法》第 286 条之一、第 287 条之二的构成要件方面,可以进行两种实质性的思考。一方面,这表明在网络犯罪中会出现明显更严重的危害。与模拟世界中有相似情况的事实相比,由此造成的法益侵害程度会更大(尽管不一定),在对每个犯罪进行量刑时,虽然这确实是一种需要考虑的情况,但是偏离业已获得承认的教义学原则,并因此(只)在网络犯罪中——这也许是在引入《中国刑法》第 286 条之一、第 287 条之二之前的一些建议——抛弃中国的共同犯罪模式,放弃相互心理影响的必要性,乃是不具有充分理由的。必要时,上述思考可以提供这样一个契机,即一般性地追问参与者刑事可罚性的前提,或者——就像之后发生的那样——用特殊的构成要件来应对威胁。同样的,为了将提供者一般性地视为正犯,而在需要时以被保护法益受到更严重的侵害为根据,也显得很不充分。不如说,对于正犯和共犯的区分,以及由此对于这样一种判断,即是否将参与者认定为主要角色或者仅仅将其认定为次要角色,起决定性作用的乃是网络犯罪中的具体犯罪,而不是评估这类行为方式一般而言是否更具有社会危害性。

这些建议也可能会导致这种情况,即所面临的大范围的损害也同样产生于大量的提供者通过服务实施帮助的案件中。但是,倘若网络中更严重的社会危害性,也同样以由此能够产生的、犯罪行为方式的数量为基础,那

---

[12] Vgl. LK/Hilgendorf, Bd. 1, 12. Aufl. 2007, § 11 Rn. 80.

么看起来有疑问的,便是在案件总数中,法益所面临的更大范围的侵害风险想必会立即影响个别犯罪的量刑范围。这是因为,倘若有人事实上参与了更多的犯罪,那么通过一般的量刑原则也可以充分考虑这一点。然而,以更重的刑罚来威慑个别犯罪,却并没有道理。

2. 作为危险源的网络

另一方面,在《中国刑法》第286条之一、第287条之二的规定背后,可能有这样一种想法在起作用,即网络是一个任何人都需要监管的危险源。提供者完全是第一个通过不同方式开启网络交流服务通道的人,由此,他也刚好为第三人的犯罪风险提供了基础,只要所谓的风险获得实现,提供者似乎就是一个适合为此负责的人。但是,这种思考却似乎被估计得过于简短,危险在于,一种投入市场的产品会被滥用于犯罪,最终会涉及数目众多的货物和服务。为了规范此类货物或服务,出台了一些特别的责任规定(而且还是刑事规定)。这些规定主要针对那些在日常使用中危险性极大的产品(比如武器或麻醉剂)。相反,没有人会因为交通中存在不少导致财产、人身损害的事故,就想将机动车制造商的刑事负责性规范化,对于那些财产、人身的损害,直接责任人是无法查清的,因为他根本没有注意到这起事故,或者已经实施了肇事逃逸。

3. 通过中立的帮助行为来限制《中国刑法》第286条之一、第287条之二?

评论末尾,还讨论了在中立帮助的案件中,限制《中国刑法》第286条之一、第287条之二的考虑。[13] 然而,就引入中立帮助的基本原则而言,这应该被证明是有问题的,因为这两条规定并不是普遍表述的规范。所谓普遍表述的规范,是指除了其他大量的案件形态之外,它们还或多或少偶然地包括职业行为。倒不如说,这些新的刑法构成要件是专为特定的职业群体及其全天候的服务制定的,以至于这方面的限制解释很难与立法者的意志相吻合。

三、结 论

网络创造了众多新的交流可能,并显著增加了人际间相互联系的数量

---

[13] 更详细的,反对中立帮助的是汉斯·库德里希教授和王莹教授在本书中的论文,以及约翰内斯·卡斯帕教授和王钰教授对此的评论。

和种类。这当然也适用于犯罪行为的参与者,以致技术的发展会偶尔给传统的参与理论带来棘手的问题。在不少案情中,采纳精神沟通的观点,即其在中国以主流的正犯模式为前提,在德国的共同正犯方面以共同的行为决意为必要,造成很多问题。就此而言,为了只进一步研究有讨论价值的案例:对于那种仅仅通过较多暴民的事实上的共同作用而引起的网络暴力,可以将他们认定为共同正犯吗?这样一来,他们每个人——个体每次都没有逾越构成要件的各个相关重要界限——的行为就可以相互归责了。[14] 因此,网络不只是在这方面才对法律构成挑战。既不应该随时,也不应当立刻诱导出这种结论,即由于新的案件形式,因此就偏离业已经过考验的教义学原则,或者必须立刻用新的刑事立法来应对这一状况。

---

[14] 比如,Valerius, JRE 23 (2015), 377 (390); zur Problematik de lege ferenda *Cornelius*, ZRP 2014, 164 (167)。

徐凌波[*]

网络帮助行为的刑事责任

互联网时代的到来极大地改变了人们的生活和行为方式,这对既有的犯罪参与理论构成了冲击。传统的犯罪参与理论难以适应现代以网络为基础的犯罪模式,贝克教授与于改之教授从中德两国不同的立法语境出发,就相应的网络帮助行为在刑法上的评价进行了细致的分析。在刑法上受到关注的网络帮助行为大体可以分为两种情况:一种是普通互联网用户在社交媒体上对于某些不当言论的点赞、传播行为;一种则是网络服务提供者通过自己的业务活动为违法犯罪活动创造便利条件的行为。贝克教授的报告分别在第三、第四部分讨论了上述两类情况,于改之教授的报告则侧重于分析传统的犯罪参与理论所造成的网络帮助行为的可罚性漏洞以及中国在刑事立法、司法上所探索的解决方案。

一、社交媒体中违法言论的点赞与转发行为的可罚性

在社交网络中,用户可以通过点赞、转发、评论等方式对于他人所发布的内容作出快速的反应。在他人发布侮辱性言论的情况下,点赞、转发和评论行为也有可能因为参与到这种对他人的侮辱行为中而面临刑事责任。贝克教授首先分析了这样的行为成立正犯的可能性。在侮辱罪这样的表意犯中,正犯的标准主要取决于传播者是否将内容视为己有。但是社交网络中点赞以及不带评论的转发行为的含义往往具有多重性,且这些转发、点赞行为在技术上总是从属于原始发布的内容,很难成立侮辱罪的正犯。

贝克教授进一步分析了这些行为成立侮辱罪的帮助犯的可能性。第一,点赞、转发对于内容发布者起到了心理上强化的作用,因而构成对于内

---

[*] 南京大学法学院副教授。

容发布后拒绝删除行为的精神帮助。第二,通过转发、点赞扩大了不当言论在社交网络中的影响力,构成诽谤罪的帮助犯。对于后一种情况,在言论发布之后,主行为已经既遂,基于共犯的从属性,后续的转发、点赞是否被作为事后的帮助行为受到处罚。此外,单纯的点赞或不加任何修改的转发行为往往具有多义性,点赞者与转发者本身并不一定对不恰当的内容陈述持肯定的态度,要成立帮助犯,其是否具有帮助的故意存在一定的疑问。

在中国刑法中,转发、点赞者很少作为诽谤罪的帮助犯来进行处罚,理论上也很少讨论具体转发、点赞者行为的可罚性,但转发、点赞的次数被作为衡量诽谤言论不法程度高低的因素会对内容发布者本人的量刑产生影响。2013年最高人民法院、最高人民检察院《关于办理利用信息网络实施诽谤等刑事案件适用法律若干问题的解释》第2条规定,利用信息网络诽谤他人,同一诽谤信息实际被点击、浏览次数达到5000次以上,或者被转发次数达到500次以上的,构成情节严重。在中国的社交网络中,也有人明知诽谤信息不实但仍然转发的情况,其目的是让转发的次数达到量刑的标准,从而使内容发布者面临刑事制裁。同样在这种情况下,若将其作为诽谤的帮助犯,其帮助的故意也是难以论证的。

二、网络服务提供者的刑事责任

如何将网络服务提供者的刑事责任划定在合理的范围内,是目前各国刑事立法与解释所面临的共同问题。中国在2015年《刑法修正案(九)》中增设了拒不履行信息网络安全管理义务罪与帮助信息网络犯罪活动罪,德国联邦参议院提出的在《德国刑法典》中增设第126a条的草案,在条文表述上与《中国刑法》第287条之二的帮助信息网络犯罪活动罪是类似的,两国均旨在规制网络服务提供者为违法犯罪活动提供便利条件的行为。德国联邦参议院建议增设该条专门规定的理由在于,现实中对于帮助犯的证明具有极大困难。中国设立该罪名的理由则更为复杂,于改之教授非常细致地分析了《刑法修正案(九)》增设两项罪名之前我国刑事立法和司法上所存在的可罚性漏洞,并比较了《刑法修正案(九)》出台前后,相关网络帮助行为在刑法上评价的变化,尤其是《刑法修正案(九)》增设的两类罪名能否真的如立法者所希望的那样填补相应的漏洞等问题。

网络服务提供者通过提供网络服务在客观上给相关违法犯罪行为的实施提供了便利条件,通过互联网的放大作用,违法犯罪行为造成的损害也更加严重。但在中国的语境中,网络服务提供者的刑事责任并没有得到很好的解决,导致处罚漏洞产生的原因是多方面的,既有来自传统德日刑法犯罪参与基本原理的因素,也有中国刑法自身特殊规定和理论传统的原因。并且在现实的案件中,这两种因素往往是交织在一起的。

首先,区分制犯罪参与体系下,通说采取的是限制从属性原则,即共犯的成立存在以构成要件该当且违法的正犯行为为前提。限制从属性原则可能导致的处罚漏洞在于,被帮助的行为本身可能只是一般的行政违法行为,并不该当任何的犯罪构成要件。在这种情况下,直接将网络服务提供者的行为入罪的合理性是值得商榷的。

其次,限制从属性原则与中国所特有的罪量因素相结合产生了第二类处罚漏洞。虽然被帮助的行为存在相应的犯罪构成要件,但行为的不法程度并没有达到相应的入罪门槛。这一问题的核心争议是如何协调共犯从属性原则与罪量要素的关系,尤其是罪量要素在阶层犯罪论体系中所处的位置。对于这一问题,目前有以下几种解决的方案:第一种,放弃限制从属性原则转而采取最小从属性原则。[1] 因此只要被帮助行为符合犯罪的定性要件,就可以认为构成要件该当,而不需要被帮助行为达到法定的入罪标准。不过最小从属性原则本身在共犯理论上已经被抛弃,在没有从教义学上说明其理论正当性和合理性的情况下,只是为了填补可罚性漏洞而取代限制从属性原则,可能在体系上是有疑问的。第二种,按照此前一度较为流行的观点,将罪量要素定位为客观处罚条件的话,对于正犯行为的罪量要求也并不妨碍网络帮助行为成立相应罪名的共犯。不过按照目前的主流观点,罪量要素是对法益侵害程度和人身危险程度的量化,将其作为客观处罚条件仍然是存在障碍的。第三种,理论上还有学者认为,限制从属性原则并不当然地意味着量的从属性。[2]

再次,帮助行为主观方面的证明困难导致了第三类处罚漏洞。于改之教授与贝克教授的报告中均强调了这一点。不过,在这个问题上中德两国仍然存在些许的差异。按照《德国刑法典》第 28 条关于帮助犯的规定,帮助犯的成立要求帮助者存在双重故意,即对于正犯行为和帮助行为均存在故意。犯意的联络或者说共同的行动计划,通常只是作为共同正犯中行为

---

[1] 参见阎二鹏:《从属性观念下共犯形态论之阶层考察——兼议构成要件符合形态论之提倡》,载《法学论坛》2013 年第 4 期。
[2] 参见邓毅丞:《共犯正犯化背景下的从属性困境及理论应对》,载《中外法学》2019 年第 3 期。

互相归属的基础而被认为是共同正犯的成立条件。中国刑法对于帮助犯成立的主观条件设定要更为严格。《中国刑法》第 25 条定义了共同犯罪的概念,共同犯罪是指共同故意犯罪。共同犯罪的成立,以参与者之间具有共同故意为必要。对于这种共同故意,我国通说解释为犯意的联络与沟通。按照这一观点,所有的犯罪参与者之间都必须存在意思的联络与沟通,这种意思联络与沟通近似于德国刑法中作为共同正犯成立条件的共同行为计划。但对于中国刑法以及历来的解释,这种共同行为计划是所有犯罪参与者刑事责任的成立条件。我国理论上所讨论的片面帮助行为,帮助者单方面地为正犯提供帮助,而正犯对此并不知情的情况,在德国刑法上要成立帮助犯并不存在障碍。但按照《中国刑法》第 25 条及其通行的解释,帮助者则会由于欠缺与正犯之间的共同故意,而否定其作为共犯的可罚性。这一问题在网络帮助行为更加凸显,尽管直接行为人知道自己利用了网络服务,而网络服务提供者也知道自己的服务可能会被违法者利用,但两者之间缺少现实的意思沟通和交流。因而要按照《中国刑法》总则关于共同犯罪的规定,是很难对网络服务提供者的帮助行为进行处罚的。

最后,在实践中日益凸显的问题还在于量刑的均衡。按照一般的规则,共犯的量刑需要比照正犯行为作一定的调整,但在网络环境下的,单个被帮助的行为本身的不法程度不高并不会面临较高的刑罚,而网络服务提供者则可能同时帮助了多个违法犯罪行为,正如于改之教授在报告中所提到的,网络空间是技术为王的空间,在网络共同犯罪中,帮助犯作为提供网络技术支持的主体在整个犯罪链条中起到主要作用,在刑法的规范评价中应当被评价为主犯。帮助行为在犯罪中起到主要作用,帮助行为的社会危害性大于实行行为的社会危害性。如果网络帮助行为继续被按照共犯定罪处罚,必然不能完全反映该网络帮助行为的法益侵害性,不利于实现处罚均衡。由此而产生了通过设置独立定罪量刑标准以实现罪刑均衡的现实需要。

2015 年《刑法修正案(九)》增设了第 286 条之一与第 287 条之二来回应上述现实需要。首先第 286 条之一拒不履行信息网络安全管理义务罪中,信息网络安全管理义务所针对的并不一定是犯罪行为,也可以包含一般违法行为,从而在一定程度上回应了第一类漏洞。但是正如前文所述,对于被帮助行为本身并不构成犯罪的情况,将帮助行为入罪的合理性存在一定的疑问。因此立法者设置了进一步的限制,要成立本罪还需经过监管部门责令采取措施而拒绝履行,之后才会作为犯罪受到处罚。

理论上更多的争议主要存在于第287条之二的解释与适用上。目前基本达成共识的是,第287条之二不再要求网络服务提供者与被帮助的直接行为人之间存在双向的意思联络,网络服务提供者只需要认识到自己的网络服务被用于从事违法犯罪活动。解释上的争议存在于两点:第一,第287条之二的设立除了放宽主观方面的成立条件,是否也有放弃从属性,将帮助行为独立成罪的作用,这样就能够解决限制从属性原则以及罪量因素的存在所带来的处罚漏洞。但从第287条之二的字面含义看,帮助信息网络犯罪活动罪的成立仍然以已经存在信息网络犯罪活动为前提,即便有单独的构成要件,完全脱离从属性的限制看起来也不太可能。理论上有相当一部分学者认为本罪仅仅属于独立的量刑规则,也有学者称为不完整的正犯化。第二,虽然第287条之二的设立不再要求网络服务提供者与被帮助者之间存在双向的共同故意,但即便只要求存在单向的故意,网络服务提供者对于其所帮助的犯罪活动达到何种程度仍然存在疑问,而且不同的网络服务提供者因其与特定信息的距离远近,其主观的认识程度也并不一致。我国学者也曾经建议借鉴德国法与欧盟法上关于内容服务者、网络接入服务提供者、缓存服务提供者、存储服务提供者的功能性划分,来建立中国的网络服务提供者刑事责任的类型化体系。[3] 由此可见,第287条之二的增设所解决的主要是因为共同犯罪中共同故意的要求所造成的入罪障碍,反过来看,在德国的犯罪参与体系中,帮助犯的成立原本并不需要双向的意思联络、共同故意,德国联邦参议院所建议的《德国刑法典》第126a条增设的必要性则存在疑问。

最后关于量刑均衡的问题,网络空间中网络帮助行为往往因为同时给多个犯罪行为提供帮助,因而相较于单个的正犯行为而言更具可谴责性,但正如于改之教授报告中正确指出的,被帮助的正犯行为不法内涵跨度极大,单独设置的第287条之二的最高法定刑只有三年,反而低于相应罪名的帮助犯。因此在网络帮助行为同时成立第287条之二与相应罪名的帮助犯时,基于竞合的规则最终仍然以处刑较重的帮助犯定罪量刑。

三、小结

社会日常行为与违法行为之间的边界在互联网时代变得模糊了,这给

---

[3] 参见王华伟:《网络服务提供者的刑法责任比较研究》,载《环球法律评论》2016年第4期。

传统的犯罪参与理论带来了挑战。面对这一挑战，除了前述所讨论的各种处罚漏洞及其在立法和司法上的解决方案，还需要讨论的是刑事政策的立场问题，亦即法律在面对网络服务提供者的刑事责任问题时，究竟是出于维护网络空间安全的考虑，强化网络服务提供者的刑事责任，使其负有更重的监管网络空间秩序的职责；还是积极地限制网络服务提供者的刑事责任成立的范围，以维护网络服务提供者的行为自由。正如于改之教授所说，如果一律将网络帮助行为犯罪化，会使网络空间的服务者与使用者承担过重的注意义务，这最终并不利于互联网产业的发展。因此立法和司法上除填补处罚漏洞之外，对网络服务提供者刑事责任的扩张也应当保持审慎和警惕的态度。

阎二鹏[*]

网络空间中的帮助犯:归责障碍厘清与法理重塑

受论坛负责人委托,有幸担任于改之教授提交的主题报告《互联网时代共犯理论的新挑战——以网络帮助行为的刑事归责为例》的评议人。虽然我对共同犯罪和网络犯罪有所关注,但于教授对网络帮助犯等问题的研究早已超越我的接触深度,只能希望通过自己极不成熟的思考为网络共犯这一新兴热点问题贡献微薄之力。

一、于教授报告的基本内容归纳

于教授的报告由四部分构成,其内容涉及学理、立法、司法实践多个维度的思考,我对主报告中的内容尝试做如下梳理:

1. 网络帮助行为刑事归责障碍的学理阐释

从主报告中对网络帮助行为刑事归责障碍的叙述来看,论者从总体上赞同学界目前关于"网络空间场域下所衍生之特殊的犯罪事实特征导致传统共同犯罪理论难以应对"这样的认知。具言之,此种困境突出表现在"网络帮助犯与正犯意思联络方式的改变""物理性因果关系主导着共同犯罪的实现""共犯从属性理论面临挑战"等几个方面。与此同时,主报告中亦对共犯从属性理论在面对网络帮助犯的刑事罪责难题时所导致的可罚性漏洞与罪刑失衡问题进行了论证。

2. 司法实践的"理性"回应与教义学整理

在《刑法修正案(九)》增设相应的新型网络犯罪之前,司法实践对于网络帮助犯的刑事归责问题其实已有相应的回应,并"创设"了若干规则,如

---

[*] 海南大学法学院教授。

"对于网络帮助犯设置单独之罪量标准""对部分网络帮助行为正犯化对待""降低犯罪主观意思联络之要求"等,在论者看来,上述司法回应均是对传统共同犯罪理论的某种突破。不仅如此,论者在主报告中亦将学界、司法实践关于上述司法回应的争议归结为,对于网络帮助行为究竟是继续维持传统的共犯评价模式,还是修正既有共犯评价模式,或者放弃传统的共犯评价模式,直接采取共犯正犯化的立法三种路径,同时亦明确指出,究竟采取何种评价路径,最终取决于,哪种评价模式能在避免出现刑事政策上具有可罚性的处罚漏洞的同时实现处罚均衡。

3.《刑法修正案(九)》之评价

显然,讨论网络帮助行为的刑事归责问题不可能绕开《刑法修正案(九)》,甚至可以说,在某种程度上,正是由于《刑法修正案(九)》对"帮助信息网络犯罪活动罪""拒不履行信息网络安全管理义务罪"两种新型网络犯罪之立法增设,从而"引爆"了学界对此一课题的关注。论者在主报告中从《刑法修正案(九)》所规定的两种网络帮助行为正犯化的典型罪名即"拒不履行信息网络安全管理义务罪"和"帮助信息网络犯罪活动罪"出发,论证了这两个新增罪名在一定程度上对网络帮助犯在传统共犯理论视野下所可能导致的三种处罚漏洞进行了弥补。但同时亦指出,网络帮助行为正犯化的上述立法并未妥善解决刑事处罚均衡性的问题,特别是在同时构成其他犯罪的,依照处罚较重的规定定罪处罚的条款规定下,通过网络帮助行为正犯化实现量刑均衡的目的也没能达成。不仅如此,《刑法修正案(九)》的上述规定亦引发了诸多新问题,即如何在处罚网络中的中立帮助行为和促进互联网科技发展之间求得平衡以及"拒不履行信息网络安全管理义务罪"和"帮助信息网络犯罪活动罪"两罪在客观不法设定中的高度同质化问题如何解决的难题。

4.网络帮助行为刑事归责建构之思考

就此问题,主报告在将网络帮助犯的刑事归责模式界分为正犯评价模式和共犯评价模式的前提下,提出在避免处罚漏洞方面,共犯评价模式与正犯评价模式具有互补关系,在前者遭遇共犯从属性原则的障碍时,后者则有存在的必然性,而在处罚均衡性问题上,共犯评价模式具有优势;关于限制中立的帮助行为被犯罪化的范围的妥当方式,则提出应当从客观不法和主观责任的角度,限制网络帮助行为被入罪的范围;"帮助信息网络犯罪活动罪"与"拒不履行信息网络安全管理义务罪",两罪所覆盖的违法事实,完全具有重合性,只不过是分别通过作为和不作为的方式实现,故存在重复立法的冲突。

二、简要评述

毫无疑问,于教授的报告中对当前学界关于网络帮助犯的刑事归责问题的争点梳理及论证切中要害,其中提出的若干学术命题如"正犯评价模式是回避处罚漏洞的有效评价模式,而共犯评价模式则是实现处罚均衡的有效评价模式","必须权衡立法者的主观目的和法秩序所应当实现的客观目的,才能确定限制中立的帮助行为被犯罪化的范围的妥当方式"等独到见解,亦使我对上述问题有了更清晰的认识。当然,论者所提出的某些问题亦存在相当大的研讨空间,我不揣冒昧,于此提出供各位方家探讨。

首先,对于目前学界所通常主张的网络空间中帮助犯与正犯之间"意思联络弱化"进而导致的网络帮助犯归责障碍的命题是否成立?显然,在传统的共同犯罪事实形态中,各共同犯罪人之间大多具有双向或者多向的意思联络,因而,在传统的共同犯罪理论中,"共同犯罪人之间必须存在意思联络,在犯罪意思上相互沟通"[1]似乎是通行之理解。但同样无法否认的是,无论是传统共同犯罪理论抑或是当今大陆法系通行之共犯教义学原理,亦认可片面共犯的可罚性,换言之,共同犯罪成立所要求之"意思联络"原本就应包括"单向意思联络"在内。而如果贯彻"在不法层面认定共犯",则"只要帮助行为与正犯不法具有因果性,而且帮助者认识到了正犯的行为及其结果,就可能认定帮助犯的成立"。[2]故对网络空间中的帮助行为而言,当帮助者主观上认识到他人利用信息网络实施犯罪但仍然提供帮助行为时,即可认定为其存在意思联络,因而符合共同犯罪的主观要素。以此观之,近年来针对网络犯罪出台的若干司法解释中的相关规定,如针对网络平台、网络技术、网络广告与在线支付等网络服务的提供者在明知使用者利用此种技术服务实施犯罪的前提下,将其以相关犯罪的共犯论处,是有片面共犯理论支撑的,可能并非对理论的"超越"。

其次,对于共犯从属性理论之下所可能导致的网络空间中帮助行为的处罚漏洞问题,我认同报告中提出的"共犯从属性程度越高,处罚漏洞越

---

[1] 高铭暄、马克昌主编:《刑法学》(第5版),北京大学出版社、高等教育出版社2011年版,第165页。

[2] 张明楷:《共同犯罪的认定方法》,载《法学研究》2014年第3期。

大"的命题,但仍需细加分析。在限制从属性说之下,帮助犯之成立以正犯实施构成要件的违法行为为前提,而我国刑法分则规定的诸多犯罪以符合特定的"罪量要素"为构罪条件之一,在此种立法现实下,当正犯实施的实行行为无法满足相应的罪量要素时,帮助犯亦难以成立,而网络帮助犯恰恰具有"积量构罪"之特性。[3] 但在最小从属性说之下,正犯只需具备构成要件该当性,帮助犯即构成不法意义上的共犯,此问题即可迎刃而解[4];当然,如果认为"拒不履行信息网络安全管理义务罪"在客观上亦是帮助他人在网络空间实现违法犯罪的行为方式,则前者有可能仅在客观上帮助的是"一般违法行为",故即使在最小从属性说之下亦可能引发处罚漏洞。

再次,关于共犯从属性理论难以实现网络帮助犯处罚均衡性的难题。目前学界对于网络空间帮助行为归责障碍的很普遍的另一种说辞是,在"技术为王"的网络空间,提供网络技术支持的帮助行为成为实现网络犯罪法益侵害结果的关键因素,故而在共同犯罪中其危害性往往大于实行行为的危害性,在共同犯罪中所起的作用亦呈现出"主要作用"的态势。这些特性使得传统共同犯罪中的帮助犯"从犯"评价模式难以为继,从而引发归责障碍。[5]

我国共同犯罪的立法所确立的"主从犯"犯罪参与类型,具有对共同犯罪人量刑的独特优势,这一点为学界所公认,在此前提下,对于上述论者所提及的提供网络技术支持的帮助者,如果认为其在共同犯罪中的作用显著,且往往在共同犯罪中比实行行为者的作用更加明显,那么就完全可以按照共同犯罪的主犯进行处罚。这在法律规定层面以及法理解释层面都不会有任何障碍,至于论者提出的"帮助犯'从犯'的评价模式"既不是立法规定,更不是学理上的共识。或许,从根本上而言,论者所提出的网络空间中的帮助行为的种种特性仅是犯罪学意义上的犯罪行为特征的事实描述,这些特性在我国既有的共犯立法框架以及共犯教义学视阈下并不存在归责障碍。

最后,关于"拒不履行信息网络安全管理义务罪"和"帮助信息网络犯

---

[3] 参见皮勇:《论新型网络犯罪立法及其适用》,载《中国社会科学》2018年第10期。
[4] 也唯有在最小从属性说之下,才可对我国相关司法解释中"网络空间中正犯与共犯罪量要素分置"这一符合网络犯罪现实的规定作出合理解读。进一步的学理分析参见拙文:《网络共犯中的罪量要素适用困境与教义学应对》,载《中国刑事法杂志》2020年第1期。
[5] 参见于志刚:《网络空间中犯罪帮助行为的制裁体系与完善思路》,载《中国法学》2016年第2期。

罪活动罪"之关系问题。于教授在报告中明确指出,两者之间"所覆盖的违法事实,完全具有重合性",因而存在立法过剩现象。对此,我认为,一方面,"帮助信息网络犯罪活动罪"主观方面是故意,亦要求行为人对他人利用信息网络犯罪的后果有认知,但"拒不履行信息网络安全管理义务罪"则侧重于对网络管理义务之违反,对义务违反之后果并不需要认知;另一方面,"帮助信息网络犯罪活动罪"中被帮助者必须利用信息网络实施"犯罪",而非一般之违法行为,此一立法设置亦与"拒不履行网络安全管理义务罪"明显不同。

三、一点私见

当今学理上关于网络帮助行为的归责路径研讨,其立足点无一例外均是源于对共同犯罪中帮助犯不法与罪责内涵的解读,这样的认知在无论是传统犯罪中的帮助行为,还是网络空间中的犯罪帮助行为,在刑法法理的检验中都必须回归至共犯教义学中的帮助犯这一前提性概念的立场看来"似乎"是显而易见的。只不过从正反两方面的观点所持的逻辑立场来看,两者在共犯教义学基本命题上的认知并不相同,从根本上而言,这种分歧是因为对我国共犯立法规定所采取的解释路径的差异。与典型之区分制或单一制立法国家不同,我国刑事立法关于共同犯罪的规定对犯罪参与形态的划分历来强调作用分工法的主体地位,立法条文中并未明确"正犯与共犯"这样的分类标准。也正因为我国共犯立法的不明确规定,导致共犯立法条文的解释空间较大,究竟采用何种犯罪参与理论体系解读最终取决于解释者的基本立场。无论就一元犯罪参与体系抑或二元犯罪参与体系而言,在我国共犯立法模式下都有容纳的空间,区分制抑或单一制之逻辑主张都难言为我国立法所排斥。也因此,学理上采用通行之限制正犯概念解读我国共犯立法的路径是成立的。

网络空间中帮助犯的刑事归责问题在《刑法修正案(九)》出台之前显然已经伴随司法实践中"帮助行为正犯化"的某些权威解释引发了学界关注,只不过在"帮助信息网络犯罪活动罪"和"拒不履行信息网络安全管理义务罪"两个新增罪名出现之后,使得学理争议更加激烈。以共同犯罪理论在网络空间适用中可能导致的处罚漏洞着手论证修法之必要性显然是当前学理论证的主要思路。我亦赞同此种思路,但目前学界所提出的若干论证意见仍有值得商榷之处,需予以厘清,同时为修法的正当性提供理论根据。

在我看来,就"帮助信息网络犯罪活动罪"而言,正如部分论者所言,网络共同犯罪与传统共同犯罪相较,就帮助行为而言,"往往不是传统的'一对一',而是'一对多'、'多对多'"[6]。网络犯罪帮助行为在客观上"一对多"的事实特征在规范层面所代表的意义在于潜在的侵害多种法益的可能性,从而与传统犯罪的帮助行为侵害法益单一性的特征形成明显差别,同时也造成在传统帮助犯视野下主观归责的障碍。就传统共同犯罪的成立条件而言,帮助故意呈现出"实施并使一特定的故意且违法的主行为达致既遂,和自己提供帮助"的所谓"双重故意"的特征。而无论学理上对此认识内容作如何宽松之理解,"帮助者的故意必须包含主行为之不法的基本内容和本质性要素"则是其底线,反过来讲,"若帮助者只是认识到主行为人可能实现'随便一种'财产犯罪,则是不够的"[7]。要言之,帮助犯主观方面是对正犯实施的特定的构成要件该当事实的认知。然而,在网络犯罪的现实情境下,由于提供网络技术服务支持的"技术中立性"导致其帮助的对象即正犯,"从单纯扰乱社会秩序的轻微犯罪行为到严重危害国家安全、人身法益的严重犯罪行为"等均可囊括。在传统共犯论视域中的网络帮助者如果对正犯"构成要件该当事实"没有相对明确的认知,就无法满足帮助犯主观归责之要求,故"帮助信息网络犯罪活动罪"增设之必要性即在于放松网络帮助犯主观故意的认知内容要求,即只抽象地认识到正犯利用信息网络实施犯罪,而非对具体之构成要件该当事实的认知。

与之相较,"拒不履行信息网络安全管理义务罪"则不仅突破了共犯从属性(最小从属性)的要求,即实质上帮助他人实施一般违法行为亦构罪,而且本罪所设定的"四种严重情节"并不需要行为人认识,应归属于客观处罚条件,故在犯罪主观方面亦不需要行为人对正犯所实施的不法构成要件结果有所认识。故此,可以认为,本罪的设置是对传统帮助犯成立客观不法与主观责任的双重突破。

---

[6] 于志刚:《网络空间中犯罪帮助行为的制裁体系与完善思路》,载《中国法学》2016年第2期。

[7] 〔德〕乌尔斯·金德霍伊泽尔:《刑法总论教科书》(第6版),蔡桂生译,北京大学出版社2015年版,第458页。

[附 录]

徐万龙
浙江大学光华法学院助理教授

中德刑法学者的对话
——第五届中德刑法学术研讨会侧记

2019年8月28日至29日,中德刑法学者联合会第五届学术研讨会于德国维尔茨堡大学举行。

本届会议的主题是素有"绝望之章"之称的"共同犯罪",来自中德两国的刑法学者分别就"参与理论的基础性问题""间接正犯""中立帮助行为""安乐死问题中的参与理论""参与理论面临的新挑战——数字化与互联网"展开了讨论。

与会的中方学者有北京大学的梁根林教授、江溯副教授、王华伟博士,清华大学的周光权教授、王钢副教授,中国人民大学的付立庆教授、王莹副教授,中国社会科学院大学的林维教授,华东政法大学的于改之教授,西北政法大学的付玉明教授,海南大学的阎二鹏教授,南京大学的徐凌波副教授,浙江大学的王钰副教授,北京大学国际法学院的曹斐博士,台湾地区高雄大学的张丽卿教授以及北京大学出版社的杨玉洁编辑。

参会的德方学者有维尔茨堡大学的希尔根多夫教授,舒斯特教授,马克斯·普朗克刑法研究所前所长埃泽尔教授,科隆大学的魏根特教授,奥德河畔法兰克福大学的约尔登教授,纽伦堡大学的库德利希教授,汉诺威大学的贝克教授,拜罗伊特大学的瓦勒留斯教授,奥格斯堡大学的卡斯帕教授,德国律师协会刑事委员会主席伊格诺尔教授。

此外,芬兰赫尔辛基大学的诺提欧教授和希腊亚里士多德大学的凯阿法教授也参加了本次会议。

本次会议的翻译任务由徐凌波副教授、王钰副教授、曹斐博士、王华伟博士、陈昊明博士,德国维尔茨堡大学博士生刘畅、徐万龙,慕尼黑大学博士生唐志威、郑童,科隆大学博士生石家慧,弗赖堡大学博士生赵雪爽,图宾根大学博士生吕翰岳,北京大学博士生邓卓行、王芳凯,共同承担。在德留学的十数名中国留学生也参加了会议。

会议伊始,中德刑法学者联合会德方召集人希尔根多夫教授以东道主的身份欢迎大家的到来。他谈到,中德刑法学者联合会已成立十年,可谓是目前为止"最为成功的中德刑法交流活动",他衷心地祝愿中德刑法学共同繁荣,中德刑法学者的友谊之树常青。

希尔根多夫教授

中德刑法学者联合会中方召集人梁根林教授代表中方学者发言。他提到,中德刑法学者联合会的学术研讨会是"两年一届的重大学术事件",这一"平等、专业、高效"的学术对话平台让中国学者受益良多,为中国刑法学的知识转型提供了助力。

梁根林教授

致词结束,会议正式开始。会议的第一个单元聚焦于"犯罪参与模式:区分制体系 vs. 单一制体系",由马克斯·普朗克刑法研究所前所长埃泽尔教授和清华大学周光权教授(由徐凌波副教授代为宣读)作主题发言。

埃泽尔教授报告的题目是《正犯与犯罪参与:比较法视角下的基础与标准》。在报告的开头,埃泽尔教授提醒大家,在法律比较的过程中,不能只着眼于法律概念和条文语句,正确的做法是先对犯罪的事实形态予以把握。依循这一"从事实到规范"的进路,埃泽尔教授对参与的事实形态进行了细分,并以此为基础,简要评述了统一评价进路(单一制)和区分评价进路(区分制)的优劣。埃泽尔教授认为,不同的参与模式之间并不存在正确和错误的分别,关键的是要看何种模式更利于实现个案正义、提高判决透明性和可接受性。就上述标准来看,他个人支持区分制。

埃泽尔教授

之后,清华大学周光权教授提交了题为《中国刑法中共同犯罪的理解》的书面报告。周光权教授对主张我国刑法采取的单一正犯体系的观点进行了批判。他认为,我国刑法总则没有关于正犯的规定不是单一制存在的理由,只要体系性、实质性地解释我国有关共同犯罪之规定,演绎、界定出正犯的概念并非难事。在表明基本立场之后,周光权教授还就中国刑法中有关正犯的争议问题以及教唆未遂的规定发表了自己的观点。

在第一单元的评议环节,德国律师协会刑事委员会主席伊格诺尔教授对周光权教授的报告发表了评论。在未遂教唆的问题上,伊格诺尔教授原则上赞同了周光权教授的限缩解释,但同时指出,周光权教授所主张的"对教唆信息未传递到被教唆人等情形不予处罚"的观点是否同样适用于重罪,不无疑问。在中德两国同样存在差别的还有"共谋共同正犯"的处理。伊格诺尔教授提到,"共谋共同正犯"这一为中国刑法学界所认可的术语在德国并无立足之地。根据德国刑法的通说观点,仅有共谋而未有实质贡献者,无法成立共同正犯。

伊格诺尔教授

北京大学的江溯副教授、王华伟博士对两篇主报告发表了评论意见。

江溯副教授指出,单一正犯和区分制的理论基础不同,前者立基于"扩张的正犯概念",后者则是"限制的正犯概念"。两种共犯模式到底孰优孰劣,根本的是要看何种正犯概念更为合理。在他看来,前者要明显优于后者。具体的理由有二:其一,刑法上禁止规范的内容不是"禁止亲自杀人",而是不得以任何可归责的方式杀人,在这一意义上,无论是正犯还是共犯都违反了行为规范;其二,根据犯罪事实支配理论界定出来的正犯,与"亲自实施犯罪"的图像已相去甚远,尤其是所谓"正犯后正犯",更是完全背离了限制正犯概念。

此外,埃泽尔教授在报告中将犯罪参与者的类型之区分和区分制相联结的做法,江溯副教授并不认同。他指出,这是一个需要被不断澄清的误解,功能性的单一正犯体系其实也认可参与形态的区分,只是不将其和量刑的轻重相挂钩而已。在评论的最后,江溯副教授表示完全同意埃泽尔教授的体系选择标准,但他认为,根据这一标准得出的结论应是单一制更为优质。

江溯副教授

王华伟博士认为埃泽尔教授的提醒,即在法律比较时不要简单地从概念到概念,具有警醒意义。这也促使我们反思如何处理好比较法经验借鉴和理论的本土建构之间的关系。例如,在共犯理论中,实质化的、以量刑为导向的犯罪事实支配理论是否适合于我国同时兼具作用分类法和分工分类法的共犯规定模式就不无疑问。再如,在德国颇有争议的"组织支配"概念,在中国已明文规定组织犯的情况下,似无用武之地。关于单一制和区分制的论争,王华伟博士倾向于赞同埃泽尔教授的观点,认为区分制确实更有利于限制法官的自由裁量权和避免过于宽泛的处罚范围。

王华伟博士

在第一单元的讨论环节,埃泽尔教授着重回应了江溯副教授的评论。他提到,限制正犯概念和扩张正犯概念对行为规范的理解是不同的,而单一正犯对行为规范过于宽泛的理解会抹杀"你杀了人"和"你对杀人有贡献"之间的差别,从而危及构成要件的定型性。埃泽尔教授还强调,单一正犯体系试图在量刑阶段处理共犯问题的思路也是不可行的。因为,量刑阶段的透明性堪忧。

来自希腊的凯阿法教授就罪刑法定原则和共犯模式之间的关系向江溯副教授发问。

江溯副教授的回答是,功能性的单一正犯体系也对参与形态进行了细分,因此符合罪刑法定原则中的明确性要求。其实真正应该反思的问题是,区分制是否违反了罪刑法定原则。最明显的例子是,所谓"书桌行为人",根据区分制原本应该按照共犯来论处,但却被犯罪事实支配理论界定成了正犯。

会议第二个单元的议题是"间接正犯与犯罪参与"。由科隆大学的魏根特教授和北京大学的梁根林教授作主题报告。

魏根特教授报告的题目是《论间接正犯》。魏根特教授提到,间接正犯是介于直接正犯和教唆犯之间的犯罪类型,该理论的发展初衷正在于填补此二者间的处罚空隙。然而,根据如今的通说观点,间接正犯已蜕变为一种独立的正犯负责形式,其证立的理由已经从"处罚漏洞的填补"转变为"幕后者对幕前者的精神操控"。随后,魏根特教授简要介绍了"认识支配""意志支配""组织支配"三种间接支配类型。

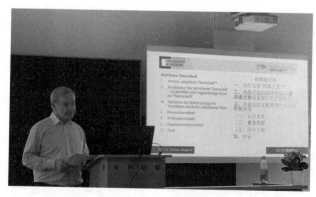

魏根特教授

梁根林教授报告的题目是《间接正犯的中国命运》。这篇报告没有拘泥于间接正犯理论的教义学细节,而是从大处着眼,回顾间接正犯概念的来处,描述当下关于间接正犯的学术争论,思考在中国刑法知识转型背景下间接正犯概念的应然归宿。梁根林教授指出,在四要件犯罪构成理论的语境下,"犯罪共同说"和"极端从属性"会导致明显的处罚漏洞。间接正犯正是由于具有填补这一漏洞的作用,而为中国学界和实务界所接受。如今,阶层论体系已经逐步取代四要件,成为学界的主流话语。相对应地,"极端从属性"也被"限制从属性"所替代,原本的处罚漏洞已不复存在。在这种情况下,间接正犯概念是否还有必要继续存在,就不无疑问。梁根林教授从"犯罪参与体系""犯罪参与本质""正犯概念""共犯性质""共犯处罚依据"五个方面翔实地论证了自己的立场:间接正犯应当在中国刑法教义学中寿终正寝。

梁根林教授

在第二单元的评议环节,由德国维尔茨堡大学的舒斯特教授和中国人民大学的付立庆教授担任评议人,北京大学的曹斐博士提交了书面评论。

在点评中,舒斯特教授对梁根林教授提及的"在限制从属性理论中不存在可罚性漏洞"的观点表示了怀疑。因为,根据限制从属性理论,如果"幕前者没有故意"的话,幕后者的行为依旧无法以共犯论处。关于梁根林教授报告中提到的"中国刑法典之中无间接正犯之规定",舒斯特教授认为,这一点并不是消解间接正犯的理由,因为在德国,间接正犯理论也是先于间接正犯的立法规定而出现的。

舒斯特教授

付立庆教授的评论则以"如何理解实定法的规定"为起点。他指出,梁根林教授的间接正犯否定论以及国内肯定单一正犯理论的观点所依据的理由之一都是:中国刑法没有关于正犯以及间接正犯的明文规定。然而,上述理由并没有说服力。在付立庆教授看来,这是自相矛盾的,因为这一观点还是使用了我国刑法之中没有规定的正犯概念。付立庆教授主张,如同"构成要件""不作为犯"等未规定在刑法中但为学界所广泛接受的概念一样,正犯以及间接正犯"也可以"是一个理论概念。此外,对于梁根林教授所推崇的形式客观说,付立庆教授表示,在诸如幕后者利用无故意的工具来实施犯罪的场合,形式客观说难以给出合理的处理方案。

付立庆教授

曹斐博士发表了书面评论,她赞同魏根特教授的基本立场,认为间接正犯理论在实用性上能填补处罚漏洞,在逻辑性上则合理地说明了未亲自实施犯罪之人也可实现更重的不法,就此二者而言,间接正犯确实是独立的正犯类型。然而,曹斐博士对"正犯后正犯"理论存在疑虑,因为在该间接正犯类型中,幕前者由于具有自由意志而不是单纯的工具,而且"正犯后正犯"也会冲击经典的责任原则。

在第二单元的讨论环节,奥德河畔法兰克福大学的约尔登教授对组织支配类型提出质疑。他提到,间接正犯的成立前提是,幕前者由于意志不自由而被幕后者所操控,但是在组织支配中,情况显然不是如此。他犀利地指出,组织支配理论的支持者,只是因为不喜欢教唆犯这一结论而强行将组织者归入间接正犯之中。如果我们假设,立法者规定教唆犯处罚得更重,那么组织支配理论的支持者就会立刻放弃他们的原有立场,而回过头来支持教唆犯的结论。

魏根特教授回应道，教义学本来就应该以法条为依据。但是，魏根特教授也承认，间接正犯和教唆犯之间的确没有泾渭分明的界限。

埃泽尔教授则向付立庆教授询问，中方报告中不断出现的"犯罪共同说""行为共同说"的内涵到底为何，对此付立庆教授给予了清楚的解答。

会议的第三个单元的议题是"中立帮助行为与犯罪参与"，由纽伦堡大学的库德利希教授和中国人民大学的王莹副教授发表主题报告。

库德利希教授演讲的题目是《"中立"帮助行为的刑法规制》。报告首先对德国有关中立帮助行为的理论观点进行了梳理，并简要评述了客观说、主观说和主客观综合说。接着，库德利希教授结合德国司法实务新近的两个司法判例，指出了在实务中通行的"区分公式"的缺陷所在。他主张，在既有的标准之外，还应另外添加诸如作为义务等因素来更为精确地界分容许风险和不容许风险。

库德利希教授

王莹副教授演讲的题目是《中立帮助犯的处罚根据：主观说之提倡》。王莹副教授提出，从表面上看，我国司法解释和司法实务对中立帮助犯的处罚持一种较为积极的态度，但切不可据此认为我国司法实务采取的是"全面处罚说"的立场。相反，由于相关司法解释一般都要求帮助者必须具有"明知"的主观心态，所以，准确地说，"主观说"才是我国司法实务的立场。在梳理完我国司法实务的观点后，王莹副教授将目光转向学界的相关讨论。她对"全面否定说"持批判的态度，也认为客观说和主客观综合说存在难以自圆其说之处。她自己所提倡的观点是"间接故意排除说"，主张中立帮助者对正犯行为具有直接故意时才具有可罚性。

王莹副教授

在第三单元的评议环节,由奥格斯堡大学的卡斯帕教授、中国社会科学院大学的林维教授、浙江大学的王钰副教授担任评议人。

卡斯帕教授认为,欲直接从不法或归责学说中演绎出关于中立帮助犯之可罚性的处理方案恐怕都难逃失败的命运。中立帮助犯的可罚性问题需要更多地结合宪法中的基本权利——如一般行为自由和职业自由——以及比例原则来讨论。

卡斯帕教授

林维教授认为,中立帮助犯是一个容易引发误解的概念,应以"可罚的职业帮助行为"取而代之,而且还应当进一步将其局限于被动地提供帮助,而将通谋型的共犯参与排除在外。林维教授对王莹副教授主张中立帮助行为至少应当有间接故意表示赞同,但他更进一步主张,单凭间接故意这一标准还不能恰当地界定职业帮助行为的可罚性范围,还应对帮助行为进行客观的实质评价。

林维教授

王钰副教授则讨论了与中立帮助行为密切相关的快播案,她认为,快播公司不成立传播淫秽物品牟利罪的正犯。理由有二。其一,快播公司不是网络信息服务的内容提供者。其二,根据条件公式,快播公司设置四台服务器的行为与视频的传播结果之间没有因果关系。王钰副教授也不同意以中立的帮助行为为由来处罚快播公司。因为,在海量文件的下载和上传中,快播公司很难得知或预见具体用户的犯罪意图。

王钰副教授

会议的第四个单元的议题是"帮助自杀/安乐死问题中的犯罪参与"。此单元的主报告人是维尔茨堡大学的希尔根多夫教授和清华大学的王钢副教授。

希尔根多夫教授报告的题目是《德国联邦法院判决中的参与理论和安乐死》。希尔根多夫教授在演讲的开头介绍道,德国司法实践是根据正犯和共犯二分法来界定帮助自杀行为的可罚性,而且德国联邦法院在此明确以行为支配理论为标准区分正犯和共犯。对此,希尔根多夫教授提出两个疑问。第一,德国联邦法院区分共犯和正犯的一贯标准是"主观理论",为何在安乐死和自杀的问题上,却一反常态地采用行为支配理论？第二,这一进路遵循的是限制从属性原则,但是需要注意的是,在限制从属性引入《德国刑法典》之时,安乐死的问题还没有被注意到。难道我们真的要根据一个和安乐死无关的制度来解决关涉重大伦理抉择的安乐死问题吗？在这样的问题意识的指引下,希尔根多夫教授详细梳理了德国联邦法院有关安乐死的关键判例,并详尽分析了这些判例中的判决理由。

希尔根多夫教授

王钢副教授报告的题目是《帮助自杀中的参与理论》。王钢副教授首先明确了刑法中"自杀"的定义,即自杀者有意识地自愿选择死亡,并且客观上亲自控制、支配了直接导致死亡结果的行为。关于自杀行为的性质,王钢副教授从宪法上的基本权利、个人法益之概念等方面,对"自杀是合法行为"这一命题进行了论证。在明确了自杀的定义和自杀的性质之后,王钢副教授认为,帮助自杀者只是协助自杀者实现他的意志自由,并未对自杀者的生命法益造成实质的威胁或损害,帮助自杀者既不能作为故意杀人罪的正犯也不能作为故意杀人罪的共犯受到处罚。

王钢副教授

在第四单元的评议环节,由奥德河畔法兰克福大学的约尔登教授、西北政法大学的付玉明教授以及台湾地区高雄大学的张丽卿教授担任评议人。

约尔登教授就王钢副教授在报告中所提及的"康德哲学"进行了深入的探讨。约尔登教授认为,康德并没有明确地反对家长主义。相反,根据康德的"对自己的义务"的表述,将一些康德所说的"对自己的义务"建构为法义务是完全可能的。另外,约尔登教授在康德理论的基础上简述了道德和法二分的含义及其在刑法上的意义。

约尔登教授

付玉明教授对王钢副教授所主张的"生命法益是单纯的个人法益"之观点提出了质疑,他认为"保护本人利益的家长主义"的立场和观点还是有其合理之处的。此外,付玉明教授还指出了"自杀合法性说"的不当之处。其一,自杀合法性说会在阻止他人自杀的问题上导致诸多逻辑悖论。其二,自杀合法性说是否契合我国的社会现实与文化国情等也不无疑问。

付玉明教授

张丽卿教授则结合台湾地区的"病人自主权利法",对医生的死亡协助发表了简要的看法。她强调,目前"消极的死亡协助不可罚——积极的死亡协助可罚"的二分法并不十分恰当,为了更好地尊重病人的自我决定权,应当在一定程度上合法化积极的死亡协助。

张丽卿教授

在第四单元的讨论环节,埃泽尔教授注意到王钢副教授在自杀这一问题上所秉持的似乎是"极端自由主义"的立场,但是这一立场是否真的准确把握了人的形象,或者说是否契合社会主义式的理解,他表示怀疑。

王钢副教授回应道,他并不是极端自由主义者,而只是尝试从"自由和自律"的角度来处理自杀问题。

对此,约尔登教授提醒道,不能简单地基于某一种形而上学的立场来建构刑法体系。

希尔根多夫教授表示赞同。他指出,单纯从某一法哲学立场切入来讨论刑法问题的确是有疑问的,体系的方法更为可取。

会议的第五个单元的议题是"犯罪参与理论面临的新挑战——数字化与互联网"。主报告人为汉诺威大学的贝克教授和华东政法大学的于改之教授。

贝克教授报告的题目是《数字化进程中的正犯和参与理论》,报告重点讨论了如何规制社交网络中点赞、无评论转发侮辱性言论的行为。贝克教授指出,在社交网络中,交流具有多义性,不能简单地认为点赞、转发就是对侮辱性言论的认同。而且点赞者、无评论转发者要成立侮辱罪的正犯还需要有"视为己有"的正犯意思。但是,这一主观的标准在互联网的情景中几乎毫无用处。因此,以侮辱罪的正犯来处理点赞者和转发者难度颇大。另一条可以考虑的进路是将他们认定为侮辱罪的帮助犯。但是,这一进路也会在帮助犯的因果关系认定上遭遇困难。在上述问题之外,贝克教授还关注了"社会一般性行为和违法行为界限愈加模糊"的现象,并深入探讨了网络运营商责任问题。

贝克教授

于改之教授报告的题目是《互联网时代共犯理论的新挑战——以网络帮助行为的刑事归责为例》。她在报告中指出,随着互联网时代的到来,传统犯罪趋向网络化给共犯理论带来了新挑战。就网络帮助行为的刑事归责而言,司法实践通过修正甚至放弃共犯评价模式予以应对,学说上也形成了正犯评价模式、共犯评价模式以及有限度地采取正犯评价模式等不同立场。《刑法修正案(九)》采纳了正犯评价模式,虽然能有效回避刑事政策上的可罚性漏洞,但未能解决处罚均衡性问题。于改之教授认为,正犯评价模式是回避处罚漏洞的有效方式,而共犯评价模式则是实现处罚均衡的有效评价模式;必须权衡立法者的主观目的和法秩序所应当实现的客观目的,才能确定限制中立帮助行为被犯罪化的范围的妥当方式;以作为犯的方式实现的正犯评价模式、以不作为犯的方式实现的正犯评价模式,在可能规制的事实范围层面,并不存在实质的区别。

于改之教授

在第五单元的评议环节，由拜罗伊特大学的瓦勒留斯教授和南京大学的徐凌波副教授担任评议人，海南大学的阎二鹏教授提交了书面评论报告。

瓦勒留斯教授提请大家注意中德两国刑法中的两点差别。其一，根据中国刑法的规定，所有的共犯的成立都以"意思联络"这一主观沟通为前提；但是，在德国，这一条件并不为帮助犯的成立所必要。其二，在德国，并没有所谓单位犯罪或者法人犯罪。瓦勒留斯教授指出，基于上述两点差异，《中国刑法》第286条之一和第287条之二的新规定是颇值得玩味的。瓦勒留斯教授认为，从第286条之一来看，中国的立法者是欲将网络服务提供者设定为"网络"这一危险源的保证人。但是有疑问的是，所谓对危险源的保证人地位涉及的是自己直接控制的危险源，而不包含由第三人行为所致的风险。在第287条之二中，瓦勒留斯教授认为值得关注的点在于，"明知他人利用信息网络实施犯罪"中的"犯罪"到底所指为何，以及被帮助者是否以及在多大程度上必须实现法定构成要件所说的"犯罪"。他认为，未必要根据从属性原则来解释"犯罪"这一独立的构成要件要素。

瓦勒留斯教授

徐凌波副教授在评论中指出，转发、点赞者的可罚性问题还没有引起中国学术界和实务界的关注，但根据司法解释，转发、点赞的次数被作为衡量诽谤言论不法程度高低的因素会对内容发布者本人的量刑产生影响。在此之外她还提到，在中国的语境中，网络服务提供者的刑事责任并没有得到很好的解决，导致处罚漏洞产生的原因是多方面的，既有来自传统德日刑法犯罪参与基本原理的因素，也有中国刑法自身特殊规定和理论传统的原因。但是在注意填补这些处罚漏洞的同时，也不可使网络空间的服务者与使用者承担过重的注意义务，对网络服务提供者刑事责任的扩张还是应当保持审慎和警惕的态度。

徐凌波副教授

阎二鹏教授在书面评论中指出，于改之教授的报告对当前学界关于网络帮助犯的刑事归责问题的争点梳理及论证切中要害。但是他也提出了几点商榷意见。第一，只要认可片面帮助犯的可罚性，网络空间中正犯和帮助犯之间的"意思联络弱化"并不会成为刑事归责的障碍。第二，最小从属性原则可妥当解决在网络空间中由共犯从属性所导致的处罚漏洞。第三，在我国既有的共犯立法框架下，在网络中比实行行为更具危害性的帮助行为也能得到妥当的处罚。此外，阎二鹏教授还重点就"拒不履行信息网络安全管理义务罪"和"帮助信息网络犯罪活动罪"之关系发表了看法。

随着第五单元讨论环节的结束，中德刑法学者联合会第五届学术研讨会落下帷幕。在本届会议中，让人印象深刻的是中德两国学者之间的你来我往、唇枪舌剑，双方时常就一个问题"较劲"好几个回合。无论是细微如"荷兰安乐死规定中的具体要件"，还是宏观如"自由主义和人的形象"，都引发了双方激烈的争论。而这些学术争论所表明的是，中国刑法学和中国刑法学者正在走出亦步亦趋追随德国理论的时代。而这里面，有中德刑法学者联合会的一份贡献。

中德刑法学者联合会第五次会议参会者合影留念